EXERCICES
ORTHOGRAPHIQUES.

TOUL, IMPRIMERIE DE J. CAREZ.

EXERCICES
ORTHOGRAPHIQUES,

OU

MÉTHODE SIMPLE ET FACILE

DE

CRÉER, SANS AVOIR RECOURS A LA CACOGRAPHIE,
L'ORTHOGRAPHE DU MOT QUI EST L'OBJET DE LA
RÈGLE DONT CHAQUE EXERCICE EST PRÉCÉDÉ.

SECONDE ÉDITION DIVISÉE EN DEUX PARTIES,

SAVOIR :

1º Un traité analytique de grammaire.
2º Un recueil des règles de l'orthographe.

PAR A. CHAMPALBERT,

PROFESSEUR DE GRAMMAIRE.

————————o————————

NANCY,

CHEZ L. VINCENOT ET VIDART, LIBRAIRES,
AU CASSINO, RUE DES DOMINICAINS, N.º 40, ET RUE
S.ᵗ-DIZIER, N.o 19.

1828.

PRÉFACE.

Quoique cet ouvrage ait la même forme que celui qui a déjà paru sous le même titre, il en diffère essentiellement pour la méthode.

Du nom et des qualités de l'objet se forme aussi-tôt la proposition. Je l'ai donc présentée dès le commencement, au lieu de charger la mémoire d'une suite de mots isolés, et par conséquent insignifiants, dès qu'ils sont sans application.

La proposition simple une fois établie, le besoin de la compléter, de l'abréger même, et de réunir plusieurs propositions en une seule, nous force à créer les autres éléments du discours, et les différentes formes du langage.

Ainsi, dès qu'ils sont sans application en joignant successivement à la proposition simple toutes les idées déterminatives qui la complètent, on parvient à présenter la pensée dans son entier développement; c'est-à-dire, à former les périodes les plus complexes et les plus composées.

Mais en complétant ainsi peu à peu l'expression de la pensée, nous devons faire connaître les fautes dans lesquelles on peut tomber.

Par cette méthode, l'élève procède de lui-même du simple au composé, et travaille pour ainsi dire avec le maître, à créer le mot dont la proposition a besoin.

C'est pourquoi il m'a paru inutile de commencer par la nomenclature et la définition des parties du discours.

On ne peut réunir quelques mots, sans établir les règles d'accord ou de dépendance qui existent entre eux : en formant la proposition on commence donc LA SYNTAXE.

Je n'ai pu faire un chapitre à part DES PARTICIPES ; j'ai du en donner les règles à mesure que la forme de la proposition m'y conduisait.

Pour ne pas interrompre cette chaine d'idées dont se forme la théorie grammaticale, je n'ai donné sur les terminaisons des mots déclinables que ce qui est régulier et d'une nécessité absolue, et j'ai réuni dans une seconde partie le peu de règles que nous avons sur l'or-

thographe du corps des mots, et sur les
désinences plus ou moins irrégulières
des noms et des verbes. On peut y recourir quand on le jugera à propos.

Les mots non terminés, les lacunes
à remplir, les verbes indiqués seulement à l'infinitif, voilà les moyens que
je substitue encore dans cet ouvrage à
la cacographie. Je me suis cependant
permis de donner des phrases vicieuses à corriger; mais pour se livrer à
cet exercice, il faut d'abord bien savoir les règles, et les avoir appliquées
à l'analyse d'exemples corrects. Aussi
ai-je fait précéder chaque exercice *ca-*
cologique de plusieurs phrases bien faites, tirées des meilleurs écrivains.

Je pense qu'on doit s'attacher à faire
bien connaître l'identité du nom, du
pronom, de l'infinitif et de la proposition subordonnée, ainsi que celle de
l'attribut soit adjectif soit participe, et
de la proposition incidente; car de la
similitude de leur nature, résulte celle
de leurs fonctions.

EXERCICES
ORTHOGRAPHIQUES.

PREMIÈRE PARTIE.

TRAITÉ ANALYTIQUE DE GRAMMAIRE.

La Grammaire est une science qui a pour ob-
t de faire connaître la nature et les fonctions
es mots considérés comme signes de nos idées,
 les règles suivant lesquelles on les réunit pour
primer la pensée.

NOMS ou SUBSTANTIFS.

PREMIER EXERCICE. L'image que l'on se forme
un objet se nomme IDÉE. Les mots qui dési-
ent nos idées s'appellent NOMS, parce qu'ils
rvent à nommer; ou SUBSTANTIFS, comme dé-
gnant des choses qui subsistent par elles-
êmes.

Le NOM ou SUBSTANTIF est donc un mot qui
signe l'idée d'un objet. *Indiquez les noms de
xercice suivant.*

La gît Lacédémone, Athènes fut ici. — Quoi! fille de
vid, vous parlez à ce traître? — Esope, Crésus et Solon
ient contemporains. — Le Rhône et le Rhin sortent des
es. — Elle invoque à grands cris tous les dieux du Té-
e; les Parques, Némésis, Cerbère, Phlégéton, et l'iu-
xible Hécate, et l'horrible Alecton. — Alexandre, roi

I

de Macédoine, vainquit Darius, roi de Perse. — Regardez dans Denain l'audacieux Villars disputant le tonnerre à l'aigle des Césars. —

2. Il serait inutile et même impossible de donner un nom particulier à chaqne objet. C'est pourquoi on a donné le même nom à tous les objets qui se ressemblent.

Ainsi le NOM PROPRE désigne l'objet considéré seul, et sans rapport avec aucun autre. Le NOM COMMUN désigne l'objet d'après ses ressemblances avec plusieurs autres. Le même nom commun convient donc à tous les objets compris dans une même classe. *Désignez les noms communs ci-dessous.*

Les animaux ont fui; l'homme éperdu frisonne. — Beaux arbres qui m'avez vu naître, bientôt vous me verrez mourir. — Aucun sentier de fleurs ne conduit à la gloire. — Le laboureur en paix coule des jours prospères; il cultive le champ que cultivaient ses pères; ce champ nourrit l'état, ses enfants, ses troupeaux, et ses bœufs compagnons de ses heureux travaux. — Aimable chien, viens avec moi. — Hélas! petits oiseaux, que vous êtes heureux! — Le lait tombe: adieu veau, vache, cochon, couvée. —

3. Quel est le nom commun donné à tous les êtres organisés et sensibles? — Aux corps qui ont des racines et qui ne poussent pas de bois? — Aux plantes qui poussent du bois? — A l'animal doué de raison? — Aux corps tirés des mines? etc. On peut multiplier ces questions.

4. Le même objet peut avoir un nom propre et plusieurs noms communs.

Ainsi BUCÉPHALE était le CHEVAL d'Alexandre; ce CHEVAL était un QUADRUPÈDE; ce quadrupède un ANIMAL; cet animal un CORPS. *Multipliez ces exemples.*

Cherchez les noms communs de ... Alexandre, Rome, Paris, l'Italie, le Rhône, les Vosges, etc.

5. Le GENRE exprime un rapport à l'un ou à l'autre sexe. Il y a deux genres. Tous les noms d'hommes ou de mâles sont du GENRE MASCULIN, et ceux de femmes ou de femelles sont du GENRE FÉMININ. *Désignez les genres des noms d'hommes et d'animaux ci-dessous.*

La chèvre, la genisse, et leur sœur la brebis, avec un fier lion, seigneur du voisinage, firent société, dit-on, au temps jadis. — Camarade renard allait de compagnie avec son ami bouc des plus haut encornés. — Un ânier, son sceptre à la main, menait, en empereur romain, deux coursiers à longues oreilles. — Mère lionne avait perdu son faon. — Voilà la poule et le coq. —

6. Le même nom commun étant donné à tous les objets d'une même classe, il est clair que ce nom peut être employé pour en désigner plusieurs, comme pour en désigner un seul.

Ainsi un nom commun est au NOMBRE SINGULIER, quand il ne désigne qu'un objet : il est au NOMBRE PLURIEL quand il en désigne plusieurs. *Indiquez le nombre de chacun des noms employés dans les exercices précédents.*

ARTICLES.

7. Le nom commun ne désigne pas plus un

objet qu'un autre de la classe qu'il représente : *cheval*, *homme*, *arbre*, peuvent se dire de tous les chevaux, de tous les hommes, de tous les arbres. D'un autre côté, on peut ignorer le nom propre de l'objet dont on parle, et une infinité de choses et d'animaux sont privés de nom propre. Pour désigner un objet d'une manière plus ou moins déterminée, il a donc fallu joindre certains signes au nom commun. Ainsi on dira : donnez-moi UN livre. CE livre est utile. Avez-vous LE livre? Le nom commun *livre* n'est pas déterminé d'une manière également précise dans chacun de ces exemples.

On appelle ARTICLE ce mot qui sert à déterminer plus ou moins la signification du nom commun.

Il y a trois sortes d'articles.

1.º L'ARTICLE DÉMONSTRATIF CE, qui indique particulièrement un objet parmi tous ceux de son espèce. Il donne au nom commun la force du nom propre.

2.º L'ARTICLE DÉFINI LE, qui désigne un objet déjà connu de ceux à qui l'on parle, ou déterminé dans la suite du discours.

3.º L'ARTICLE INDÉFINI UN, QUELQUE, etc., qui présente le nom commun comme désignant un objet quelconque de son espèce.

L'article prend des formes correspondantes au genre et au nombre du substantif auquel il est joint.

Art. démonstrat.	*Article défini.*	*Article indéfini.*
Masc. Sing. — CE	LE	UN, QUELQUE.
devant une voyelle CET	L' devant une voyelle	
Fém. Sing. — CETTE	pour les deux genres.	UNE, QUELQUE.
Pl. des 2 genres — CES	LA	DEUX, TROIS, etc.
	LES	QUELQUES, Plusieurs

DU		DE LE.
Articles composés : DES } qui signifient	{ DE LES.	
AU		A LE.
AUX		A LES.

Les mots déterminatifs suivants doivent aussi être rangés dans la classe des articles : TOUT, TOUTE, TOUS, TOUTES, et CHAQUE, CHACUN, CHACUNE, AUCUN, AUCUNE, NUL, NULLE, sans pluriel.

Nous ferons observer ici qu'on a aussi donné des genres aux noms de choses. Ainsi on dit au féminin *la ville, la pierre,* et au masculin *le village, le caillou.* Les articles font reconnaître ces différences.

Désignez les articles employés ci-dessous, et indiquez les genres et les nombres.

Pourquoi ces éléphants, ces armes, ce bagage, et ces vaisseaux tout prêts à quitter le rivage, disait au roi Pyrrhus un sage confident, conseiller très sensé d'un roi très imprudent? — Prenez quelque pitié du sort d'un malheureux. — La laitière n'est pas venue. — Un astrologue un jour se laissa choir au fond d'un puits. — Les harengs sortent de dessous les glaces des mers septentrionales. — La fleur de cet arbrisseau est très belle. — Les feuilles du mûrier que j'ai planté nourriront les vers-à-soie. — Je destine ce livre, cet encrier et ces plumes aux enfants du jardinier.

PROPOSITION : VERBE, ADJECTIFS.

8. On n'a donné des noms aux objets que pour dire ce qu'on en pense. Or, ce qu'on pense

d'une chose se nomme JUGEMENT, et le jugement exprimé par des mots se nomme PROPOSITION. *Dieu est : le soleil est brillant.*

Par le moyen de la proposition, on exprime I.º qu'une chose EST. 2.º Qu'elle est d'une certaine manière. 3.º Ce qu'elle est : dans ce dernier cas, la proposition se nomme DÉFINITION.

Le mot EST marque l'affirmation et l'existence; c'est pourquoi on lui a donné le nom de VERBE qui signifie LE MOT, c'est-à-dire, le mot essentiel, le mot par excellence.

La personne ou la chose qui EST se nomme LE SUJET de la proposition. Le mot qui exprime la manière d'être du sujet se nomme ATTRIBUT ou ADJECTIF. Enfin le verbe sert à lier le sujet et l'attribut. *Analysez les propositions suivantes :*

Le soleil est brillant. — L'étoile est étincelante. — Ce four est chaud. — La maison est vaste. — La table est petite.— La plume est légère. — Le nuage est léger. — Le bourbier est profond. — La mer est profonde.—

9. L'attribut est ainsi nommé, parce qu'il ATTRIBUE une manière d'être au substantif. — On le nomme aussi adjectif, c'est-à-dire ajouté, parce qu'il est toujours joint à un substantif. — L'adjectif ou attribut prend des formes correspondantes au genre et au nombre de son substantif; règle qui s'énonce ainsi :

L'ADJECTIF S'ACCORDE EN GENRE ET EN NOMBRE AVEC LE SUBSTANTIF AUQUEL IL SE RAPPORTE.

Désignez le genre et le nombre des subs-
tantifs et des adjectifs des exercices précé-
dents.

10. On forme ordinairement le pluriel des
substantifs et des adjectifs en y ajoutant une *s.*
L'homme est faible, les hommes sont faibles.
Les mots en *eau, eu, ou,* ajoutent un *x* au
pluriel. — Les mots déjà terminés au singulier
par *s, z, x,* n'ajoutent rien au pluriel. — Les
mots en *al* ont le pluriel en *aux,* et le féminin
en *ale* par une seule *l.* — Les adjectifs en *eux*
ont un *x* au singulier et au pluriel, et le féminin en changeant *x* en *se: joyeux, joyeuse.* —
On forme le féminin des adjectifs en ajoutant
un *e* au masculin. — Ceux qui ont déjà le masculin terminé par *e* muet n'ajoutent rien au
féminin. On trouve la lettre finale du masculin
en retranchant l'*e* du féminin. Ainsi on écrit
lourd par un *d, fort* par un *t, niais* par une *s*
à cause des féminins *lourde, forte, niaise.* —
Les masculin en *f,* changent *f* en *ve* pour le
féminin.

L'astre est *caché.* — Cette étoile est... — Le moment est
perdu. —La peine est... — Le nuage est *obscur.* — La
nuit est... — Le fleuve est *profond.* — La rivière est...— Ce
manteau est *ample.* — Cette robe est... — Le marteau est
lourd —La pierre est... — Ce gâteau est *mauvais.* —Cette
eau est... — Le jeu est *ennuyeux.* — Cette lecture est... —
Le pieu est *pointu.* — La pierre est... — Le milieu est *fan-*
geux. — Cette plaine est... — Le neveu est *paresseux.* —
La nièce est...: — Le pas est *glissant.* — Cette roche est...—

Ce buis est *mort*. — Cette sapinette est...— Ce végétal est *utile*. — La lecture est... — Le terrain est *égal*. — La force est... — Cet enfant est *surpris*. — La femme est... — *Mettez cet exercice au pluriel*. — *Est* fait au pl. *sont*.
(Voyez partie orthographique, exercices 1, 2 et suivants.)

11. Les propositions qui affirment simplement l'existence n'ont que deux termes ; le sujet et le verbe. — Dans les définitions, ce qui suit le verbe est de même nature que le sujet : *L'or est un métal. Or*, substantif commun : *métal*, substantif commun encore, qui exprime la classe de choses où l'or est contenu. *Décomposez les propositions suivantes.*

Dieu est. — La chose est. — Le perroquet est un oiseau. — Le marbre est une pierre. — La mousse est un végétal. — Le boa est un serpent.

PRONOMS.

12. Une proposition peut avoir pour sujet : 1.º La personne qui parle, et qui se désigne elle-même par le mot JE, pluriel NOUS; c'est LA PREMIÈRE PERSONNE. — 2.º La personne à qui l'on parle, et que l'on désigne par le mot TU, pluriel VOUS ; c'est LA SECONDE PERSONNE. — 3.º La personne de qui l'on parle, et qui, ayant déjà été nommée précédemment, est ensuite désignée par le mot IL, féminin ELLE, pluriel ILS, ELLES; c'est LA TROISIÈME PERSONNE. Le mot ON, signifiant quelqu'un, chacun, désigne une personne quelconque; il est de la troisième personne du singulier. — Ces mots ont été nommés pronoms.

Ainsi le PRONOM est un véritable substantif qui désigne les personnes selon le rôle qu'elles remplissent dans l'acte de la parole.

Analysez les propositions suivantes : *Observez que tout substantif est de la troisième personne.*

Je suis tranquille. — Tu es sage. — L'enfant est malade; il est souffrant, Rosalie est instr..; elle est docile. — On est effrayé. — Nous sommes inconn..—Vous êtes ignoran. — Les arbres sont abatt..; ils sont déracinés. — Les brebis sont endorm..; elles sont rassas....

On voit par ces exemples que le verbe prend différentes formes relatives au nombre et à la personne du sujet : Ainsi

LE VERBE S'ACCORDE AVEC SON SUJET EN NOM-BRE ET EN PERSONNE.

13. Le verbe doit exprimer les différentes époques auxquelles une chose peut avoir lieu, OU LE TEMPS, qui ne peut être que PRÉSENT, PASSÉ OU FUTUR. Il peut en outre exprimer, 1.º l'affirmation, et alors il est AFFIRMATIF ou INDICATIF, comme *je suis mortel*. 2.º L'ordre, la prière, la défense, et alors il est IMPÉRATIF, *sois vertueux*. 3.º Le doute, la crainte, le désir, la volonté, et alors on le nomme SUBJONCTIF ou sous-joint, parce qu'il dépend d'une expression de doute, de désir. *On doute que tu sois sage.* 4.º S'il est dépouillé de sujet et de nombre, on le nomme INFINITIF, c'est-à-dire, indéterminé : *Pourquoi être inquiet?* Ces dif-

férentes significations du verbe se nomment MODES.

La suite des formes que peut prendre le verbe se nomme *conjugaison*.

Analysez les propositions suivantes, qui forment la conjugaison du VERBE. Observez que chacune présente le double accord de l'attribut avec le sujet en genre et en nombre, et du sujet avec le verbe en nombre et en personne.

MODE INDICATIF.

Qui affirme que la chose est, a été, ou sera.

PRÉSENT.

Je suis *afflig*..
Tu es ...
Il est ...
Elle est ...
On est ...
Nous sommes ...
Vous êtes ...
Ils sont ...
Elles sont ...

IMPARFAIT.

Il exprime qu'une chose était déjà, quand une autre est survenue.

Quand tu es entré
J'étais *poursuiv*..
Tu étais ...
On était ...
Nous étions ...
Vous étiez ...
Elles étaient ...

PASSÉ DÉFINI.

Il exprime une chose passée dans un temps dont il ne reste plus rien.

L'année dernière
Je fus *malade*
Tu fus ...
Il fut ...
Nous fûmes ...
Vous fûtes ...
Ils furent ...

PASSÉ INDÉFINI.

Il exprime une chose passée dans un temps non déterminé, ou dont il reste encore quelque chose.

Cette année
J'ai été *malheur*..
Tu as été ...
On a été ...
Nous avons été ...
Vous avez été ...
Elles ont été ...

PASSÉ ANTÉRIEUR.

Il désigne une chose passée avant une autre, passée dans un temps entièrement écoulé.

La voiture arriva lorsque
J'eus été *habill*..
Tu eus été ...
Elle eut été ...

Nous eûmes été ...
Vous eûtes été ...
Elles eurent été ...

PLUSQUE-PARFAIT.

Il indique une chose déjà faite, lorsqu'une autre est survenue.

J'avais été *récompens*..
Tu avais été ...
On avait été ...
Nous avions été ...
Vous aviez été ...
Les soldats avaient été ...
Lorsque le général arriva.

FUTUR.

Il indique qu'une chose sera.

Je serai *obéiss*..
Tu seras ...
Elle sera ...
Nous serons ...
Vous serez ...
Ils seront ...

FUTUR PASSÉ,

Il exprime qu'une chose sera déjà passée quand une autre aura lieu.

On sortira quand
J'aurai été *écout*,.
Tu auras été ...
Il aura été ...
Nous aurons été ...
Vous aurez été ...
Elles auront été ...

CONDITIONN

Il exprime qu'une chose serait, si une condition avait lieu.

S'il faisait beau
Je serais *consol*..
Tu serais ...
On serait ...
Nous serions ...
Vous seriez ...
Ils seraient ...

CONDITIONNEL PASSÉ.

Il affirme qu'une chose aurait eu lieu, moyennant une condition.

S'il avait plu hier
J'aurais été *désol*..
Tu aurais été ...
Elle aurait été ...
Nous aurions été ...
Vous auriez été ...
Ils auraient été ...

MODE IMPÉRATIF.

Par lequel on ordonne, on prie, on défend.
Sois *vertueux*.
Soyons ...
Soyez ...

MODE SUBJONCTIF.

Il exprime le doute, la crainte, la volonté qu'une chose soit.

PRÉSENT.

Il est douteux
Que je sois *tranquille*.
Que tu sois ...
Qu'on soit ...
Que nous soyons ...
Que vous soyez ...
Qu'ils soient ...

IMPARFAIT.

Il exprime un doute, une

volonté passée ou conditionnelle.

Il fallait
Que je fusse *recond...*
Que tu fusses ...
Qu'on fût ...
Que nous fussions ...
Que vous fussiez ...
Qu'ils fussent ...

PASSÉ.

Il exprime le doute, la volonté actuelle qu'une chose
ait déjà eu lieu.

On désire
Que j'aie été *poursuiv...*
Que tu aies été ...
Qu'elle ait été ...
Que nous ayons été ...
Que vous ayez été ...
Qu'ils aient été ...

PLUS-QUE-PARFAIT.

Il désigne le désir, la
crainte déjà passée, qu'une
chose eût eu lieu.

Il fallait, il aurait été utile
Que j'eusse été *reconn...*
Que tu eusses été ...
Qu'il eût été ...
Qu'on eût été ...
Que nous eussions été ...
Que vous eussiez été ...
Qu'elles eussent été ...

MODE INFINITIF.

Qui exprime l'existence
en général, sans l'affirmer
d'aucun sujet.

PRÉSENT.

Qu'il est **doux** *d'être vertueux.*

PASSÉ.

*Il est utile d'avoir été mal-
heureux.*

*Quoique la formation des temps composés exige une
explication qui n'a pu trouver place jusqu'ici, on a cru devoir les comprendre dans cette série, pour qu'elle soit
complète.*

14. Il y a trois sortes d'attributs : 1.º L'attribut de qualité qui retient le nom d'ADJECTIF :
sobre, riche, heureux. 2.º L'attribut qui désigne l'action du sujet, et que l'on nomme AT-
TRIBUT ACTIF : *portant, écrivant, lisant.* 3.º
L'attribut qui exprime l'état où se trouve le sujet qui a subi, éprouvé une action, et que l'on
nomme ATTRIBUT PASSIF : *déchiré, fondu,
cassé.*

Laissez l'attribut actif invariable dans les exemples suivants.

Cet enfant étai.. paress.. — Je fu.. malheur.. — Elle serai.. méch.. — On étai.. pauvre. — Nous sommes trist.. — Vous étiez pruden . — Elle étai.. bonn.. — Les poules serai.. grass.. — Je suis *écrivant.* — Elle étai.. ... — Nous étions ... — Mes sœurs étai.. ... — Ils sont *portant.* — Elle était.. ... — Nous fûm.. ... — Je suis *travaillant.* — Elle est ... — Ils sont ... — Nous serion.. ... — Elles serai.. ... La robe étai.. déchir.. — Les habits son.. ... — Le tronc es fendu. — La planche étai.. ... — Je suis batt.. — Elle étai. ... — Nous serons ... — Ils étai.. ... — Le palais est *détruit.* — Nos maisons étai.. ... — Les murs fur.. ... —

15. De l'attribut se sont formés les deux mots auxquels les langues doivent leurs principales richesses : LE NOM ABSTRAIT et LE VERBE ADJECTIF.

Les différentes manières d'être des objets se nomment MODIFICATIONS.

Ainsi les modifications du soleil sont d'être BRILLANT, SPHÉRIQUE, BRÛLANT, etc.

Les modifications ou manières d'être ne peuvent exister seules : elles ne peuvent avoir lieu que dans leurs objets ou SUBSTANCES. Ainsi supposez que le soleil n'existe plus, les qualités ou modifications *brillant, sphérique, brûlant,* etc., n'existeront plus.

Elles n'existeront plus, il est vrai, dans cet objet; mais elles se trouvent dans beaucoup d'autres : c'est-à-dire, que des modifications à peu près semblables, se trouvent dans un grand nombre de choses.

On a donc dû leur donner des noms communs, et les considérer à part, comme si elles pouvaient exister sans leur substance. — Ainsi on dit : LA MALADIE marche sur les pas de L'INTEMPÉRANCE, c'est-à-dire, on est MALADE, quand on est INTEMPÉRANT. On voit que les modifications d'être MALADE ou INTEMPÉRANT ont reçu des noms comme si elles pouvaient exister par elles-mêmes.

Ainsi LE NOM ABSTRAIT désigne la qualité, l'état ou l'action comme séparée de son objet, et subsistant par elle-même.

Quels sont les noms abstraits formés des adjectifs suivants :

Solide, fertile, stérile, avide, fier, cher, vrai, mobile, éternel, égal, utile, facile, difficile, inutile, immobile, etc. *Terminez* en *té*.

Des adjectifs noir, blanc, rouge, long, large, épais, frais, pâle, profond, rond, grand, etc. *Terminez* en *eur*.

Des adjectifs attentif, actif, admis, persuadé, permis, modéré, affligé, réfléchi, appliqué, etc. *Terminez* en *ion*.

On reconnaît l'adjectif en ce qu'il peut toujours se joindre à un nom : *soldat malade, bois épais.* Le nom abstrait, au contraire, ne peut se joindre à un nom : on ne peut dire *soldat maladie, nuage épaisseur.*

16. Souvent l'adjectif est pris pour la chose même qui possède la qualité qu'il exprime. Ainsi *l'éternel* signifie *l'être éternel. La ma-*

lade signifie *la femme malade. Le vrai, la chose vraie.*

Distinguez les différentes sortes de noms et les adjectifs pris substantivement.

La modération est le trésor du sage. — Descends du haut des cieux, auguste vérité! répands sur mes écrits ta force et ta clarté; que l'oreille des rois s'accoutume à t'entendre. — La mort ne surprend point le sage. — Défendez vous par la grandeur: alléguez la beauté, la vertu, la jeunesse; la mort ravit tout sans pudeur; un jour le monde entier accroîtra sa richesse. — Jupin mit deux tables au monde; l'adroit, le fort, le puissant sont assis à la première; et les petits mangent leur reste à la seconde. — *Voyez partie orthographique, noms abstraits.*

VERBE ADJECTIF.

17. L'attribut actif se joint rarement sous sa forme ordinaire avec le verbe pour former la proposition. On ne dit point *je suis parlant, tu es lisant.* On réunit en un seul mot le verbe et l'attribut, pour en former un seul mot que l'on nomme VERBE ADJECTIF, parcequ'il renferme un attribut ou adjectif. Ainsi on dira *je parle, tu lis.*

LE VERBE ADJECTIF est donc un mot composé du verbe être et de l'attribut actif.

CONJUGAISON DU VERBE ADJECTIF *avoir*, FORMÉ DE L'ATTRIBUT DE POSSESSION *ayant*.

INDICATIF

PRÉSENT.

Je suis ayant
ou J'ai.
Tu as.
Il a.
Nous avons.
Vous avez.
Ils ont.

IMPARFAIT.

J'étais ayant
ou J'avais.
Tu avais.
Il avait.
Nous avions.
Vous aviez.
Ils avaient.

PASSÉ DÉFINI.

Je fus ayant
ou J'eus,
Tu eus.
Il eut.
Nous eûmes.
Vous eûtes.
Ils eurent.

PASSÉ INDÉFINI.

J'ai été ayant
ou J'ai eu.
Tu as eu.
Il a eu.
Nous avons eu.

Vous avez eu.
Ils ont eu.

PASSÉ ANTÉRIEUR.

J'eus été ayant
J'eus eu.
Tu eus eu.
Il eut eu.
Nous eûmes eu.
Vous eûtes eu.
Ils eurent eu

PLUS-QUE-PARFAIT.

J'avais été ayant
ou J'avais eu.
Tu avais eu,
Il avait eu.
Nous avions eu.
Vous aviez eu.
Ils avaient eu.

FUTUR.

Je serai ayant
ou J'aurai.
Tu auras.
Il aura.
Nous aurons.
Vous aurez.
Ils auront.

FUTUR PASSÉ.

J'aurai été ayant
ou J'aurai eu.
Tu auras eu.
Il aura eu.

Nous aurons eu.
Vous aurez eu.
Ils auront eu.

CONDITIONNEL.

Je serais ayant
ou J'aurais.
Tu aurais.
Il aurait.
Nous aurions.
Vous auriez.
Ils auraient.

CONDITIONNEL,

PASSÉ.

J'aurais été ayant
ou J'aurais eu.
Tu aurais eu.
Il aurait eu.
Nous aurions eu.
Vous auriez eu.
Ils auraient eu.

IMPÉRATIF

PRÉSENT.

Sois ayant
ou Aie.
Ayons.
Ayez.

SUBJONCTIF

PRÉSENT.

Que je sois ayant
ou Que j'aie.
Que tu aies.
Qu'il ait,

Que nous ayons.
Que vous ayez.
Qu'ils aient.

IMPARFAIT.

Que je fusse ayant
ou Que j'eusse.
Que tu eusses.
Qu'il eût.
Que nous eussions.
Que vous eussiez.
Qu'ils eussent.

PASSÉ.

Que j'aie été ayant
ou Que j'aie eu.
Que tu aies eu.
Qu'il ait eu.
Que nous ayons eu.
Que vous ayez eu.
Qu'ils aient eu.

PLUS-QUE-PARFAIT.

Que j'eusse été ayant
ou Que j'eusse eu.
Que tu eusses eu.
Qu'il eût eu.
Que nous eussions eu.
Que vous eussiez eu.
Qu'ils eussent eu.

INFINITIF.

PRÉSENT.

Être ayant
ou Avoir.

PASSÉ.

Avoir été ayant
ou Avoir eu.

CONJUGAISON DU VERBE ADJECTIF

ÊTRE ARRACHANT, OU ARRACHER.

INDICATIF

PRÉSENT.

J'arrache.
Tu arraches.
Il arrache.
Nous arrachons.
Vous arrachez.
Ils arrachent.

IMPARFAIT.

J'arrachais.
Tu arrachais.
Il arrachait.
Nous arrachions.
Vous arrachiez.
Ils arrachaient.

PASSÉ DÉFINI.

J'arrachai.
Tu arrachas.
Il arracha.
Nous arrachâmes.
Vous arrachâtes.
Ils arrachèrent.

PASSÉ INDÉFINI.

J'ai arraché etc.

PASSÉ ANTÉRIEUR.

J'eus arraché etc.

PLUSQUEPARFAIT.

J'avais arraché etc.

FUTUR.

J'arracherai.
Tu arracheras.
Il arrachera.
Nous arracherons.
Vous arracherez.
Ils arracheront.

FUTUR PASSÉ.

J'aurai arraché etc.

CONDITIONNEL.

J'arracherais.
Tu arracherais.
Il arracherait.
Nous arracherions.
Vous arracheriez.
Ils arracheraient.

CONDITIONNEL PASSÉ.

J'aurais arraché, etc.

IMPÉRATIF

PRÉSENT.

Arrache.
Arrachons.
Arrachez.

SUBJONCTIF

PRÉSENT.

Que j'arrache.
Que tu arraches.
Qu'il arrache.

Que nous arrachions.
Que vous arrachiez.
Qu'ils arrachent.

IMPARFAIT.

Que j'arrachasse.
Que tu arrachasses.
Qu'il arrachât.
Que nous arrachassions.
Que vous arrachassiez.
Qu'ils arrachassent.

PASSÉ.

Que j'aie arraché etc.

PLUSQUEPARFAIT.

Que j'eusse arraché etc.

INFINITIF

PRÉSENT.

Arracher.

PASSÉ.

Avoir arraché,

(Voyez partie orthographique, VERBE.)

18. L'inspection des tableaux précédents donne lieu d'établir les règles suivantes :

La première personne prend une *s*; mais quand elle est terminée par un *e* muet, elle n'ajoute rien : *Je suis, j'arrache.*

Dans les verbes dont l'infinitif est terminé en *er*, la première personne du présent de l'indicatif est terminée par un *e* muet : *plier, trouer, je plie, je troue.*

La seconde personne du singulier est toujours terminée par une *s*: *tu vois, tu aimes.*

La troisième personne du singulier est terminée par un *t* ; mais quand elle est terminée par un *e* muet, on n'ajoute rien : *il rit, il éternue.*

La première personne du pluriel est terminée en *ons*, la seconde en *ez*, la troisième en *ent*.

L'imparfait, le futur et le conditionnel ont les mêmes terminaisons dans tous les verbes.

Dans l'exercice suivant, on ne s'occupera que de la recherche du sujet et de la terminaison du verbe. On trouve le sujet en faisant la question qui est-ce qui ?

Le dessein en est pris, je par.., cher Théramène. — Tantale dans un fleuve a soif et ne peu... boire : tu ri..? Change le nom; la fable est ton histoire. — Je pens . ; donc j'exist.. — Les Macédoniens sav.. combattre les hemmes, mais les Scythes sav.. combattre la faim et la soif. — Louis XIV disai.. : que mon peuple soi.. bien nourri, et je ser.. toujours assez bien logé. — J'ignor.. le destin d'une tête si chère. — O mort ! quand tu frapp.. un juste, où est donc la victoire? — Si je mourai.. de mort naturelle, j'aurai.. droit d'accuser les dieux mêmes, qui m'enleverai.. à la fleur de l'âge. — Alors je me senti.. comme une lionne à qui on vien. d'enlever ses petits; elle rempl.. les forêts de ses rugissements. — O si les oiseaux de proie pouvai.. m'enlever ! — Pardonn.. .ombres généreuses, à la faiblesse de mes expressions. Je vous offrai.. un plus digne hommage, lorsque je visitai.. ces lieux où vous rendîtes les derniers soupirs : lorsque, appuyé sur un de vos tombeaux, j'arrosai.. de mes larmes les lieux teints de votre sang.

19. On a déjà vu que le verbe peut se dépouiller de toute idée de sujet et de nombre, pour ne conserver que celle d'état ou d'action. Ainsi ÊTRE désigne simplement l'existence sans l'attribuer à aucun individu. CHANTER, GÉMIR désignent l'action sans indiquer le sujet qui chante, qui gémit. On a dit que ce mode du verbe se nomme INFINITIF.

Ainsi l'infinitif a la signification d'un nom abstrait, et peut ordinairement être remplacé par un nom, *mourir n'est rien*, ou *la mort n'est rien*.

Par conséquent le nom propre, le nom commun, le pronom, le nom abstrait et l'infinitif, sont tous des éléments de même nature, et remplissent les mêmes fonctions dans le discours.

Certains verbes ont l'inf. terminé en ER; *travailler*, *jouer*: première conjugaison. D'autres l'ont en IR: *jouir*, *mentir*: seconde conjugaison. D'autres en OIR: *vouloir*, *savoir*; troisième conjugaison. Enfin d'autres en RE: *prendre*, *faire*; quatrième conjugaison

L'infinitif, quoique substantif abstrait, est invariable.

Désignez les différentes sortes de substantifs de l'exercice suivant, et remplacez les infinitifs par des noms abstraits.

Haïr est un tourment. — *Obéir* aux *lois* est un *devoir*. — Plutôt *souffrir* que *mourir*, c'est la *devise* des *hommes*. — *Persuader* est le *propre* de l'*éloquence*; *peindre* est le *propre* de la *poésie*. — *Travailler* est utile. — *Espérer*, *craindre*, *douter*, voilà à quoi se passe notre *vie*. — *Perdre* le *temps*, c'est *user* l'*étoffe* dont *la vie* est faite. — Sur cette *terre* horrible et des *anges* haïe, *Dieu* n'a point répandu *le germe* de *la vie*; *la mort*, l'horrible *mort*, et *la division*, y sembl.. *établir* leur domination. — *La conscience* fournit une *preuve* de l'*immortalité* de l'*ame*. — *Je* respire, *je* sers. — Si le *rossignol* est le *chantre* des *bois*, le *serin* est le *musicien* de la *chambre*. — *Vous* arrivez sans cesse d'un *ba-*

zar à un *cimetière*, comme si les *Turcs* n'étaient là que pour *acheter, vendre et mourir*. — En 1348, la *peste* infecta toute l'*Italie*, à la *réserve* de *Milan* et de quelques *cantons* au *pied* des *Alpes*. — *Je* ne m'attendais pas, jeune et belle *Zaïre*, aux nouveaux *sentiments* que ce *lieu vous* inspire. — *On* ne peut *désirer* ce qu'*on* ne connaît pas. — *Être* des *êtres, je* ne sais pas ce que *tu* es en toi-même, mais *je* sais que *tu* es. — Moins *on* a de *besoins* réels, plus *on* s'en crée d'imaginaires. — Rien n'est beau que *le vrai ;* *le vrai* seul est aimable. — *Nous* devons *préférer* l'*utile* à l'*agréable*. — A soi-même odieux, *le sot* de tout s'irrite; en tous *lieux il* s'évite, *il* se trouve en tous *lieux*.

PROPOSITION COMPLEXE.

20. On appelle proposition simple, celle dont le sujet, ni l'attribut, ne sont accompagnés d'aucune idée accessoire. Telle est cette proposition: *Dieu est éternel.*

Mais l'attribut n'offre pas un sens complet par lui-même, lorsqu'il exprime un rapport avec un autre objet. Ainsi on est *cherchant* une chose, *éloigné* d'un lieu, *vivant* dans un temps, avec quelqu'un.

Ces mots *une chose, d'un lieu, dans un temps, avec quelqu'un* donnent un sens complet à chaque proposition.

On appelle complément le nom de l'objet que l'attribut, par sa nature, met en rapport avec le sujet.

Ainsi on reconnaît le complément aux différentes questions que l'on peut faire après l'attri-

but. Exemple : *je cassais.* Quoi? *la glace.* Où?
dans la cour. Quand ? *à huit heures.*

*Dans l'exercice suivant désignez les com-
pléments.*

J'étai.. gisan.. à cette place, et je tremblai.. de tout mon
cœur. — Les chariot. gémiss.. sous les fard.. — Le trav..
est. utile à l'homme. — N.. somme.. éloign.. de la ville.
— Les chev.. serai.. épouvant.. par ce bruit. — Les buche-
rons coup.. les branch.. — Les enfan.. cass.. la glace avec
les mart.. — On étai.. accabl.. de fatigue. — Les écol..
étai.. dign.. de châtiment. — Les étoil.. son.. éloign.. de la
terre. — Tu déchir.. le papier. — Le lézard étai.. cach..
sous cette pierre. — N.. étion.. enferm.. dans une tour. —
Le ven.. abattrai.. les frui.. — La trompette appelai.. nos
soldats. — On sortai.. avec les prêtr..

21. Souvent le substantif, soit sujet, soit complément, n'est introduit dans la proposition que
déjà revêtu d'une qualité. Tantôt cette modification est nécessaire pour donner un sens raisonnable à la proposition; comme quand on dit:
L'homme VERTUEUX *est estimé.* Tantôt on n'a
pour but que faire connaître l'objet ; ainsi on
peut dire également: *je lis un* BON *ouvrage*, ou
je lis un MAUVAIS *ouvrage.*

On appelle DÉTERMINATIF tout attribut que
l'on joint immédiatement à un substantif,
introduit dans la proposition soit comme sujet,
soit comme complément.

Tout attribut peut avoir plusieurs compléments, l'action ou l'état pouvant être accompagné
de plusieurs circonstances.

Le déterminatif, en qualité d'attribut, peut avoir un ou plusieurs compléments.

Analysez les propositions suivantes, et indiquez les sujets, les compléments, les déterminatifs.

Le vautour, acharn.. sur sa timide proie, de ses membr.. sanglan.. se repai.. avec joie. — Ce guerrier, doué d'une force extraord.., combattai.. sans bouclier. — Sur un rameau, durant la nuit obsc.. Philomèle plaintive attendr.. la nature. — Un prince accoutum. à la flatterie enten.. la vérit.. sévère avec peine. — L'homme industr.. trouv.. l'abondance dans le trav..— N. laisseron.. les taureau.. égorg.. dans la forêt prof.: — Le jeune Renaud effaçai.. tou.. les héros chrétien..; une douce fiert.. éclatai. sur son fron.. majestueu.. —L'infern.. trompette appell.., d'un son lugubre, les esprits impur..

22. On appelle PROPOSITION COMPLEXE, celle dont le sujet ou l'attribut, ou même les deux termes, sont accompagnés d'idées accessoires; c'est-à-dire, de compléments ou de déterminatifs.

Le nom de l'objet qui éprouve l'action exprimée par un attribut actif, se nomme COMPLÉMENT DIRECT. Ainsi dans cette proposition, *il était tuant* LES MOUCHES, mouches est le complément direct de l'attribut tuant.

Le nom de tout objet qui est en rapport avec le sujet pour exprimer une circonstance de l'état ou de l'action, se nomme COMPLÉMENT INDIRECT. Exemple : *Dans ce moment les ennemis obscurcirent l'air de leurs flèches innombrables.*

Obscurcirent, verbe. Qui a fait l'action d'obscurcir ? *Les ennemis*, sujet. Obscurcirent quoi ? *l'air* qui a éprouvé l'action, comp. dir. De quoi ? *de leurs flèches innombrables*, comp. ind., circonstance de moyen. Quand ? *dans ce moment*, autre comp. ind., circonstance de temps.

On appelle PRÉPOSITION le mot qui exprime la nature du rapport entre le sujet et le complément.

Le complément direct se joint à l'attribut sans préposition : *déchirant le papier, brûlant le bois, fondant le plomb.*

Le complément indirect se joint toujours à l'attribut au moyen d'une préposition : *plongé* DANS *l'abyme, sorti* DE *la caverne.*

Indiquez les compléments directs, les compléments indirects et les prépositions des deux exercices précédents.

23. Souvent le complément indirect suit immédiatement le substantif ; alors l'attribut auquel il appartient est sous-entendu.

Ainsi au lieu de dire :	*On dit :*
Statue FAITE de marbre.	Statue de marbre.
Alexandre fils NÉ de Philippe.	Alexandre fils de Philippe.
Roi VIVANT sans gloire.	Roi sans gloire.
Verre PROPRE à la bière.	Verre à bière.
Homme DOUÉ de génie.	Homme de génie.
Cheval TIRÉ d'Espagne.	Cheval d'Espagne.

Et en général, la préposition DE forme le complément indirect qui est le plus fréquemment placé après le substantif. C'est un des attributs DÉPENDANT, ÉTANT, TIRÉ, FORMÉ, COMPOSÉ, qu'il faut sous-entendre.

Décomposez les exemples suivants, et exprimez les attributs sous-entendus: appliquez-vous à distinguer les différentes sortes de compléments.

Aucun chemin de fleur.. ne condui.. à la gloire. — Dans une belle journ.. de printemps, on vi.. sur le fleuv.. une flott.. de bateau.. vognant des deux rives de l'île ; chaque bat.. étai.. décor.. d'un berç.. de verdure, form.. de branch.. odoriféran.. — L'enfer s'émen.. au brui.. de Neptune en furie : Pluton sor.. de son trône, il pàli.., il s'écrie. — Toute la nature, enflamm.. par la douce réverbération des nuag.. tein.. de pourpre, célébrai.. le départ du soleil. — Les tours de marbr.. étai.. ensevel... sous les flo.., les noir.. vag.. roulai.. leurs mass.. énorm.. sur les têtes des montagn.. — Le fron.. sourcilleu.. d'un roch.. s'élevai.. seul du fond des eau..; quelques malheureu.. gravissai.. sur la cime, poussant les cri.. du désespoir; la mor.., port.. sur les ondes, pousuivai.. la plante de leurs pieds. — Je m'abimai. dans un océan sans riv.., je sui.. reven.. sur mes pas. — Je lisai.. la fable du cerf retir.. dans une étable à bœufs. — Un homme à proj.. cour.. à sa ruine. — Ces terr.. à bled son.. néglig.. — On admirai.. votre poème sur les merv.. de la nature. — Je mettai.. en ordr.. quelq.. observat.. sur les harmonies de la nature.

24. Au lieu de dire: un nombre des hommes courent à la gloire, on dit simplement DES hommes courent à la gloire. Au lieu de dire: Je cherche UNE PARTIE des livres, on dit: je cher-

ché DES livres. Dans ces propositions et d'autres semblables, on sous-entend UNE PARTIÉ, UN NOMBRE, UNE QUANTITÉ, QUELQUES-UNS, BEAU-COUP, etc. Le substantif gouverné par un nom de quantité se nomme PARTITIF. Ainsi on appelle PARTITIF le nom employé comme exprimant une partie de l'objet ou de la classe qu'il représente; il est toujours précédé soit de la préposition DE, soit de l'un des deux articles composés DU, DES.

Ainsi lorsque la question *qui est-ce qui*, faite devant le verbe pour obtenir le sujet, ou la question *quoi* faite après un verbe pour obtenir le complément direct, donne pour réponse un substantif précédé de la préposition DE, ce substantif est un partitif, et peut être considéré comme sujet dans le premier cas, et comme complément direct dans le second, exemple : DE *violentes passions éclatèrent.* Qui est-ce qui éclata ? *de violentes passions*, sujet. *Il commit* DE *grandes fautes.* Il commit quoi ? *de grandes fautes*, complément direct.

Cependant il faut se souvenir que dans ces constructions, c'est *une partie*, *une quantité*, qui est vraiment sujet ou complément direct.

UNE QUANTITÉ de violentes passions: UN NOMBRE de grandes fautes: et que le partitif, est de sa nature, un vrai complément indirect.

Le partitif est aussi employé après une préposition. Ainsi on dira: Il est parvenu PAR DE

singuliers moyens. Même construction : cela signifie, il est parvenu par UN CERTAIN NOMBRE
de moyens singuliers.

*Distinguez les noms partitifs ainsi que
leurs fonctions, et exprimez les noms sous-
entendus.*

De sombr.. nuag.. obscurcissai.. déjà le ciel. — On voi..
la libert.., cette esclave si fière, par d'invisib.. nœud.. en
ces lieu.. prisonnière. — A des dieu.. mugissan.. l'Égypte
rend hommage. — Des fontain.. coulant avec un dou..
murmure sur des prés sem.. d'amarant.. et de violett.., formai.. en ces lieu.. des bains aussi pur.., aussi clair.. que
le crystal; d'autr.. par de l'on.. détour.. revenai.. sur leurs
pas. — Je brûlai.. des pelur.. de pomme. — Du pain suffira.
— A des gen.. prévenu.. le mal parai.. un bien. — Ces
peupl.. viv.. sous de just.. loi.. — Les tartares pass.. leur
vie sous des tent.. ou dans des chariot.. ; ils on.. des che-
vau.. peti.. , maigr.. mais infatigab.. — Des malh.. sans
nombre plongèr.. cette famill.. dans une profonde misère.
— De nouv.. ennemi.. succèd.. aux ennem.. terrass.. —
Les Scythes vivai.. de lai.., de chair cru.. — Les lapon..
tu.. ces anim.. avec des flèch.. émouss.. — *Voyez les diffi-
cultés au traité d'orth., prépositions, comp.*

25. Le pronom et l'infinitif étant de vrais
substantifs, sont susceptibles d'en remplir toutes les fonctions. Nous les avons déjà employés
comme sujets. Nous allons les employer comme
compléments directs, et comme compléments indirects. *Étudiez et écrivez le tableau ci-contre.*

TABLEAU DES PRONOMS.

SUJETS.	COMP. DIRECTS toujours placés devant le verbe.		COMP. INDIR. avec à touj. placés devant le verbe.		LE PRONOM COMP. IND. avec toute autre préposition, se place après le verbe, excepté EN.
					on parle de, pour,
Je ris	on ME bat	MOI	on ME parle	à MOI	contre, avec, sans MOI
Tu ris	on TE bat	TOI	on TE parle	à TOI	TOI
Il rit	on LE bat	LUI	on LUI parle	à LUI	LUI
Elle rit	on LA bat	on bat ELLE	on LUI parle	on parle à ELLE	ELLE
On rit	on SE bat	qui? SOI	on SE parle	à qui? à SOI	SOI
Nous rions	on NOUS bat	NOUS	on NOUS parle	à NOUS	NOUS
Vous riez	on VOUS bat	VOUS	on VOUS parle	à VOUS	VOUS
Ils rient	on LES bat	EUX	on LEUR parle	à EUX	EUX
Elles rient	on LES bat	ELLES	on LEUR parle	à ELLES	ELLES
					on EN parle, on
		on Y songe	à CETTE CHOSE		parle DE CETTE CHOSE
					on EN sort, on
		on Y va	en CET ENDROIT		sort DE CE LIEU

26. LE , LA , LES , signifiant *lui*, *elle*, *eux*, *elles*, sont pronoms compléments directs, et placés devant le verbe. LUI , LEUR , signifiant *à lui*, *à elle*, *à eux*, *à elles*, sont compléments indirects placés devant le verbe, et invariables. EN , Y , sont invariables, des deux genres et des deux nombres. EN signifiant DANS , est préposition : *Je vais* EN *Italie. Désignez les fonctions de tous les pronoms de l'exercice suivant.*

V. me voy.. — Tu me parl. — Je te promettai.. une récompense, je te la donner.. — Je v. prêt.. ce livre; v. me le rendr.. — N. v. estim.. ; n. v. rend.. justice. — V. verr.. ces dam.. ; v. l. parler.. ; ell. v.. demanderon. les tabl... V. l. l. donner.. — On n. dirai.. le secr.. ; on n. en parlerai.. — Je dormai.. ; v. me réveill.. — Je reçoi.. de v. des reproch.. mérit.. — Je m'occupai . de cette aff... ; j'en parlai.. à tou.. le monde ; j'y pensai.. à tou.. les momen.. de la journ.. — Les voitur.. march.., v. l. entend.. — La clef est dans ce tiroir; v. l'y trouver.. — Je v. lir.. cet ouvrage ; v. en admirer.. les beaut.. — Votre sœur va à la campagne; je l'y sui.. — Je me trouve malgré moi dans cette ville ; mes aff.. m'y retienn.. — Vos paren.. me doiv.. une somme considérab.. ; je l. en parler.. — Nos enf.. iron.. au collège; n. les y enverr.. l'ann.. proch.. ; ils en sortir.. dans quatre ans.

27. Des compléments indirects DE MOI, DE TOI, DE LUI, D'ELLE, DE SOI, DE NOUS, DE VOUS, D'EUX, on a formé les mots MON, TON, SON, MA, TA, SA, MES, TES, SES, NOTRE, VOTRE, LEUR, NOS, VOS, LEURS, LE MIEN, LA MIENNE, etc., que l'on a nommés PRONOMS POSSESSIFS, parce qu'ils indiquent la possession. *Substituez des pronoms* *possessifs aux compléments indirects formés des pronoms et de la préposition de.*

Je rentr.. dans la paisib.. demeur.. de moi. — Chacun a les défauts de soi. — Les soin.. de toi son.. inutil.. — Rome seule a les soin.. de moi; le cœur de moi ne connai.. qu'elle. — Toute la terre retenti.. du brui.. des exploi.. de vous. — Ne devai..-tu pas lire au fond de la pensée de moi? et ne voyai..-tu pas dans les emportemen.. de moi, que le cœur de moi démentai.. la bouche de moi à tout momen..? — Qui t'amène en des lieu.. où l'on fui.. la présence de toi? — Il immole à la sœur de lui, la gloire de lui et le pays de lui. — Par quelle barbarie a-t-on du maître de vous excité la furie? — Ces infortunés nous peign.. les malh.. d'eux. —

28. La préposition est souvent sous-entendue devant les compléments de temps, de lieu, de prix, etc. Il faut donc bien se garder de prendre pour des compléments directs les noms qui expriment ces circonstances. *Il a vécu cent ans, c'est-à-dire* PENDANT *cent ans.* Souvent aussi un attribut suit le verbe adjectif, et serait pris mal à propos pour un complément direct, exemple: *il mourra* PAUVRE; *tu parais* TRISTE. Les adjectifs par eux-mêmes ne peuvent être ni sujets, ni compléments, et doivent toujours être joints au nom ou au pronom auquel ils se rapportent. *Analysez les propositions suivantes, et exprimez les prépositions sous-entendues.*

Tou.. les jour.. je t'attend.., tu revien.. tou.. les jour.. — Du palais d'un jeune lapin dame belette un beau matin s'empara; c'est une rus.. — On parlai.. musique, peinture, poësie. — N. pay.. la bout.. de ce vin trente centimes. — Louis XIV régna soixante-douze an... — Cette vigne fu.. achet.. neuf mille francs. — L'armée march.. jour et nuit. — Je devien.. lourd. — Vos enf.. vivai.. malheur.. — La récolte me parai.. abondan.. ; je la croi.. excellen.. cette ann.. — Vos enf.. son.. chang.. de toute manière; le profess.. les trouv.. appliq.., docil.., studieu.. — La besogne me semblai.. ais.. ce matin; l'après-midi je la trouv.. difficile. — On reposai.. la nuit, on dormai.. tou.. le jour. —

30. De ce principe déjà établi, que l'infinitif étant un nom abstrait peut remplir toutes les fonctions du nom, résultent les règles suivantes:

L'infinitif est employé,

1º Comme SUJET. — TRAVAILLER *est utile.*

2º Comme ATTRIBUT dans les définitions. MOURIR, *c'est* COMMENCER *une autre vie.*

3º Comme COMPLÉMENT DIRECT, c'est-à-dire, en réponse à la question QUOI faite après un autre verbe. *Vous devez* OBÉIR.

4º Comme COMPLÉMENT INDIRECT, c'est-à-dire, en réponse à la question QUOI faite après une préposition. *Nous vivons sans* SONGER *à la mort.*

La préposition POUR est souvent sous-entendue après les verbes *aller*, *venir*, *envoyer*, *courir*, *accourir. Je viens te voir*, c'est-à-dire, *je viens* POUR *te voir.*

5º L'infinitif COMPLÉMENT DIRECT a le sens de l'attribut actif après les verbes *voir*, *entendre*, *écouter*, *regarder*, etc. *Je vous écoute* PARLER ; c'est-à-dire, *je vous écoute* PARLANT.

Le verbe impersonnel a très-souvent pour

sujet un infinitif. Mais il n'est pas dans le génie de notre langue de dire: *Me promener me plaît, travailler faut, mourir pour sa patrie est glorieux.* L'usage veut qu'on dise : *il me plaît* DE *me promener; il faut travailler, il est glorieux de mourir pour sa patrie.* Ce DE ajouté pour flatter l'oreille, n'a par lui-même aucun sens, et l'infinitif n'en est pas moins le sujet du verbe impersonnel.

Après les verbes actifs, nous ajoutons souvent devant l'infinitif la préposition A ou la préposition DE, sans qu'elles ajoutent rien à la signification. *J'aime* A *travailler; je vous conseille* DE *vous promener;* substituez des substantifs abstraits, et vous direz : *J'aime le travail, je vous conseille la promenade.* Ce qui prouve que les infinitifs remplissent dans ces propositions la fonction de compl. direct.

L'inf. renfermant un attr., peut avoir, selon sa nature, un comp. dir. et un comp. indir.

Bât.. des vill.., c'est se rend.. utile aux homm.. ; les détr.., c'est se déclar.. l'ennem.. de la sociét.. — Voul.. tromp.. le ciel, c'est folie à la terre. — Français, v. sav.. vaincr.. et chant.. vos conquêt.. — A ta faib.. raison garde-toi de te rend.. : Dieu t'a fait pour l'aim.. et non pour le compr.. — Bientôt ils oseron.., les yeu.. vers les étoil.., s'abandonn.. aux mers sur la foi de leurs voil.. — Lève-toi, triste objet d'horr.. et de tendresse, lève-toi, cher appui qu'espérai.. ma vieillesse; vien.. embrass.. ton père, il t'a dû condamn..; mais s'il n'étai.. Brutus, il t'allai.. pardonn.. — Sans doute le printemps vi.. naît.. l'univ..; il vi.. le

jeune ois., s'essay.. dans les airs. — Tous deux au styx
allèr.. boir; tous deux à nag.. malheur.., allèr.. travers.
au séj.. ténébr.., bien d'autr.. fleuv.. que les nôtr.. — Il
est gran.., il est beau de faire des ingra.. — J'accour.. te
racont.. la nouv.. — Il est bon de parl.. et meill.. de se
taire; mais tou.. deu.. son.. mauv.. alors qu'ils son., outrés.
— Il peu., se trouv.. plusieur.. degr.. dans l'inquiétude. —
Déjà j'enten.. des mers mugir les flo.. troubl..; déjà je voi...
pâl.. les astr.. ébranl.. — Il me plai.. de rest.. — Il v.
faudra, seign.., cour.. de crime en crime; souten.. vos rig..
par d'autr.. cruaut.., et lav..dans le san.. vos bra.. ensan-
glant.. — Il convien.. de termin.. cette affaire. — Il ne
sied à personne de se vant.. — Il n. import.. de retrouv..
ces pap.. — Il suffit d'observ. ces règles. — N. all.. n. promen.. — V. viendr.. n. cherch.. — Vous dev../ n. avert. de
la vérité.

30. Relativement aux compléments qu'ils exigent, les verbes adjectifs sont divisés en plusieurs classes.

On appelle ACTIFS les verbes qui prennent un
complément direct, et qui présentent le sujet
comme faisant l'action. Ainsi *brûler*, *déchirer*,
sont des verbes actifs, parce qu'on peut dire, *Je
déchire le papier, je brûle le bois.*

On appelle NEUTRES les verbes qui ne peuvent
avoir de complément direct. — Ainsi *vivre*,
naître, sont des verbes neutres, parce qu'on ne
peut dire, *Je vivrai quelqu'un, je naissais
quelque chose.*

Le verbe est RÉFLÉCHI lorsqu'un de ses compléments, soit direct, soit indirect, est un pronom qui représente le sujet; de sorte que le sujet
agit sur lui-même, soit directement, soit indi-

rectement. Ainsi dans ces propositions, *Tu te brûles, elle se fera mal*, les verbes sont réfléchis, parce que cela signifie, *tu brûles* TOI-MÊME, *elle fera mal à* ELLE-MÊME.

Il est RÉCIPROQUE, lorsqu'il exprime l'action de plusieurs sujets l'un à l'égard de l'autre. Ainsi dans cette proposition, *Nous nous parlons*, le verbe est réciproque: car je veux dire que *nous parlons* L'UN A L'AUTRE.

Le verbe est PASSIF, lorsqu'il présente le sujet comme éprouvant l'action ; on le forme de l'attribut passif joint au verbe ÊTRE, en renversant la proposition active.

Ainsi de cette proposition active, *Le soleil éclaire la terre*, on forme cette proposition passive: *la terre est éclairée par le soleil.*

L'usage a donné la forme de verbe réfléchi à des verbes dont le sujet ne peut exercer sur lui-même l'action exprimée par l'attribut. Ainsi quoique le vin ne puisse se boire lui-même, ni la viande se manger, on dit : *Ces vins se boivent purs ; cette viande se mange froide.* Le verbe, sous cette forme, se nomme PRONOMINAL.

Le verbe est IMPERSONNEL OU UNIPERSONNEL, lorsque le pronom masculin singulier IL dont il est précédé ne se rapporte à aucun nom précédent, mais ne sert qu'à annoncer le véritable sujet, qui ordinairement suit le verbe. — IL *viendra un temps ;* IL *est arrivé deux mille hommes.*

Le premier IL annonce *un temps*; le second IL annonce *deux mille hommes*, vrais sujets des verbes *viendra, arrivé*.

Le verbe impersonnel reste toujours à la troisième personne du singulier, n'a jamais de complément direct, et n'a ordinairement pour sujet qu'un nom précédé de l'article indéfini, un nom partitif ou un infinitif; il se reconnaît parce qu'on ne peut mettre aucun nom à la place du pronom IL.

Tous les verbes dont nous venons de parler peuvent avoir des compléments indirects.

Analysez les propositions suivantes, et désignez les différentes sortes de verbes.

Tu partagea.. le deuil de ma triste patrie; tu refusa.. le jour à ce siècle perver.., une éternell.. nuit menaça l'univer.. — Sa voi.. redoutab.., troubl.. les enfer.. un brui.. formidab.. grond.. dans les air.. un voile effroyab.. couvr.. l'univer.. la terre tremblante frém.. de terr.. L'onde turbulente mugi,. de fur.., la lune sanglante recul.. d'horr.. —L'univer.. ébranl.. s'épouvante: le Dieu de Rhodope, ou d'Athos rédui.. la cime en feu. — Un jour tu poursuivai.. sa fidèle Eurydice; Eurydice fuyai.., hélas! et ne vi.. pas un serpen.. que les fleur.. recelai.. sous ses pas. La mor.. ferma ses yeux; les nymph.. ses compagn.. de leurs cri.. doulour.. remplir.. les montagn.. — Venez, à vos fureur.. Oreste s'abandonne.. —

Enfl.. d'une vaine espérance, il pren.. sa volée, il s'élance. — Jadis tou.. les humain.. erran.. à l'aventure à leur sauvage instinct vivai.. abandonn . — N. n. promenon.. le matin dans ce bois. — Tandis que je me perd.. dans ces rêv.. profon.., peut-être un habitan.. de Vénus, de Mercure, de ce globe brillan.. qui blanchi.. l'ombre obsc.., se

livr.. à des transpor.. aussi dou.. que les miens. — L'essieu
crie et se rompt.. — L'intrépide Hipolyte voi.. voler en
écla.. tou.. son char.. fracass.. Dans les rênes lui-même il
tombe embarrass.. — L'onde approch... se brise, et vomi..
à nos yeu.. parmi des flo.. d'écume un monstre furieu.. —
Son fron.. large est arm.. de cornes menaçantes ; tou.. son
cor.. est couv.. d'écaill.. jaunissantes : indomptable taur...
dragon impétueu.., sa croup.. se recourb.. en repli.. tortueu,. ses lon.. mugissemen.. fon.. trembler le rivage. Le ciel
avec horr.. voi.. ce monstr.. sauvag.. La terre s'en émeu..,
l'air en est infect.., le flo.. qui l'apporta recul.. épouvant..
— On tromp.. Iphigénie. On se cach.. d'Achille. — Il est
donc des forfai.. que le courrou.. du ciel ne pardonn.. jamais ! — A la fin du quinzième siècle il se fi.. de grand..
découv..— Il plu.. du san..; je n'exagèr.. point. — Il paraiss.. tou.. les jour.. de nouv... ouvrag.. — Le bruit croî..
il redoubl.., il vien.. comme un tonnerre. — Il est certain.. espri.. dont les sombr.. pensées son.. d'un nuage
épai.. toujours embarrass.. — Il est un heur.. choi.. de
mots harmonieu.. — Les mauv.. nouvell.. se répand.. avec
rapidit.. — On s'ennui.. aux exploi.. d'un conquéran.. vulgaire. — Au milieu de cette barbarie. il se réveilla quelq,.
idées saines. — Quelq.. républiq.. de l'Italie se défendir..
avec succès contre les étrang.. — Je me plain.. ici du
moindre de mes maux. Tandis que dans un coin en
grondan.. je m'essui.., souvent pour m'achever il survien..
une pluie. — Quoi ! toujours il me manquera quelqu'un de
ce peuple imbécille ! touj.. le loup m'en gobera ! — C'était
pendant l'horr.. d'une prof.. nuit: ma mère Jésabel à mes
yeu.. s'est montr.. — Les deux ennemis se voi.., s'attaq...
avec fur.., ils se fon.. de larg.. et prof.. blessures; enfin ils
se perc.. mutuellement. — Ces livr.. se vend.. cher. — Le
fer se rouill.., les pierr.. se fend.., les étoff.. s'us.. —
L'age s'évanoui.. en-deçà de la barque, et ne sui.. point les
mor.. — L'avare se rend malheureu.. Nos ami.. se hâtai..
de nous secourir. — Ces deux époux s'aim... se chériss...
se préfèr.. à l'univer.. — Tu te nui.. par excès de précau-
tion. — Nous nous attiron nos malh.. —

31. On a donné au verbe adjectif AVOIR un complément direct très-remarquable; c'est l'attribut passif joint au substantif auquel il se rapporte.

Ainsi on dit : *Nous avons* ACHETÉ *un jardin. Elles ont* ÉLEVÉ *ce lapin.* Parce que cela signifie: nous avons un jardin ACHETÉ par nous, elles ont ce lapin ÉLEVÉ par elles, et comme ce n'est pas NOUS qui sommes ACHETÉS, ni elles qui sont ÉLEVÉES, de là cette règle sans exception : L'ATTRIBUT PASSIF JOINT AU VERBE AVOIR NE S'ACCORDE JAMAIS AVEC LE SUJET.

On a ensuite joint l'attribut passif au verbe avoir, pour exprimer, en général, une action passée. Ainsi on a dit : *Nous avions* VENDU *notre maison, ils ont* PERDU *leurs biens*; quoique ces propositions ne signifient pas, nous avions notre maison VENDUE, ni ils ont leurs biens PERDUS. La règle a donc été établie ainsi : LE VERBE AVOIR DEMANDE L'ATTRIBUT PASSIF DU VERBE DONT IL EST SUIVI.

Ma sœur aurai.. cop.. ce cahier de musique. — Les jardiniers ont engraiss.. ce terrain. — Les pêcheurs avai.. pri.. le poisson. — Cette reine a trouv.. un gran.. trésor. — Les soldats ont emport.. un bœuf. — Le laboureur a récolt.. un foin excellen.. — Le père avai.. reconn.. son fils. — J'avai.. fend.. mon bois. — Nous aurions fond.. notre beurre.

32. La nature de l'attribut passif et les différentes constructions dans lesquelles nous l'avons présenté, établissent les règles suivantes :

1o L'attribut passif se lie par le moyen du verbe ÊTRE au substantif SUJET : *Les arbres sont* DÉRACINÉS, *les moissons étaient* DÉTRUITES.

2o Il se joint immédiatement au nom comme DÉTERMINATIF; *Les troupes* VAINCUES *se retirèrent dans les villes fortes. Je vois les murailles* ABATTUÉS. Dans ce cas on sous-entend l'attribut d'existence ÉTANT. Ainsi : L'ATTRIBUT PASSIF JOINT AU VERBE ÊTRE OU AU SUBSTANTIF CORDE AVEC LE SUBSTANTIF EN GENRE ET EN NOMBRE.

3o Il se joint au verbe avoir pour en former le complément direct, avec le nom auquel il se rapporte. *J'ai* FINI *mon ouvrage ;* c'est-à-dire *j'ai mon ouvrage* ÉTANT FINI *pour moi.*

L'usage veut que l'attribut passif joint au verbe avoir, ne s'accorde avec son substantif ou avec le pronom qui le représente, que quand ce substantif ou ce pronom précède l'attribut passif. Ce nom ou pronom est le complément direct. DONC L'ATTRIBUT PASSIF NE S'ACCORDE AVEC LE COMPLÉMENT DIRECT QUE QUAND CE COMPLÉMENT EST PLACÉ DEVANT L'ATTRIBUT.

Ainsi on dira sans accord: nous avons POLI ces pierres ; et l'on dira avec accord : vous voyez ces pierres; nous les avons POLIES.

La lettre finale de l'attribut passif se trouve comme dans les adjectifs, par la terminaison du féminin. Ainsi on écrit au masculin singulier *pris, atteint,* à cause du féminin *prise, atteinte.*

Hersilie a marq.. son passage par la ruine et la désolat..
ses faibl.. ennem.. étai.. dispers..; Hersilie les a poursuiv..
le fer et la flamme à la main. — Les épis couch.. sur la
terre son.. broy.. par les pied.. des chev..; les arbr.. son..
coup.. à haut.. d'homme; leurs branch.. dispers.. attest..
par quelqu.. frui.. leur ancienne fertilit..; les villag.. rédui..
en cendr.. fum.. encore de l'incendie. — Le glaive a
immol.: tou.. les habitan.. qu'on a attein..; le cadavre du
labour.. est auprès de sa charrue bris.. : la mère dépouill..
et meurtr.. tien.. son enf.. mor.. sur son sein : les épou..
égorg.. son.. étend.. l'un auprès de l'autre; leurs bras
sanglan.. et roidi.. son.. rest.. entrelac.. de long.. ruiss..
de sang von.. se perdr.. dans des monc.. de cendr..; et
des vautour.. affam.., seuls êtr.. vivan.. dans ces demeur..
désol.., se disput.. à grands cris les affr.. présen.. d'Hersilie. — Des fav.. de Tarquin v. goûteriez les charm.. Je
v. l'ai déjà di.., il v. aimai.., seigneur; il aurai.. avec
v. partag.. sa grand.. du sénat à vos pieds la fiert.. pros-
tern.. aurai.. — J'ai vu sa cour; et je l'ai dédaign.. — Le
ciel m'a-t-il jamais perm.. de me connaître? ne m'a-t-il pas
cach.. le sang qui m'a fait naître? — Mon cœur, encor
surpr.. de son égarement emport.. loin de soi, fu.. coupable
un momen.. : ce momen.. m'a couver.. d'une honte éternelle; à mon pays que j'aime il m'a fai.. infidèle; mais ce
momen.. pass..; mes remords infinis, ont égal.. mon crime
et veng.. mon pays. — Ces traîtr.. ont livr.. leur patrie à
l'ennemi. — Deux pélerin.. avai.. trouv.. une huître; ils
se la disputèr..; je l'ai vu.. avant vous, sur ma vie; eh bien!
v. l'av.. vu.., et moi je l'ai sent..

32. Les verbes actifs, exprimant l'action exer-
cée par le sujet sur un objet quelconque, semblent seuls susceptibles de l'attribut passif, qui
présente l'objet comme modifié. Ainsi on peut
dire : *une forêt* BRULÉE, *des fruits* CUITS, *le
champ* CULTIVÉ, parce que la forêt, les fruits,

le champ, ont été modifiés comme les attributs passifs l'indiquent. Mais comme on ne peut DORMIR *un enfant*, VIVRE *une personne*, LUIRE *une chambre*; on ne peut pas non plus dire: *un enfant* DORMI, *une personne* VÉCUE, *une chambre* LUIE. Il semble donc que les verbes neutres ne doivent pas avoir d'attribut passif. On leur en a néanmoins donné, probablement afin de pouvoir donner aux verbes neutres les mêmes temps composés qu'aux verbes actifs. Ainsi on dit j'ai DORMI, elle avait VÉCU; mais comme ces attributs ne peuvent se rapporter à aucun nom, ils sont invariables. Donc l'attribut des verbes neutres conjugués avec *avoir* est invariable.

J'ai lang.., j'ai séch.. dans les feu.., dans les larm.. — Ma colère à ses yeu.. n'a par.. qu'à demi. — Vous riez ? écriv.. qu'elle a r.. — Sans votre secour.., n. aurions succomb.. — La batail.. a dur.. douze heur.. — L'arm,. a march.. quinze jour.. sans se repos.. — Mes sœur.. aurai.. véc.. plus heur.. dans leur patrie. — N. aurion.. descend.. à huit heur.. — Ils ont répond.. avec org.. — La montagne a chancel.. — Les flamm.. on.. brill.. — Cette sédition aurai.. éclat.. — Elle a pâl.., elle a roug.., en prononç.. ces parol.. — Tous nos compagn.. on.. pér.. — Combien nos fron.. pour elle av.. roug.. de fois. — Les sciences on.. fleur.. dans cette contrée. — N. av.. dorm.. tranquill.. — Vos observat.. av.. suff.. — La ruse aurai.. réuss..

34. L'usage a prévalu d'employer le verbe ÊTRE au lieu du verbe AVOIR dans les verbes réfléchis et dans les verbes réciproques. Ainsi on dit *je me* SUIS *brûlé*, quoique le sens soit : *j'*AI *brûlé moi.* Par cette raison, l'attribut passif

des verbes soit réfléchis, soit réciproques, suit la
même règle que s'il était joint au verbe avoir;
c'est-à-dire qu'il ne s'accorde qu'avec le complément direct qui le précède.

N. n. somm.. tromp..; n. av.. reconn.. notre err. — Les
enf.. se serai.. éloign.. — Elle s'étai.. donn.. une peine
inut.. — Vos amis se son.. réun.. — Je me suis refus.. ces
plaisirs innocen..: v. v. les êtes procur.. — Les solda.. se
son.. approch.. — N. n. étion.. parl.. plusieurs fois. — Ces
reproch.. m'on.. sembl.. just..; ta sœur se les est attir.. —
Jamais ces deux personn.. ne son.. pl.. — Ces deux demoisell.. se son.. dépl.. dès qu'ell.. se sén.. v.. — Elles se son..
di.. des injur.. ; elle se son.. jet.. des pierr..

35. Le verbe impersonnel ayant pour premier sujet le pronom IL masculin singulier, et
d'ailleurs n'ayant jamais de complément direct,
son attribut passif est invariable. Dans le verbe
pronominal, l'attribut passif se rapporte toujours au sujet, et en prend toujours le genre et
le nombre.

Il aur.. manq.. deux cents fran.. — Il av.. par.. deux volumes. — Il étai.. surv.. des acciden.. — Il est arriv.. de
nouv. troup.. — Il a pass.. dix mille homm.. en deux jours.
— Il serai.. sort. trois numéro à la fois. — Les changem..
se son.. opér.. — Des nouv.. se serai.. publ.. — Nos affair..
se serai.. termin.. — Les chos.. se son.. pass.. de cette manière. — Ma maison s'étai.. vend.. à mon insu. — Les mar-
chandises ne s'étant pas trouv.. bonnes, ne se son.. pas
débit.. promptement. —

36. Ni le substantif partitif, ni le pronom EN
qui le représente quelquefois, ne sont jamais
compléments directs. Le vrai complément direct

est alors, comme nous l'avons déjà dit, PLU-
SIEURS, UNE QUANTITÉ, QUELQUES-UNS, PEU, BEAU-
COUP, etc.; complément qui peut-être exprimé
ou sous-entendu. Exemple : *vous m'avez offert
des fraises , j'*EN *ai mangé quelques-unes.*
Inaccord, parce que le complément direct quelques-unes, est placé après le verbe. *Il avait des
roses, il nous* EN *a donné:* inaccord, parce que
le vrai complément direct est PLUSIEURS, QUEL-
QUES-UNES, sous-entendu après le verbe. EN peut
aussi ne point représenter un partitif; alors encore il est complément indirect. *Ils étaient dans
le danger; je les* EN *ai tirés.* JE sujet, LES complément direct; EN complément indirect qui signifie du danger. Accord avec LES, qui est le
complément direct.

Ces messieurs ont apport.. des estamp.., ils n. en on..
montr..; ils en on.. vend.. plusieurs. — Il fallai.. de la
douceur; mais tu en a.. trop montr.. — V. aviez gagn.. ma
confiance; v. en auriez jou.. dans tou.. les temps, si v. n'en
av.. pas abus.. — Je lui av.. suppos.. de la prudence; elle
en a peu montr..—La princesse a témoign.. le désir d'avoir
de ces fl..; on lui en a off.. — Ces messieurs on.. trouv.. la
besogne difficile; on les en a exempt.. — Ma sœur étai..
tomb.. dans un précipice, je l'en ai retir.. — Tu as laiss..
des livr..; j'en ai trouv.. — La tâche m'a sembl.. difficile
pour vos enf..; je les en aur.. dispens.. — Mesdames, vous
étiez dans un gran.. dang..; je v. en ai tir..— Cette condition n. ayant par.. raisonnab.., n. ne n. en somm.. pas
éloign.. — Les caval.. son.. arriv..; n. en av.. rencontr.. —

37. On a long-temps considéré L'ATTRIBUT AC-
TIF et L'ATTRIBUT PASSIF non comme éléments du

verbe, mais comme formés du verbe. Et comme ces attributs expriment l'action et que la plupart ont des compléments, on a dit qu'ils PARTICIPAIENT de la nature du verbe, et de celle de l'adjectif; ce qui les a fait nommer PARTICIPES.

L'attribut actif est le PARTICIPE PRÉSENT, et l'attribut passif a reçu le nom de PARTICIPE PASSÉ.

RÉCAPITULATION DES RÈGLES PRÉCÉDENTES.

1° L'attribut actif ou participe présent est invariable. *Je la vois* LISANT.

2° L'attribut passif ou participe passé joint au substantif ou par le verbe ÊTRE ou sans aucun verbe, en prend le genre et le nombre. *L'eau était* REPANDUE, *je vois les arbres* ABATTUS.

3° L'attribut passif ou participe passé joint au verbe AVOIR ne s'accorde jamais avec le sujet du verbe : *elle a* RI.

4° L'attribut passif ou participe passé de tout verbe qui a un complément direct, ne s'accorde qu'avec ce complément direct, et seulement quand ce complément précède le verbe. *J'ai* VU *votre sœur, je l'ai* AMENÉE *ici, elle s'y est* AMUSÉE, *elle s'y est* PROCURÉ *de vrais plaisirs.*

5° L'attribut passif ou participe passé des verbes impersonnels est invariable, et celui des verbes pronominaux s'accorde toujours avec le sujet.

6° Le pronom EN est toujours complément

indirect, et l'attribut passif ne s'accorde jamais
avec le nom que ce pronom représente.

La mémoire de ce sage vieill.. qui av.. véc.. trois âges
d'homme, étai.. comme une histoire des anc.. temps grav..
sur le marbre et sur l'airain. — Puisque les yeux d'Ido-
ménée,, si long-temps ferm.. à la vérit.., on.. ét.. enfin
ouv.. par cet homme sage que v. nomm.. Mentor, qu'il le
retienne aupr.. de lui. Pour moi, apr.. mon naufrage il ne
me conv.. pas de quitt.. le port où la tempête m'a heureusem.. jet.., pour me remettr.. à la merci des ven.. — Mal-
gr.. les an.., la jeunesse fleur.. s'étai.. renouv.. sur son
visage. — Mes ennem.. m'on.. donn.. ce que je n'aur..
jam.. trouv.. dans la plus grande fortune. — Elle s'approch.. envelopp.. d'un nuage clair qu'elle av.. form.. de
vap.. subt.. — Un gran.. chêne du mont Ida que la hache a
coup.. par mille cou.. don.. tou.. la forêt a retent..,
ne fai.. pas un plus horrible bruit en tomb..; la terre
en a gém..; tou.. ce qui l'environn.. en est ébranl.. —
À ces mots j'ai frém.., mon ame s'est troubl.. — Sept
vill.. se son.. disput.. l'honn . d'av.. ét.. le berç.. d'Homère.
— Dès le prem.. mom.. que ces personn.. se son.. v.., elles
se son.. pl.. — N. fer.. l'hist.. des préjug.., nous montrer..
comme ils se son.. succéd.. et se son.. détr.. les uns par les
autr.. — Il se serai.. gliss.. quelq.. faut.. dans ses ouvrag..
— Il se serai.. form.. des maîtr.. habil.. dans cette école.
— Que de gen.., même de lettr.., péch.. tou.. les jours
contre la règle des particip.., parce qu'ils ne l'on.. jam..
conn.. ni étud.. — Les premiers croisés n'on.. tent.. la
conquête de la Terre-Sainte que parce qu'ils se la son..
figur.. plus ais.. qu'elle n'étai.. — Tou.. le monde m'a
off.. des services, et personne ne m'en a rend.. — On doi..
remarq.. que ce qui a le pl.. contrib.. à rend.. les Romains
maîtr. du monde, c'est qu'ayant combatt.. successivem..
contre tou.. les peup.., ils on.. touj.. renonc.. à leurs
usag.., sitôt qu'ils en on.. trouv.: de meill.. — Madame , la

crainte de faire des ingra.., ou le déplaisir d'en av..
trouv.., ne v. a jam.. empêch.. de faire du bien. — Les
anim.. que l'homme a le pl.. admir.. son.. ceu.. qui lui
on.. par.. particip.. à sa nature; il s'est émerveill.. toute..
les foi.. qu'il en a v.. — Il a fai.. de grandes fautes; mais
cherch.. un roi qui n'en ai.. pas fai.. d'inexcusab.. —
Rend.. graces au ciel qui nous en a veng.. — Votre père
et les rois qui les on.. devanc.., sitôt qu'ils y montai.., s'en
son.. v.. renvers.. — Ce n'étai.. plus, il est vrai, ces
troup.. vieilli.. dans les comba.., ces bataillons de fer, qui
se serai.. cr.. déshonor.., s'ils av.. baiss.. la tête devant le
feu de l'ennem.. — Pauvre Didon, où t'a rédui.. de ses
maris le triste sor..! l'un en mouran.. cause ta fuite :
l'autre en fuyan.. cause ta mor.. — Ma sœur, ne t'étai.. tu
pas abus..? — Une femme fort âg.. dit à M. de Fontenelle,
en l'abordan.. : eh bien, monsieur, n. viv.. encore! Fontenelle lui mi.. le doi.. sur la bouche : chut! madame, ils
n. on.. oubl.. — Semblab.. aux arbr.., dont le tronc rude et
noueu.. s'est durc.. par le nombr.. des ann.., et ne peut plus
se redress.., les homm.. à un cert.. âge ne peuv.. presque
plus se pli.. eux-mêmes contre cert.. habitud.. qui on..
vieill.. avec eux, et qui son.. entr.. jusque dans la moëlle
de leurs os. — La pâle mor.. condui.. par une furie infern.., dont la tête est hériss.. de serpen.., glace le san.. de
leurs veines : leurs membr. engourd.. se refroidiss.., et
leurs genoux chancelan.. leur ôt.. même l'espérance de la
fuite. — Les arbr.. de ce verg.. m'on.. sembl., for.. vieu.. :
j'en ai abatt.. quelques-uns ; et j'en ai rajeun.. plusieurs. — L'espérance étai.. rest. dans mon ame : vos
trist.. prédict.. l'en on.. bann.. — La pai.. est plus douce
que tou.. ces frui.., c'est pour elle que n. n. somm.. retir..
dans ces hautes montagn.. touj . couv.. de glace et de neige.
— Hazaël m'acheta chèrement. Ce que je lui appr.. de nos
mœurs lui a donn.. la curiosit.. de pass.. dans l'île de
Crète pour étud.. les lois du sage Minos. Pendan.. notre
navigat... les ven.. n. on.. contrain.. de relâch.. dans l'île
de Chypre. — Nos paren.. étai.. arriv.. depuis quelq. jours,

et v. ne nous en av.. pas préven.. — Le dang.. étai.. pre
san.., votre prudence n. en a tir.

38. Une préposition peut avoir pour complément un nom abstrait de manière, d'ordre, de
comparaison, de temps, de lieu, de quantité,
soit indéterminé, soit déterminé par quelque
article. Alors, la préposition et son complément se réunissent en un seul mot que l'on
nomme ADVERBE.

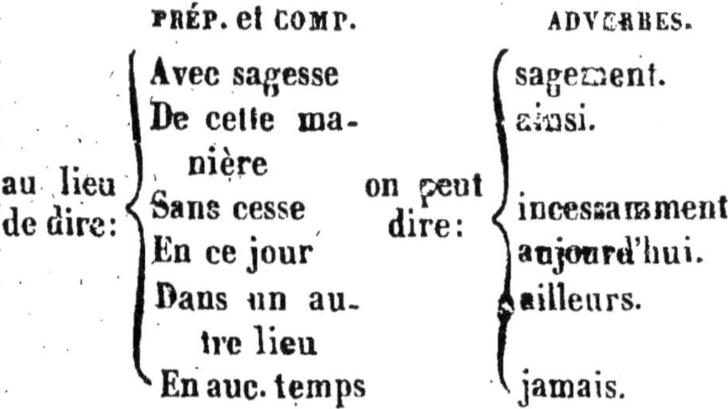

L'adverbe ayant la signification d'une préposition jointe à son complément, a donc la valeur
d'un complément indirect.

Ainsi l'ADVERBE est un mot qui, en qualité
de complément indirect, sert à exprimer une
circonstance de l'action ou de l'état du sujet.

L'adverbe modifie donc toujours un attribut.
Il peut modifier : 1° L'attribut joint au verbe,
comme : *Je cours* VITE, *ce pays est* PEU *fertile.*
2° L'attribut déterminatif : *Nous vîmes un oiseau* TRÈS *joli.* 3° L'attribut renfermé dans un

autre adverbe : *Vous parlez* TROP *lentement,* c'est-à-dire *d'une manière* TROP *lente.*

Analysez les propositions suivantes; décomposez les adverbes, et désignez les attributs qu'ils modifient.

Ne m'av.. vous pas, v. même, ici; tantôt, ordonn.. son trépas ? — Le style le moins noble a pourtant sa noblesse — N. voy.. mal les choses trop voisines de nous.— Mars antrefois mi.. tou.. l'air en émeute. — Jadis tou.. les humains erran.. à l'avanture, à leur sauvag. instinct vivai.. abandonn..—On aime rarement la vertu sous une forme si austère.—La souris étai.. fort froiss..—D'abord il s'y pri.. mal. — Sous un chêne aussitôt il va prendre son somme. — Nul voyageur n'osai.. pass.. une barrière si puissante.. — Henry IV étai.. vraiment digne d'être ass.. sur le trône de France. — Mortellement att.. d'une flèche empennée un ois.. déplorai.. sa triste destinée. — Un mor.. s'en allai.. tristement s'empar.. de son dern.. gîte ; un curé s'en allai.. gaîment enterr.. ce mor.. au plus vite. On li.. peu ces auteurs nés pour vous ennuy.. — Une personne parfaitement prudente ne di.. rien sans en av.. bien soigneusement examin.. la val.. —

39. De la plupart des adjectifs on forme des adverbes de manière, en ajoutant *ment* au féminin. Les adjectifs terminés par une voyelle, forment les adverbes par l'addition de *ment.* Des adjectifs terminés en *ant* ou *ent* on forme les adverbes, en changeant *nt* en *mment.*

Dans chacune des trois parties de l'exercice suivant, formez chaque adverbe de l'adjectif qui lui correspond.

1° *Adj. dont on formera le fém..* fou, mou, mortel,

honteux, grossier, fier, amer, clair, niais, civil, pur, fort, léger, sourd, lent, glouton..vif, excessif, vain.

F..pompeu.. dans sa verve indiscrète. — Le bruissement des flo..m..agit.. — Vous m'av.. m..offens.. — H.. chassé du temple de mémoire. — Ces sauvag.. adorai.. une idole gr.. sculpt.. — Les gauloi.. répondir.. f.. qu'ils ne connaissai..que le droi..de conquète. — Cette pauvre péch.. pleur.. am.. sur ses fautes. — Ce que l'on conçoi..bien s'énonce cl.. — Il riai..n. en n. regard.. — N. av.. ét. reç.. fort civ.. — Pein..-moi lég.. l'amant léger de Flore ; qu'un dou.. ruiss.. murmur.. en vers plus dou.. encore. — C'est toi qui nous prédi.. ces tragiq..fur.., qui couv.. s.. dans l'abyme des cœurs. — Hàt..v..l.. et sans perd.. courage. — Les loups mang..gl.. — V. pressé par les ennemis. — Elle ét.. exc.. fatig.. — L'un l'autre v. ils sembl.. se haïr.

2° Adj. qui se terminent par une voyelle. Modéré, inviolable, inconsidéré, noble, étourdi, ingénu, éperdu.

Riez mod., entendez raillerie. — Tenez votre parole inv.., mais ne la donn..pas inc.. — De mor., et de mouran.. nob..entouré. — Elle a parl.. fort.. ét.. — N. av.. di.. ing.. ce que n. pensions. — Un homme chérissai..ép.. sa chatte.

3° Adj. en ant *ou* ent. Constant, prudent, impatient, conséquent, ardent, puissant, courant, impudent, indifférent, élégant, imprudent, différent, abondant, obligeant, négligent, languissant, instant.

N. av.. c..imit.. la nature. — Il parl.. et agi..pr.. — J'atten.. impat.. une réponse. — Tu n'as pas ag.. cons.. — On désirai.. ard.. de v. parl..Voila ce qui s'appel.. puiss.. raisonn..! — Il ne s'est pas condui.. gal.. — Ces étrang.. parl.. cour.. notre langue. — Peu..tu ment.. aussi impud..! — L'autruche aval.. indif..tou.. ce qu'elle trouv.. — Ses cheveu.. étai.. très élég.. relev.. — Il a impr.. engag.. l'armée dans des défilés. — Nos paren.. pens.. tout diff.. — Cette contrée prod..ab.. tout ce qui est nécessaire. — Ils n. ont oblig.. off.. leur secours.. — Son mant..étai..je!.. négl.. sur ses épaules. — De peti.. ruiss.. train.. lang..

leurs gémissantes eaux. — Je v. pr.. inst.. de ne pas me cach.. la vérit..

40. Tout mot est adverbe, quand on l'emploie pour modifier un verbe, un adjectif ou même un autre adverbe. Ainsi les substantifs, les adjectifs et les articles deviennent adverbes et par conséquent invariables, quand ils modifient un attribut.

41. *Beaucoup, assez, peu, trop, tant, autant, plus, moins, pas, point,* sont substantifs quand ils servent de sujets ou de compléments : car alors ils signifient UNE *quantité grande, suffisante, petite, excessive, telle, égale, supérieure, inférieure, nulle;* ces mêmes mots sont adverbes quand ils modifient un attribut; alors ils signifient EN *quantité grande etc.* Pas et point sont substantifs dans leur signification primitive; UN PAS, UN POINT; et lorsqu'on dit, par exemple: *Je n'avance* PAS, *je ne connais* POINT, cela signifie *je n'avance* MÊME D'UN PAS; *je ne connais* MÊME UN POINT. *Bien et mal* sont adverbes quand ils signifient *d'une bonne manière, d'une mauvaise manière.*

Dans l'exercice suivant, distinguez les substantifs des adverbes.

A beaucoup de plaisir, je mêl... un peu de gloire. — Quiconque a beaucoup vu peu... avoir beaucoup retenu. — Cet homme trav... beaucoup. — Les peupl... du nord aim... beaucoup les liq... fortes. — On ri... beaucoup de l'aventure. — Peu de gen..., que le ciel chéri... et gratifi..., ont le don d'agr... infus avec la vie. — Comme les

consuls paraissai... peu habil..., on cru... convenable de
nomm... un dictateur. — Je crain... peu votre impuiss...
courroux. — Usez du peu que n. av... — Jamais tant de
vertu fut-elle couronn...? — Je ne conçoi... pas pourq ..
v. trav... tant. — O Voltaire! combien ton sort fu... moins
heureux! ton sujet, un peu triste, est trop près de nos
yeux, trop voisin de nos temps. — Peu de générau... aurai... déploy... antant d'habileté. —

42. 2º Parmi les adjectifs qui peuvent être
pris adverbialement, il faut remarquer *cher*,
qui est adjectif quand il modifie un substantif,
et alors il signifie *coûteux* ou *bien-aimé*, et qui
est adverbe quand il modifie un verbe; alors
il signifie *beaucoup* ou *chèrement*.

Dans l'exercice suivant, laissez invariables
tous les adjectifs pris adverbialement.

Je n'ai point des sentim... si *bas*. — N. av.. parl.. très- ...,
cependant on n. a entend.. — Cette île est très- ...— Le
clair flamb.: des nui.. — Les définitions doiv.. être ... —
On ne voi.. pas ... ici. — Elle enten.. fort ...— Ces hommes
parl.. aussi ... que des femmes. — Cette liq.. ne m'av.. pas
par..... — Un sot n'a pas assez d'étoffe pour être *bon*. —
Les ... se son.. corromp.. dans la compagnie des méch.. —
Ces fl.. sent..... — N. tiendr..... — Pepin le *bref* fu.. le
premier roi de la seconde race. — Les réci.. de cet historien son..... — Il ne pouvai.. que dire, sans odorat; ..., il
s'en tir.. — La ligne droite est le plus *court* chemin d'un
point à un autre. —Les lon.. regr.. des... plaisirs. — Elle
s'arrêta tout ... — N. resterions bientôt ... — Les mant.. ...
— Maudit soi.. l'auteur *dur*, dont l'âpre et rude verve, son
cerveau tenaillant, rima malgré Minerve. — On v. a di.
des vérit.. un peu ... — Il fau.. cri.; elle enten.. fort ... —
J'ai mang.. un *gros* abricot et une ... pêche. — Elle a
gagn.. ...à ce jeu, — N. aurions gagn.. ... si n. av.. voul.. —

J'ai du bois *sec*, des feuil.. ... — Tu veu.. n. donn.. des
frui. ... — N. leur av.. répond.. un peu... — Elle m'a parl.
fort.. — N. av.. trouv.. l'écriture moins *nette* sur le papier *fin*. — Les caractères me paraissai.. trop ... — Je n'en
av.. nul droi.., puisqu'il fau.. parl.. *net*. — Ces demoiselles
v. ont dî. tout ... ce qu'el.. pensai.. — Il savai.. align.. pour
le plaisir des yeux , des poiriers déjà *forts*, des ormes
déjà vieux. — N. n. somm.. cr.. ... heureux d'av.. échapp..
à la mort. — Je le donne aux plus ... — Ces ouvrag.. sont
... lon.. et ... ennuy.. — Dans le plus *haut* rang, il n'oublia
pas qu'il étai.. homme. — On a abatt.. ces ... peupliers. —
V. port.. bien ... vos prétentions. — A de plus ... partis
Rodrigue doi.. prétend.. — Ces princes descend.. en ligne
droite de Mahomet. — Ma fille, tenez-v. ... — Elle n'écr..
pas ... — N. voul.. all.. tout ... à Paris. — Elle va ... au
but. — Il a laiss.. voir des intent.. ... — Prenez une
ferme résolution. — Les ennemis aurai.. tenu ... — Le
paquet étai. *franc* de port. — Il m'a envoy.. les lettr. ... de
port.) — La violette di.. en vers très-jol..: modeste en ma couleur, modeste en mon séjour, ... d'ambition, je me cach.. sous
l'herbe. — N. leur av.. di. ... et net ce que n. pensions. — Je
vai.. v. parl. ... — Il peu.. saut.. 24 semelles ... — Il est mor..
de la mor.. des *justes*. — Vos reproch.. ne me sembl.. pas ..
— Mlles v. ne chant.. pas ... — Voilà tout ... les papiers que
je cherch.. — M^rs., v. ne raisonn.. pas ... — Il fau.. parl..
bien ... devant v. — Il porte de *faux* cheveux et une ...
barbe. — Il m'a pay.. en ... monnaie. — Elle chante ...
elle raisonne ... — Soyons *vrais* dans nos disc.. — Telle
est la ... éloquence.   N. v. parl. ... — Ce copiste av.. la
main fort *vite*. — Vos mouvemen.. son.. trop ... — Il a les
chevaux les plus ... — V. parl.. trop ... — Tu march..
assez ... — Rien n'est plus *cher* que le temps. — J'ignor..
le destin d'une tête si ... — Je ne veu.. pas achet.. si ... un
repentir. — L'étude faisai.. nos plus ... délices. — Les
choses inut.. coût.. touj.. trop ...; elles sont touj.. trop ... —
Que n. av. pay.. ... desplaisirs d'un moment ! — Puis-je sacrif.. mes plu, ... intérêts? — Ces tableaux on . ét.. ach.. trop

... — Il ne ven.. que des vins ... — Je ne voul.. pas ach.. des étoff.. aussi ... — Je n'achèterai pas aussi ... des étoff.. assez communes. — V. viendr.. goût.. nos vins *nouveaux.* — J'ai goût.. des vins ... percés.

43. 3º Les articles qui peuvent devenir adverbes sont TOUT et QUELQUE.

Tout est article quand il est joint à un nom; car alors il désigne la totalité de l'espèce ou de l'objet. Dans ce cas, il s'accorde avec le substantif en genre et en nombre; *tous les enfants, nous tous, toute la terre.* Si *tout* est joint à un substantif sans article, il est encore article, mais il signifie *entier* ou *chaque,* et alors il reste au singulier ainsi que le substantif, mais il en prend le genre. *Toute femme, toute espérance, tout instant :* c'est-à-dire, *chaque femme, entière espérance, chaque instant.*

Tout, n'ayant rapport à aucun substantif, reste au masculin singulier: *tout est fini, vous aurez le tout.* Alors on sous-entend *chose :* toute chose, toute la chose. *Tout* peut se rapporter à un substantif ou à un pronom qui n'y est pas joint immédiatement, et il y a cependant accord, *voilà les livres; prenez les tous. Partez toutes, je vous prie, mesdemoiselles.*

Enfin *tout* est adverbe et invariable quand il signifie *entièrement* ou *si, tellement;* alors il se rapporte à un adjectif ou à un autre adverbe : *nous sommes tout tristes, tout aimable qu'elle est, tu parles tout bas;* cependant quand *tout* adverbe est placé devant un adjectif féminin qui commence par une consonne ou une *h* aspirée, il prend le genre et le nombre de l'adjectif. On écrit *toute autre*, signifiant *une autre, chaque autre*; et *tout autre*, quoiqu'avec un substantif féminin, quand on veut dire *entièrement autre*.

Tout le pays est ravag.. — ... les jours je t'atten.., tu rev.. ... les jours. — Elle invoque à gran.. cris ... les dieux du Ténare. — Puiss.. ... ses voisins ensemblé conjur.., saper tes fondemen.. encor.. mal assur.. ! — Là on trouvai.. ces arbr.., dont la fl.., qui se renouv.. dans ... les saisons, répan.. le plus dou.. de ... les parf.. — Cotin à ses sermons traînant ... la terre. — Il semble que le ciel. sur ... tant que n.. somm.., soi.. oblig.. d'av.. incessamm.. les yeux. — Dans ... les lieu.. l'art des législateurs sur l'empire des jeu.. fonda celui des mœurs. — Il fallai.. sous des chefs arm.. de la puissance, des mortels nés ég.. forc.. l'obéissance, et du resp.. des ran.. nourr.. l'illusion. Sans elle, .. est trouble, erreur, confusion; sans elle, ... à coup, plus terrible et plus fière s'élèv.. en rugiss.. l'égalit.. première, qui, fondant l'anarchie, et féconde en tyrans, par le commun désastre égale ... les ran.. Ce resp.. seul est ... — ... consolation qui vien.. des homm.., est vaine, et ne dur.. point. — ... œuvre extér.. ne ser.. de rien sans la charit.. — ... puissance est faible, à moins que d'être unie. — ... élog.. trompeur bless.. une ame sincère, — ... bourgeoi.. veu... bât.. comme les gran.. seign..; ... peti.. prince a des ambassad..; ... marquis veu.. avoir des pages. — De ... inconn.. le sage se méfi.. — Jamais on ne per.. ... espérance. — Il fu.. ... heureu.. et ... aise de rencontr.. un limaçon. — Elle fi.. un choix qu'on n'aurai.. jamais cru; se trouvant à la fin ... heureuse et ... aise de rencontr.. un malotru. — La terre, le soleil, le temps,

... va périr. — La vertu, ... austère qu'elle vous paraî.. — Cette science, ... difficile qu'elle est. — Loin d'ici ces maximes de la flatterie, que les ames des rois sort.. des mains de Dieu ... sag.. et ... savantes. — V. n'aim.. pas la campagne, ... agréabl.., ... rian.. qu'elle est. — Ayez ... confiance en nous. — Mes sœurs étai.. ... distrai.. , ... occup.., ... ennuy.. — On vien.. de ... côté, ou de ... côtés; de ... part, ou de ... parts. — ... autre nation aurai.. perd.. courage. — En ... autre circonstance, nous tâch.. de v. être util.. — Que j'étudie les mathématiques ou ... autre science, il fau.. que j'y appliq.. mon esprit. — J'ai trouv.. cette maison ... autre qu'elle n'étai.. l'année pass.. — V. av.. une ... autre figure. — La méthode que n. voul.. suivr.. est ... autre. — A Paris ou dans ... autre ville. — Cet enf.. est ... yeux et ... oreill.. — Marchons ... doucement. — ... magnifiquement habill.. qu'elle étai.. — Les choses allai.. ... de traver.. — V. aur.. le ... pour six francs. — L'unité n'existe plus, quand ... les parties ne convienn.. pas nécessairement à un même ... — Elle étai.. ... attention. — ... à vous, votre amie Joséphine. — Elles son.. ... zèle, ... ardeur. — Elles von.. ... dans.. — ... son.. également coupab.. ; ... ont mérit.. la mor.. —

44. *Quelque* est article indéfini, quand il signifie *un, une, de la, des, plusieurs;* alors il se rapporte à un substantif, avec lequel il s'accorde. *Quelque patience,* c'est-à-dire, *de la patience ; quelques fleurs,* c'est-à-dire, *des fleurs, plusieurs fleurs. Quelque chose* est toujours singulier, et veut l'adjectif au masculin : *quelque chose de beau. Quelque temps, quelque part,* toujours au singulier. Écrivez en un seul mot *quelquefois, autrefois.*

Quelque signifiant *si, tellement, à quelque degré,* est adverbe et invariable. *Quelque belles que soient ces fleurs; c'est-à-dire, si belles, à quelque degré belles.*

Quel que s'écrit ainsi en deux mots devant un verbe. Alors *quel* est un qualificatif indéterminé qui doit s'accorder avec le substantif. *Quel que soit mon malheur, quelle que fût ma peine.*

Mais devant le substantif, ce qualificatif s'écrit en un seul mot, et s'accorde avec le substantif. *Quelque peine que j'éprouve, quelques maux que je souffre.*

L'*e* final de *quelque* en un seul mot, ne se perd que dans *quelqu'un, quelqu'une.*

Je montre *quelque* joie de voir le fils d'Achille et le vainq.. de Troie. — La Grèce a-t-elle encor ...droi.. sur sa vie? — Que les Grecs cherch.. ... autre proie. — Au bou.. de ...jours le voyageur arriv.. — ... crimes touj.. précèd.. les gran.. crimes. — Avez-vous ... haine pour le vice, ... amour pour la vertu? — J'av.. de ... espoir une faible étincelle. — Si j'étai.. ...peintre ou ... étudian.., reparti.. le renard, j'avancer.. la joie q. v. aur.. en le voyan.. — J'en pui.. jouir demain, et ... jours encore; je pui.. enfin compt.. l'aurore plus d'une fois sur vos tomb.. — Craign.., Romains, craign.., que le ciel ... jour, ne transport.. chez vous les maux et la misère. — Je veu.., ...jour, arrang.. ma bibliothèque. — Dans ... circonst.., il fau.. paraîtr.. av.. tort. — ... volum.. me manquai.. déjà. — ... soi.. la beaut.. de la vertu. — ... que soi.. ta puiss.., tu es mortel. — ... que fu.. ma faiblesse, je voul.. résist.. — ...que soi.. les forces de cet empire, il peu.. s'écroul.. — Nos vertus, ... soi.., son.. loin de la perfection. — ... soi.. le forfait, le repentir l'expi.. — ... fuss.. mes maux, ... fu.. ma misère, on y paraissai.. insensible. — Tes infortunes, ... soi.., n'ex-cit.. nullement ma pitié. — ... ait été votre beaut.., il n'en reste aucune trace. — ... ai.. ét.. mes efforts, je n'ai pu

réuss.. — ...suj.. qu'on traite, ou plaisan.., ou sublime. —
De ...façon qu'un esclave le nomme, le fils de Jupiter
passe ici pour un homme. — ...richesses qu'on ait, de ...
plaisirs que l'on jouisse, à ... dignités que l'on parvienn..,
... jour il fau.. tout quitt.. — ...malheurs que nous annonc.. les dieux, n'écoutons que la voix du devoir. — ...
méch... que soi... les homm..., ils n'oserai... paraît...
ennemis de la vertu. — .... brillan... que soi... ces
nuag..., ils ne renferm... que de l'eau. — .... hau... que
n. paraiss... les montagn..., ... profon... que soi... les
mers, ce ne sont que de légères inégalit... sur la surface
du globe. — .... var... que soi... nos plaisirs, ... multipl... que soi... nos occupat..., ... gran... que soi... nos
afflict..., ... ridicule que soi... notre vanit..., ... imparf... que soi... notre sagesse. — C'est en .... sorte se
donn... part aux bell... actions, que de les louer de bon
cœur. — .... enrhum... que tu soi..., ma fille. — .... décourag... que je soi... — .... fatig... que v. soy..., mesdames. — J'admir... les usag... de .... peupl... anciens.
— On retrouv... à peine .... vestiges de cette ville. —
.... centaines d'Espagnols ont dépeupl... le nouv... monde.
— .... soin qu'on apporte à se corrig..., on conserv...
touj... .... défauts. — J'ai treuv... cette anecdote .... part.
— Tu pren... ....: part à mes peines. — Voyez-vous ....
chose d'assur..., de permanen...? — Il a touj... .... chose
de jol..., d'agréable à raconl... — Les méch... font *quelquefois* de bonn... actions. — Ajoutez *quelquefois* et souvent effacez. — Ce lac fu... *autrefois* une fertile campagne.

45. Souvent on confond les prépositions *dans,
hors, sur, sous, autour, avant,* et le substantif
de quantité *plus,* qui ont toujours un complément, avec les mots *dedans, dehors, dessus,
dessous, alentour, auparavant, davantage,*
qui sont adverbes, et qui n'ont aucun complé-

ment. Ainsi dites : DANS *la mer*, SUR *la table*, PLUS *de force* ; mais ne dites point : DEDANS *la mer*, DESSUS *la table*, DAVANTAGE *de force*.

Cependant, comme ces mots : *dedans, dehors, dessus, dessous, alentour*, sont des substantifs qui signifient la partie intérieure, extérieure, etc., quand ils sont précédés d'une autre préposition, ils peuvent avoir un complément. DE DESSUS *les remparts*.

DE SUR OU DESSOR est un barbarisme.

Dans et dedans. N. ét... égar... .... la forêt. — Le cabinet est ouv...; cach....vous .... — Le mal vien... du .... — Le .... est gât... — Ouvr... cette boîte, il n'y a rien .... — Nous port... au .... de nous des principes natur... d'équit..., de pudeur, de droiture. — Nous av... pass... par .... la ville. — Tu nous mettai........ un gran..., embarr... — *Hors et dehors.* Enfin n. somm... .... de ce bois. — N. mettr... ce chien .... — Ma maison est situ... .... des murs. — Ils aurai... pass... par .... la ville. — V. cach... une ame double sous de beaux .... — *Sur et dessus.* .... mon sort, en secr...., je doi... le consult... — Il a pr... une chaise et il s'est ass... .... — J'ai ôt... les bouteil... de .... le buffet. — La fav... met l'homme au - .... de ses ég... — Enfin n. av... repr... le .... — Elle s'appuyai... .... moi. — Il fau... pos... ce noyau .... une pierre, et frapp... .... — Je portais un gro... mant... par .... mon hab... — *Autour et alentour.* Les lou... rod... .... des établ... — V. av... fai... une promenade .... de la ville. — Le poulailler est bien clos; le renard a beau rod... .... — Les .... de cette ville sont charm... — Ils cour... .... de la table. — La table est dress...; nous all... nous plac... .... — *Sous et dessous.* Le chien est cach... .... le lit. — Si je levai... cette pierre, je trouv... des cloportes .... — Nous pass... .... une voûte. — On l'a

pr... par-..... les bras, et on l'a tir... de .... la table. —
Le .... me paraî... plus beau que le dessus. — Les corps
plac... sur la terre sont nomm... sublunaires, parce qu'ils
se trouv... .... la lune. — Il souleva les couvertures et se
cacha .... — *Avant et auparavant.* Il fau..., ... tout,
achev... votre devoir. — Je voulai... .... m'assur... de la
vérit... — Elle étai... part... .... que n. fuss... sort... —
Le roi a pardonn... aux rebel...; mais il a ordonn... ... que
toutes les arm... lui fuss... livr... — *Plus et davantage.*
Tu as montr... .... d'espr... que de jugement. — On ne v.
av... pas perm... de rest... .... d'une heure ici. — Tu
ét... riche; mais je l'ét... .... —Je n'en atten... pas ....
d'un insens... — Déjà du plomb mortel .... d'un brave est
att...

46. Il est souvent peu élégant d'exprimer le
déterminatif par un attribut; des phrases telles
que les suivantes ne seraient pas supportables :
*Le livre donné par moi à vous est déjà déchiré.
On a cessé ce jeu ennuyant tout le monde;*
Mais on dira : *le livre que je vous ai donné est
déjà déchiré. On a cessé ce jeu qui ennuyait
tout le monde.*

Il y a encore des circonstances qui ne pour-
raient être exprimées par aucun attribut équivalent, comme on peut le voir dans les propositions suivantes : *l'homme dont vous me par-
liez est ici. L'arbre sous lequel je suis assis
est un chêne.*

Le déterminatif accompagné de complément
se nomme ordinairement PROPOSITION INCI-
DENTE; *proposition* comme indiquant un jugement déjà porté ou supposé; incidente, c'est-à-

dire, QUI TOMBE AVEC , parce que le jugement que l'on veut porter n'a souvent lieu qu'en vertu de celui que le déterminatif suppose.

Ainsi quand on dit : *l'homme livré à ses passions n'est pas heureux;* ou *l'homme qui se livre à ses passions n'est pas heureux,* cette proposition ne tire sa vérité que du déterminatif ou de la proposition incidente qui accompagne le mot homme.

Mais c'est principalement sous cette nouvelle forme: QUI SE LIVRE, etc., que le déterminatif prend le nom de proposition incidente.

Ces mots QUI, QUE, DONT, LEQUEL, etc., qui introduisent le substantif dans la proposition incidente, se nomment PRONOMS RELATIFS.

Ainsi le PRONOM RELATIF est un mot qui représente, dans la proposition incidente, le substantif déterminé par cette proposition.

Le pronom relatif peut donc y remplir les fonctions de sujet ou de complément; et la proposition incidente renfermant un verbe, peut exprimer le temps, le mode, la personne.

Le substantif déterminé par la proposition incidente est L'ANTÉCÉDENT du pronom relatif. LA PROPOSITION PRINCIPALE est celle dont on a déterminé un ou plusieurs termes par des propositions incidentes.

Dans l'exercice suivant, séparez les propositions incidentes de la principale, indiquez les pronoms relatifs et leurs antécédents, comme on le voit dans l'exemple suivant.

antécédent, pronom relatif, proposition incidente.

Le feu (dont la flamme en ondes se déploie)

antécédent. p. rel.

fait de notre quartier une seconde Troie ; (où

proposition incidente.

maint Grec affamé, maint Avide argien au travers des charbons va piller le Troyen.)

On peu... v. rendr... encor ce fils que v. pleur... — Le
pompeu... appareil qui sui... ici vos pas n'est point d'un
malheureu... qui cherch... le trépas. — Souvent un inconn... qui est estim... sur sa bonne réputat..., per..., en
se montrant, l'estime qu'on av... pour lui. — La mor... est
le seul Dieu que j'osais implor... — Les passions sont les
seuls orateurs qui persuad... touj... — Observ... cet ois...
dont v. dorez la cage !

47. Le pronom relatif a la valeur d'un pronom ou substantif personnel de même nombre,
de même genre et de même personne que son
antécédent, puisqu'il le représente. Il peut, de
même que le substantif personnel, être employé
comme sujet ou comme complément. On peut
aussi substituer au pronom relatif, son antécédent précédé de *ce*. C'est ce que le tableau
suivant fera concevoir.

PRONOMS RELATIFS.	PRONOMS ou SUBSTANTIFS PERSONNELS ÉQUIVALENTS.
Sujet. QUI ou LEQUEL, LAQUELLE, LES-QUELS, LESQUELLES.	JE, TU, IL, ELLE, NOUS, VOUS, ILS, ELLES, CET OBJET, CES OBJETS.
Compl. direct. QUE ou LEQUEL, etc.	ME, TE, LE. LA, NOUS, VOUS, LES, CET OBJET, CETTE PERSONNE.
Comp. ind. avec à. A QUI ou AUQUEL, A LAQUELLE, AUX-QUELS, AUXQUELLES.	ME, TE. LUI, NOUS, VOUS, LEUR, Y, A CET OBJET, ou A CETTE PERSONNE.
C. ind. avec de. DONT ou DE QUI, ou DUQUEL, DE LAQUELLE, DESQUELS.	DE MOI, DE TOI, DE LUI, D'ELLE, DE NOUS, etc., EN, DE CET OBJET.
C. ind. avec dans. OU, ou DANS LEQUEL, etc.	DANS ou EN LUI, ELLE, EUX, ELLES ; Y, EN CE LIEU.
C. de lieu avec de. D'OU, ou DUQUEL, etc.	DE LUI, D'ELLE, etc. DE CE LIEU, EN.
C. de lieu avec par. PAR OU, ou PAR LEQUEL, etc.	PAR LUI, PAR ELLE, etc., PAR CE LIEU.

On concevra donc facilement l'emploi du pronom relatif si dans la proposition incidente on met à sa place soit le substantif personnel équivalent, soit l'antécédent lui-même précédé de ce.

Première proposition complexe.

Même les tristes lieux ou nous avons souffert ne sont pas sans attraits.
C'est-à-dire   nous y avons souffert
Ou en substit. l'antéc. n. av. souff. EN CES LIEUX

Seconde proposition complexe.

Arbres   QUE j'ai plantés,   je ne vous verrai plus !
C'est-à-dire je vous ai plantés
Ou   j'ai planté CES ARBRES.

Troisième propsition complexe.

Moi QUI l'amenai triomphante, adorée, je m'en retournerai
Ou   JE l'amenai triomphante, adorée.   seule et désespérée.

Quatrième proposition complexe.

Je m'adresse à toi   DONT la probité est sans tache.
Ou   la probité DE TOI est sans tache.

On voit par ces exemples, qu'on ne peut substituer au pronom relatif, qu'un substantif personnel de même personne que son antécédent.

48. *Écrivez les exemples suivants, analysez les, et faites, dans les propositions incidentes, les mêmes substitutions que dans l'exercice*

Le lou... déjà se forge une félicit... qui le fai... pleur... de tendresse. — Dans le centre éclatan... de ces orbes immens... qui n'ont pu nous cach... leur marche et leurs distanc..., lui... cet astre du jour. par Dieu même allum.... qui tourn... autour de soi sur son axe enflamm... — Le café vous présente une heureuse liq..., qui d'un vin trop fumeu... chassera la vap... — L'insecte que les ven...

ont jet... sur la rive, poursui... en bourdonn... sa course
fugit... — Les efforts d'un géant qu'on croyai... accabl...,
ont fai... encor gém... le ciel, la terre et l'onde. —
L'écl... du jour ne trouv... auc... passag... pour pénétr...
les royaum... prof... qui me sont éch... en partage. —
Ce hardi Portugais, Gama, dont le courage d'un nouv...
Océan nous ouvri... le passage, de l'Afrique déjà voyai...
fuir les rochers. — Pour toi que jamais ces miracl... n'é-
tonn..., stupide spectat... des biens qui t'environn...,
vien..., me développ... ce nid qu'avec tant d'art, au même
ordre touj... architecte fidèle, à l'aide de son bec ma-
çonn... l'hirondelle. — Nous roul... égar... au sein du
gouffre immense où l'antique chaos sous nos pieds recom-
mence. — Le trône où tu t'assie... s'abaissai... devant moi.
— On voyai... en ce lieu une caverne affr... de lag... on
descendai... sur les rives de l'Achéron, par leq... les
Dieux même craign... de jur... — Les moy... par lesq
v. av... réuss... ne v. font pas honn... — Je conn... la
source d'où v. av... tir... ces exempl... — Tout dépen...
de moi, qui sui... le maître. — Je me sacrif... pour toi,
dont j'ai éprouv... tant de fois l'ingratitude. — Tout... les
dignit... que tu m'a... demand..., je te les ai sans peine et
sur l'heure accord... —

49. Les pronoms relatifs *lequel, laquelle,
lesquels, lesquelles* sont rarement employés
sans préposition. Le pronom relatif *qui* précédé
d'une préposition ne peut avoir pour antécédent qu'un nom de personne. Ainsi on peut
dire *l'homme* A QUI *je parle*, mais on ne peut
dire *la maison* A QUI *j'ajoute une aile*, dites A
LAQUELLE.

Le pronom relatif, quoique complément, est
toujours placé en tête de la proposition incidente : *tu auras la récompense* DONT *tu es di-*

gne. Le pronom relatif est complément du mot après lequel on peut placer son antécédent, ou le substantif personnel équivalent. Ainsi dans l'exemple précédent, DONT est gouverné par le mot *digne;* car on peut dire *tu auras la récompense* (*tu es digne* D'ELLE, *ou* DE CETTE RÉCOMPENSE.)

Quand le pronom relatif est gouverné par un complément indirect, c'est ce complément indirect que l'on place en tête de la proposition incidente, et immédiatement après, le pronom relatif qu'on exprime alors par *de qui, duquel, de laquelle, etc.* et non par *dont;* exemple:

Vous voyez la Seine : l'Yonne, la Marne et l'Oise viennent se jeter dans le lit D'ELLE.

D'elle est ici gouverné par le complément indirect *dans le lit;* ainsi en substituant le pronom relatif au pronom personnel *d'elle,* on dira :

Vous voyez la Seine, DANS LE LIT DE LAQUELLE *l'Yonne, la Marne et l'Oise viennent se jeter,* et non: *vous voyez la Seine* DONT *l'Yonne, la Marne et l'Oise viennent se jeter dans le lit.*

50. *Substituez, dans l'exercice suivant, des pronoms relatifs aux pronoms personnels.*

Le médecin Tant-Pis allai... voir un malade (*le* visitai... aussi le médecin Tant-Mieux). — Je sui... cet heureu... roi (la France *le* révère. — Ma doul... présente, et ma bont.. pass...., mon sang (en ce palais je veu... même *le* vers...) sont autant d'ennemis (je vai... vous *les* laiss...). — Quel heureu... vainq... a pu si promptement cherch..., saisir, dompt..., broy... cet aliment (bientôt liq... douce *il* ira de veine en veine se confondre en son cours dans le sang (*il* l'entraîne). — Ton Dieu (tu *le* trahi...), ton Dieu (tu *le* blasphèm...) pour toi, pour l'univ... est mor... en ces lieu... mêmes; en ces lieu... (ma main l'*y* servit tant de fois); en ces lieu... (son san... l'*y* parl... par ma voi···). — O toi ! (la gloire *t*'environne de ses feu... les plus éclatan...); toi (les arts *t*'ont cein... d'une triple couronne (ne *la* pourront flétr... les outrag... du temps); voi..., voi..., ta patrie éplor.., pay...à ton ombre sacr..., l'honorable tribut de son long souvenir. — Les personn... (n. travail... pour les intérêts *d'elle*) ne témoign... pas beaucoup de reconnaissance. — Les abymés (Ces torren... mugiss... au fond *d'eux*) sépar... de hautes montagn... — Les enf... (nous av... parl... aux paren... *d'eux*) nous apport... des fruit... — Les arbr... (ces ois... construis... leurs nids sur le sommet *d'eux*) ne prod... auc... frui... — Connaiss... - vous la romance (j'*y* ai ajout... un couplet)? — On a sent... de loin cet énorme fromage (*il* doi... tou... son mérite aux outrag... du temps.) — Ce Dieu (la parole *de lui* enfanta la lumière) couch... dans un tomb..., dormai... dans la poussière. — Soyez bén... mon Dieu ! vous (*vous* daign... me rendre l'innocence et son noble org...): vous (*vous* pour protég... le repos de ma cendre, veillerez près de mon cerc...!) au banquet de la vie infortun... convive, j'apparu... un jour et je meur...; je meurs, et sur ma tombe, (lentement j'*y* arrive) nul ne viendra vers... des pleurs : salut, champs (je *vous* aimai...), et vous, douce verdure, et vous, riant exil des bois !

51. *Dans l'exercice suivant, remplissez les lacunes par des pronoms relatifs.*

C'est Dieu .... nous fai... vivr..., c'est Dieu .... il fau... aim... — J'entrevoi... des malh... ....je ne pui... cemprend... — Du san... de Jupiter issu de tous côtés, l'hymen v. li... encore aux dieux .... vous sort... — Calypso, plus furieuse qu'une lionne...., on a enlev... ses peti..., courai... au trav... de la forêt sans suivre auc... chemin. — Au pied de ce rocher on trouvai... la caverne .... les timid... mortels n'osai... approch... — Télémaque entra seul; car quel autre mortel eût os... le suivr...? Deux Crétoi... .... l'avai... accomp... jusqu'à une certaine distance de la caverne, et .... il av... conf... son dessein, demeurèrent tremb... et à demi-mor... assez loin de là. — Il remarq... les ombr... légèr... .... voltig... autour de lui; il les écart... avec son épée, ensuite il voi... les trist... bor... du fleuve marécag..., ... les eaux bourbeu... et dormantes ne font que tournoy... — Sentiez-v. cette douce paix, sans .... le cœur demeur... touj... serr... et fléir... au milieu des délices? — Fureur d'accumul.... monstre .... les yeux regard... comme un point tou... les bienfai... des dieux, le combattrai-je en vain sans cesse en cet ouvrage? — Voilà la preuve d'amit... .... je sui... le plus sensible. — Je voi... les montagn... sur le somm... .... n. av... grimp... — Je respect... les lois au maintien .... je doi... ma tranquillit.. — V. av... reconn... le scéléra... par la trahison... .... n. av... perd... notre fortune.

52. Lorsqu'on veut déterminer par une proposition incidente un pronom qui ne peut être employé comme antécédent, on répète ce pronom sous la forme adoptée par l'usage, mais remplissant les mêmes fonctions.

Les pronoms qui ne peuvent servir d'antécédents sont les sujets JE, TU, IL, ILS, et les pronoms compléments qui précèdent le verbe. Ainsi on ne dit point: *Je que vous méprisez suis votre égal; il à qui vous parlez ne vous écoute* pas; on me qui ai tout abandonné, méconnait aujourdhui; je te qui m'as sauvé voue une éternelle reconnaissance; mais dites:

Je suis votre égal, moi que vous méprisez; il ne vous écoute pas lui à qui vous parlez; on me méconnait aujourd'hui, moi qui ai tout abandonné; je te voue une éternelle reconnaissance, à toi qui m'as sauvé.

Pronoms qui ne peuvent être antécédents.	*Pronoms qui, pouvant être antécédents, reproduisent ceux qui ne le sont point.*
JE	MOI.
TU	TOI.
IL	LUI.
ILS	EUX.
ME, direct ou indirect	MOI, comp. dir.; A MOI, comp. ind.
TE, direct ou indirect	TOI, comp. dir.; A TOI, comp. ind.
SE, direct ou indirect	LUI, ELLE, EUX, ELLES, c. direct; A LUI, etc. comp. indirect.
LUI, quand il est c. ind. pl. dev. le v.	A LUI, A ELLE.
LEUR, pluriel de lui	A EUX, A ELLES.
LE, LA, LES, comp. dir.	LUI, ELLE, EUX, ELLES.
NOUS, quand il est comp. dev. le v.	NOUS, comp. dir; A NOUS, c. ind.
VOUS, quand il est comp. dev. le v.	VOUS, comp. dir.; A VOUS, c. ind.

Le pronom relatif QUI, sujet, veut le verbe dont il est suivi, à la même personne et au même nombre que son antécédent. En effet, le verbe s'accorde avec son sujet, et le relatif QUI s'accorde lui-même avec son antécédent. Ainsi l'on dira *moi qui viens, vous qui parlez, toi qui as.*

Lorsqu'un nom est VOCATIF, c'est-à-dire, employé pour adresser la parole à quelqu'un, le QUI et le verbe suivant sont à la seconde personne. *Dieu qui VOIS tout, souffriras-tu, etc.*

Dans l'exercice suivant, on répète sous la forme convenable, le pronom antécédent.

Paris n. méconnaî..., Paris ne veu... pour maître, ni moi qui sui... son roi, ni vous qui dev... l'êtr... — Certes, plus je médite, et moins je me figur... que vous m'osi... compt... pour votre créature, vous dont j'ai pu laiss... vieill... l'ambition dans les honn... obscu... de quelque légion, et moi qui sur le trône ai suiv... mes ancêtr..., moi, fille, femme, sœur, et mère de vos maîtr... — Je ne t'admir... pas avec moins de surprise, toi qui vi... dans la boue, et traîn... ta prison; toi que souvent ma haine écrase avec raison; toi même, insecte impur, quand tu me développ... les étonnan... ressor... de tes lon... télescopes. — Toi dont le courrou... veu... englout... la terre, mer terrible, en ton lit quelle main te resserr...? — Il est imposs... qu'un homme de mauv... naturel aime le bien publ...; car comment pourrai...il aim... un million d'homm..., lui qui n'a jamais aim... personne? — Toi qui dans ton tonneau, mal nourr..., mal vêt..., y logea... la folie auprès de la vertu, tu peu.. jet... ta coupe, orgueill... Diogène. — O crime, qui des loi... crain... partout la rig..., à tes premiers attraits il a ferm... mon cœur. — Et toi sol..., et toi qui dans cette contrée reconn... l'héritier et le vrai fils d'Atrée; toi qui n'osa... du père éclair.. le festin, recule, ils t'on... appr... ce funeste chemin. — Dieu qui veng... l'église et puni... les tyrans, te verra-t-on touj... accabl... tes enf...?

53. Le pronom relatif sujet QUI et le verbe suivant sont à la troisième personne, quand l'antécédent est un substantif précédé d'un article, ou un adjectif précédé d'un article, c'est-à-dire, pris substantivement.

Mais si l'antécédent est un substantif sans article, ou un adjectif aussi sans article, le QUI sujet et le verbe sont de la même personne que le pronom auquel se rapporte le substantif ou l'adjectif.

Ainsi, conformément à la première règle, on dira : *je suis* LE *marchand qui vous* FOURNIT *du bois tous les ans.* — *Tu es* LA *seule qui me* CONNAISSE.

Et, conformément à la seconde : *Je suis* JO-SEPH, *qui* AI *été vendu par mes frères.*—*Nous étions* DOUZE *qui* TRAHÎMES *le roi.*

Mais dans les propositions négatives ou interrogatives, le QUI sujet, précédé d'un nom, veut toujours le verbe à la troisième personne. *Êtes-vous* NEPTUNE, *vous n'êtes pas* NEPTUNE, *qui* PEUT *à son gré calmer ou soulever les flots.*

Enfin on se rappellera que le NOM VOCATIF étant de la deuxième personne, le QUI sujet et le verbe suivant seront de la seconde personne.

V...êt... des ingr..., qui abus... des bont... d'un maître trop indulg... —Je sui... le pieu... Enée, qui .... arrach... les dieu... de Troie à la fur... des ennem... — Je suis cette déesse, qui .... guid... votre père, et qui l'...tir... de tant de dang... — O homme ! tu e.. le seul des êt... anim... qui posséd... la raison. — Approch... en particul..., ô v... qui cour... avec tant d'ard... dans la carrière de la gloire. Est-ce moi qui prod... mes rich... ornemen... — Nous sommes trois cents romains, qui .... jur... ta perte. — Tu vois en moi Vénus, qui t'... enlev... à la fur... de Ménélas. —Je suis Apollon qui tien... l'arc d'argent, et qui lance au loin les traits.

Je sui... cet heureu... roi que la France révèr...; ce père des Bourbons, ton protecteur, ton père ; ce Louis qui jadis combatti... comme toi; ce Louis don... ton cœur a néglig... la foi. — Entend... v... leur armure guerrière qui retenti... des cou... du cimeterre ? — Je suis Clorinde, don... le nom t'... conn..., et qui vien... défend... tes états. — Tu n'... pas le seul qui ignor... ces détails. — Êtes-v... Télémaque, qui cour... par tou... les mers pour trouv.. Ulysse ? — Je suis le march... qui v... fourn... ordinairement du bois. — Scélérat qui croi... me persuad..., appren... que tes crim... son... découv...

54. Le pronom relatif QUE étant complément direct , et toujours placé devant le verbe, l'attribut passif ou participe passé s'accorde avec le substantif que ce pronom relatif représente.

Où son...-ils ces comba... q. v. av... rend...? —Tou... les chose... q. Dieu a créé... son... béni... par sa parole. —Les difficult... q. tu t'es créé... son... deven... insurmontab...— Les merv... de l'univ...,q. Dieu a livr...à votre curiosit..., son... un abîme où v. v. perd... — Ce berc... q. vos mains on... plant..., où le chèvre-feuille, le jasmin et la rose entrelacent leurs tiges odoran..., ne l'av...-v. orn...avec tant de soin, q. pour v. y livr... au rêv... pénib... de l'ambition? — Dans cette solitude champêtre qu'ont habit... vos pères, q. v. import... les vains disc... des hommes? — Dans les templ.. q. les siècles n'on... point perc..., les murs masq... une partie du paysage. — Les plaint... q. v. av... entend... m'on... par... justes. — De tou... les pertes q. n av... éprouv..., aucune ne nous a plus afflig... que celle de votre amitié.

55. Le pronom relatif QUE est quelquefois complément d'une préposition sous-entendue; alors il est complément indirect, et le participe passé ne s'accorde pas avec l'antécédent de ce relatif. Les prépositions sous-entendues sont DEPUIS, PENDANT, DANS, POUR, etc. Le QUE après un adverbe de comparaison signifie EN COMPARAISON DE CE QUE ; ici le QUE est complément direct : mais comme il a CE pour antécédent, il est masculin singulier, et par conséquent le participe reste aussi au masculin singulier. QUE devant les verbes impersonnels a la signification de QUI. *Voilà les livres* QU'*il me faut,* c'est-à-dire, QUI *me manquent.*

Il y a plusieurs jour... q. n. av... termin... cet ouvrage. — Les trois cents francs q. j'ai vend... ce meuble son.. déjà employ... — V. ser... pay... pour les jours q. v. aur... trav... — La tempête a ét... moins violen...q. n. n'av... crain... — Il n. rest... plus de liv... q. n. n'en av... vend... — Il y a bien des ann... q. n. n... sommes li... d'une amitié qu'aucun nuage n'a jamais troubl... — Pendant les deux heures q. v. av... dorm..., n. av... trav...—J'ai obt... tou... les secours qu'il m'a fall... — Je ne retrouv... plus ici au-tant de personn... q. j'y en av... remarq... — Les vingt ans q. ce prince a régn.... on... été le règne de la modérat... et de la justice. — Toutes les fois q. n. av... réuss..., v. v. en êtes attrib... la gloire. — On peu... entr... dans le parc, n. n. y somm... prom... tou... les fois qu'il nous a pl...

56. Le QUE devant COUTER, VALOIR, n'est pas complément direct, quand ces verbes signifient RESTER POUR UNE SOMME, AVOIR DE LA VALEUR. Ainsi quand on dit : *les six francs* QUE *m'a coûté ce livre, ce cheval vaut cent écus,* cela signifie *les six francs* POUR LESQUELS *ce livre* M'EST RESTÉ, *ce cheval* A DE LA VALEUR

POUR *cent écus.* Alors les participes *coûté, valu,* sont invariables. — Mais quand COUTER signifie OCCASIONNER, et que VALOIR signifie PROCURER, le QUE est complément direct, et l'attribut passif s'accorde avec l'antécédent. — Ces participes suivent évidemment les mêmes règles, de quelque manière que le complément soit exprimé : par un substantif, par le pronom, *le, la, les,* etc.

Les somm... exorbitantes q. vos foll... entreprises on... coût... aurai... pu conserv... long-temps l'aisance dans votre famille. — On n. a rend... les huit cents francs que notre voyage n. a coût... — Votre maison ne vau... plus les trente mille fr. qu'elle a val... — Tu ne retirer.. pas les cinq mille fr. que les réparations t'on... coût... — Ce chev... ne vau... pas quatre cents fr.; il ne les a jam... val... — Vous êtes témoin des peines q. m'a coût... ce trav... — Les soin... q. votre éducat... m'a coût... ne seron... sûrement pas perd... — Les surnoms glorieu... q. v. on... val... tant d'exploi..., passeron... à la postérit... la plus recul.. — Il joui... des distinct... flatteuses que sa complaisance lui a val... — Les trav... immenses que ce canal a coût..., et la magnifique récompense que la sagesse du plan a val... à l'architecte, prouvent l'état de prospérit... de l'empire à cette époque.

57. QUE peut avoir pour antécédent LE PEU DE, suivi d'un substantif. Si LE PEU DE est l'idée principale, et que par cette expression on veuille faire entendre le défaut absolu de la chose dont on parle, QUE a pour antécédent LE PEU DE; par conséquent il est masculin singulier, et l'attribut passif reste aussi au masculin singulier.

Mais si le sens présente une quantité réelle de la chose dont on parle, QUE a pour antécédent le nom qui suit LE PEU DE, et l'attribut passif s'accorde avec ce nom.

Je me plain... avec raison du peu de complaisance q. v. av... montr... — Je doi... à mon extrème économie le peu de fortune q.. je me suis procur... — Vos paren... ou... lieu d'être mécontten... du peu de reconnaissance q. v. leur av... témoign... — Le peu de personn... q. n. av... rencontr... étai... plus dispos... à n. évit... qu'à n. adress... la parole. — Le peu d'inst... qu'on m'a laiss... ne me permettai... pas de v. écr... — Je veu... profit... du peu d'inst.. qu'on m'a laiss... —On doi... attrib... le peu de progr... que les Chinoi... on.. fai... dans les sciences, à l'excess... populat... de leur pays, et à la loi qui leur déf... d'en sort... — Le peu d'eff... que v. av... fai... est la seule cause de votre ruine. — Le peu d'eff... q. n. aur... fai..., aur... suff... pour n. faire réuss...

58. *Exercice sur les règles précédentes.*

Les abondant... moissons q. n. on... donn... ces marai... desséch..., n. on... bien récompens... des trav... q. n. a coût... cette pénible entreprise. — Le peu de prudence q. v. av... montr.. est la seule cause des revers multipli.. q. v. av... éprouv... — Pendant les trois mois q. les chaleurs on... dur..., n. av... beaucoup souff... — Le peu de jours q. n. av... jou... de votre présence, on... suff... pour éternis... nos regr... — Il n'est pas susceptib... de la fermet... qu'il aurai... fall... — N. éprouvions plus de joie q. n. n'en av... mont.. — Les forêts q. n. av... défrich..., les déser... q. n. av... peupl..., les marais q. n. av... desséch..., les montagn... arid... q. n. av.. recouv... de terre végét..., on... doubl... l'étend... de notre territoire; les richess... q. n. n. somm... procur... par de tels moyens peuv... excit... l'envie, mais ne nous attireron... jamais les reproch...

que tant de conquéran... on... mérit... — Les malh... q. n.
v. av... annonc... étai... inévitables. — La fertilit... de
ce pays ne répon... pas à l'idée q. je m'en étai... form...—
Les troup... q. l'on a envoy... contre les rebell... on... été
complètement batt... — Je v. félicite, mon ami, de la récompense q. votre bonne conduite v. a val... — N. n. sou-
venon... encore des peines q. ce voyage nous a coût... —
Tou... ignoré... q. m'on... sembl... ces poësies, j'y ai
trouv... plus de beautés q. je n'av... cr... d'abord. — Mes
neveux se son... appliq... à l'étude pendant le peu d'ann...
qu'on leur a laiss... pour se procur... quelque instruct...;
les connaiss... qu'ils ont acq..., la bonne réputat... qu'ils
se son... fai..., les ont amplement dédommag... des privat...
qu'ils se son... impos...; les plaisirs qu'ils se son... refus...
se serai... déjà effac... de leur souvenir.

59. L'emploi de la proposition incidente étant
de déterminer le sens de son antécédent, elle
ne peut en être séparée. Ainsi le pronom relatif doit suivre immédiatement son antécédent.

La terre q. n. habit..., les astr... qui n. éclair..., fur...
reçu... dans le vaste sein d'une étend... q. rien ne peu...
mesur... — L'Etna, couver... de neige, n'élance-t-il pas
ver... le ciel ses lav... brûlan..., et de son sein déchir...
ne voit-on pas jaill... des fleuv... embras... dont les ondes
solid... et les sillons dévastateurs fui... avec rapidit... dans
les campagn.... bris... et entraîn... tou... ce qui s'oppose
à leur furie? Tel un vieillard, dont la tête est ombrag...
de chev... blan.... cache dans son sein un cœur agit... de
passions tumultueu...

60. Mais si l'antécédent est suivi de déterminatifs, ceux-ci ne forment que des idées accessoires auxquelles l'esprit ne s'arrête point : de

sorte que le pronom relatif se rapporte au substantif modifié, et non aux déterminatifs. — *Désignez les antécédents et les déterminatifs.*

Et ces plages, alternativem... sèch... et noyé..., où la
terre et l'eau sembl... se disput... des possess... illimit...,
et ces brouss,.. de mangles, jeté... sur les confins indéci...
de ces deux élémen..., ne son... peupl... q. d'anim... im-
mond... qui pullul... dans ces repaires, cloaq... de la nature où tout retrace l'image des déjections monstrueu... de
l'antiq... limon. — Comme on voi... une colonne, ouvrage
d'une antiq... architecture, qui paraî... le plus ferme app...
d'un temple ruineu..., lorsque ce grand édifice qu'elle
soutenai..., fon... sur elle sans l'abattr...; ainsi, etc. — Les
statues de bronze et de marbre q. v. av... admir... ne son...
pas antiq...

La phrase est mauvaise, si le pronom relatif
est séparé de son antécédent par des mots qui
ne soient pas les déterminatifs de cet antécédent.
Ainsi corrigez les propositions suivantes.

J'ai reçu une lettr... de votre père qui m'instr... de
votre prochain retour. — J'appren... cette nouv,... avec le
plus gran... plaisir, qui se trouv... confirm... par des rap-
p... certains. — Trois régimen... son... arriv... ce matin,
don... une partie restera ici en garnison.

6I. On a donné le nom de PRONOMS ABSOLUS
ou INTERROGATIFS à des pronoms relatifs dont
l'antécédent est sous-entendu. Comme on le voit
dans le tableau suivant, les uns se rapportent
aux personnes, les autres aux choses.

Personnes.	Nommez-moi l'homme, la femme, etc.	Choses.	Nommez-moi la chose, l'objet, le lieu, etc.
QUI sort?	QUI sort	QUOI de plus sage?	QUI est plus sage.
QUI voyez-v. ?	QUE v. voyez	QUE cherchez-v. ?	QUE v. cherchez.
A QUI pensez-v. ?	A QUI v. pensez	QUE faut-il?	QUI est nécessaire.
LEQUEL préférez-v. ?	QUE v. préf.	A QUOI pensez-v.?	AUQUEL, A LAQ. v. pens.
LAQUELLE est entrée?	QUI est entr.	DE QUOI parl.-v. ?	DUQ. DE LAQ. v. parl.
QUEL enfant est ici?	QUI est ici	QU'est-ce que la vérité?	QUI est la vérité.
QUELLE dame est sortie?	QUI est sortie	OU allez-v. ?	DANS LEQ. v. allez.
		D'OU sortez-v. ?	DUQ. v. sortez.
		PAR OU passez-v. ?	PAR LEQ. v. passez.

On retrouve de la même manière l'antécédent du pronom absolu qui suit un verbe. *Nommez* QUI *vous voudrez*, c'est-à-dire, nommez LA PERSONNE QUE VOUS voudrez.

QUICONQUE est une expression abrégée qui signifie TOUT HOMME QUI. Ce mot renfermant un
pronom relatif ne peut être suivi ni de IL, ni
d'un autre relatif. Il tient à deux propositions ;
il est toujours sujet de celle qui le suit immédiatement, et sujet ou complément de l'autre.
QUEL, QUELLE, est un adjectif indéfini qui contient un pronom relatif, mais de telle sorte que
le nom qui suit QUEL devient l'antécédent. QUEL
jeu préférez-vous ? c'est-à-dire : *dites-moi le
jeu* QUE *vous préférez.*

COMBIEN signifie QUELLE QUANTITÉ, et renferme par conséquent un pronom interrogatif
et un substantif. QUE est souvent pris dans le
sens de combien, mais COMBIEN devient adverbe
quand il signifie EN QUELLE QUANTITÉ, A QUEL
POINT.

Barbare, qu'a....-tu fai... ? avec quelle furie a....-tu
tranch... le cours d'une si belle vie ? av...-v. pu, cruels,
l'immol... aujourd'hui sans que tout votre sang se soulevât
pour lui ? Mais parle. De son sort qui t'a rend.... l'arbitre ?
pourquoi l'assassin...? qu'a-t-il fai...? à quel titre? qui te
l'a di...? — Que voi...-je? est-ce Hermione? et que vien...-
je d'entendre? pour qui coul... le san... q. je vien... de répand..? — Ô combien les Français von.. répand.. de larm..!
— Où me cach...? fuyon... dans la nuit infern... — De
quoi vouliez-v. q. je v. avert...? — Quel... monstres, di...
Bourbon, vôl... dans ces clima...? quel... gouffr... enflamm... s'entrouvr... sous mes pas? à qui s'adress... ces
parol...? — Qui av... v. rencontr...? — De qui avons-n.
parl..? — Quel... personn... av...-v. rencontr...? — Je
ne sai... d'où son... sort... ces enf... — D'où te vien...

cette peov... audace ? — Je ne sav... que faire. — On ne
sav... à quoi s'occup... — Quiconque est riche est tou... —
Extermin... gran... Dieu, de la terre où n. somm..., quiconque avec plaisir répan... le san... des homm... — Ce
trav... est difficile pour quiconque l'entrepr... sans s'y
être prépar... — Voici deux routes : laq... préfér... vous?
— Que de rempar... détrui...! que de vill..., forc...! quel...
moissons de gloire en courant amass...! — D'où part... les
cris q. n. entend...?

62. Il est évident que QUEL, QUELLE suivis
d'un substantif, doivent former un complément ou un sujet; ainsi le participe suit à l'é-
gard de ces mots les règles déjà établies. — Le
mot COMBIEN renfermant un substantif est aussi
complément ou sujet : mais l'attribut passif ne
s'accorde qu'avec le nom qui suit combien, et
seulement quand ce nom est au pluriel. QUE DE
signifiant combien suit la même règle. Ainsi
quand COMBIEN ou QUE DE est suivi d'un singulier, le participe est invariable.

Quel... mau... n. av... souff...! — Quel... personnes
aurai... été renvoy...? — Quel... maison as-tu répar...?
— Combien d'enf... av...-v. instr...? — Je ne sai... quel...
travaux v. av... interromp... — J'ignor... quel... raison ils
on... donn... d'une telle démarche. — V. sav... comb... de
difficult... n. av... rencontr... — Comb... de patience n'a-
t-elle pas montr...? — Que de soins m'eût coût... cette
tête charmante ! — Que de provinces nos arm... on...
conq...? q. de gloire elles ont acq...! — Quel... facilit...
cet écrivain a montr... dans tou... les genres! — Voici plusieurs étoff...; lesq... av...-v. préfér...? —

63. Les interrogatifs QUI ? LEQUEL ? LAQUEL-

LE? etc. semblent avoir conduit à former les mots composés CELUI, CELLE, CEUX, que l'on a nommés avec raison PRONOMS DÉMONSTRATIFS, parce qu'ils désignent sous une détermination particulière, un ou plusieurs objets d'une classe déjà nommée.

Ils sont encore PRONOMS DÉMONSTRATIFS en vertu de leur formation; en effet au lieu de dire   CE LUI on a dit CELUI

     CETTE ELLE   CELLE
     CES EUX   CEUX.

De tou... les riv... de France, la Saône est celle qui a le cour... le plus len...; de tou... nos fleuv..., celui don... le cour... est le plus rapide est le Rhône. — Cette histoire est la plus intéress... de tou... celles q. v. m'av... déjà lu... — On préfèr... votre ouvrage à tou... ceux qui on... déjà parl... sur cette matière. — Ils son... si présompt..., qu'ils se croi... dépouill... des conquêt... qu'ils n'on... pu faire; si avid..., qu'ils ne se born... jamais à cell... qu'ils on... fai... — Ce vaste tour que la terre décri... n'est lui-même qu'un poin... très-délica..., en comparaison de celui que les astr... qui roul... dans le firmamen... embrass...

64. Puisque le pronom démonstratif choisit, pour ainsi dire, un ou plusieurs objets d'une classe déjà nommée, pour leur donner une détermination particulière, il en résulte :

1°. Que le pronom démonstratif ne s'accorde pas nécessairement en nombre avec le nom de l'espèce qu'il désigne.

2°. Que le pronom démonstratif n'a par lui-même qu'un sens incomplet, et doit être déterminé par une proposition incidente , c'est-à-dire, être toujours suivi d'un pronom relatif, comme on l'a vu dans les exemples précédents.

Cependant le pronom démonstratif peut être immédiatement suivi de la préposition DE, ou de l'un des deux adverbes CI, LA; mais alors on sous-entend la proposition incidente. En effet, quand on dit : *celui de mon frère, celui-ci, celui-là* , cela signifie : *celui* QUI EST *de mon frère, celui* QUI EST *ici, celui* QUI EST *là.*

Souvent le nom de classe est sous-entendu devant le pronom démonstratif: *celui qui avoue ses torts, veut les réparer* : c'est comme si l'on disait : DE TOUS LES HOMMES, *celui*, etc.

Les seul... louang... q. le cœur donne sont celles que la bont... s'attir... — De ces éditions, j'ai chois... celle qui m'a par... la plus belle. — De tou... les félici..., celle don... les just... jouiss... dans le ciel, est la seule à laq... n. dev... aspir... — Celui qui met un frein à la fur... des flo... sai... aussi des méch... arrêt... les complo... — Celui qui s'offens... facilement découvr... son faible. — Les pensées vraiment gran... son... celles qui part... du cœur. — Ma charit... s'éten... sur tou... ceu... que je voi... — N. choisiss... souvent des louang... empoisonn..., qui fon... voir par contre coup, dans ceux q. n. louon..., des défau... q. n. n'os... découvr... d'une autre sorte. — L'influence du luxe se répan... sur tou... les class..., même sur celle du laboureur.

65. Au lieu de dire CELUI , CELLE DE MOI , DE TOI, DE LUI, etc., on dit : LE MIEN, LE TIEN, LE SIEN, LA MIENNE, LA TIENNE, LA SIENNE, LE et

LA NÔTRE, LE et LA VÔTRE, LE et LA LEUR. On
forme les pluriels en ajoutant une *s*. Ces pronoms possessifs se rapportent à un nom de
chose exprimé précédemment.

V. av... perd... vos plum...; voici les mienn... q. je v.
ai apport... — Les enf... n'on... pas apport... leurs livr...,
je leur ai prêt... les miens. — Tu as di... tes raisons, je
vai... donn... les nôtr... — Je réuni... mes intér... et les
vôtr... — Mes oncles nourriss... mes chev... et les leurs.
— Ils v. env... ma lettre et la leur.

66. CE, employé sans substantif, signifie CETTE
CHOSE. Ce mot est employé

1°. Comme antécédent masculin singulier
d'un pronom relatif, quels que soient le genre
et le nombre du nom de chose qu'il rappelle
ou qu'il annonce, et quelquefois sans rapport
à aucun nom. Comme dans ces propositions :
La mort est CE *que nous craignons le plus.* —
CE *qui nous rend malheureux,* CE *sont nos
passions.* — *J'ai* CE *que je désire.*

2°. Comme sujet du verbe ÊTRE. Dans cette
construction le verbe ÊTRE devient impersonnel
et par conséquent reste à la troisième personne
du singulier, quels que soient le nombre et
la personne du pronom suivant, qui cependant
est le vrai sujet. Mais devant un substantif pluriel ou un pronom de la troisième personne du
pluriel, le verbe se met aussi à la troisième
personne du pluriel : C'EST moi, C'EST vous, CE
SONT ces messieurs, CE SONT EUX.

3°. CE se joint aux adverbes CI et LA, pour former les mots CECI, CELA, qui signifient CETTE CHOSE CI, CETTE CHOSE LA.

Ces adverbes CI et LA, se combinent encore avec l'impératif VOIS, pour former les mots VOICI, VOILA, qui ont conservé du verbe la faculté d'être précédés d'un pronom comp. dir.: ME VOICI. C'est comme si l'on disait : VOIS MOI ICI.

Ce qu'on donne aux méch..., touj... on le regrett... — Ce qui coûte peu est cher, dès que ce n'est pas une chose utile. — Il est très diff... de faire entend... par écri... ce qui concerne les son... d'une langue; cela serai... très-facile de vive voi... — Un juge incorruptib... y rassemb... à ses pieds ces immort... esprits que son souffle a créé...: c'est cet être infini qu'on ser... et qu'on ignor... — C'est la vrai... gloire qu'un bon roi a touj... recherch... — La voi... de l'univer... à ce Dieu me rappell...; la terre le publ...: est-ce moi, me dit-elle, est-ce moi qui produi... mes rich... ornements? c'est celui dont la main posa mes fondemen... — De tou... les vertu... celle qui se fai... le plus admir..., c'est la force de l'ame; le plus respect..., c'est la justice; le plus chérir, c'est l'humanit... — La véritable éloquence consist... à dir... ce qu'il faut, et à ne dire que ce qu'il fau... — En quoi peu... un pauvre reclu... v. assist...? que peu...-il faire, que de pri... le ciel qu'il v. aid... en ceci? — Moi l'emport...! et que serai...-ce, si v. portiez une maison? — Qu'ai-je fai... pour me voir ainsi mutil... par mon propre maître? le bel état où me voici! — Regard... bien, ma sœur, est-ce ass..., dit...-moi, n'y sui...-je point encore? nenni : m'y voici donc? poin... du tou... M'y voilà? v. n'en approch... point. — *C'est* moi qui vien... — .... v. qui parl... — .... ces dames qui arriv...

Ce fut lui qui *arriva.* — .... nous qui arriv... — ....

eux qui arriv... — C'étai... moi qui écoutai... — .... eux
qui écoutai... — .... lui qui écoutai...

67. L'adverbe ci étant l'abrégé de ici, se joint
à un mot pour annoncer ce qu'on va dire, ou
pour désigner le dernier objet dont on a parlé;
l'adverbe là, pour rappeler ce qui a déjà été
dit, ou pour désigner, de deux objets, celui qui
a été nommé le premier.

De tou... ses ver..., un poëte répétai... celui-ci avec le
plus de complaisance : Le triden... de Neptune est le
sceptre du monde. — Ne pas nous imagin... q. les autr...
son... plus heureu... q. n., voilà un des meill... moy...
de ne pas n. croire malheur...— Il est un précepte de
moral... qui ne me paraî... pas moin... sévère que tout
autre, le voici: Joui..., et ne nui...à personne. — N. av...
admir... Corneille et Racine; celui-ci est plus tendre, celui-
là plus sublime.

68. Lorsqu'une définition a pour sujet un
infinitif ou une proposition, ou un substantif
suivi de déterminatifs, il est plus correct de
représenter ce sujet par le démonstratif ce. —
Mais la répétition ou l'emploi du ce n'a pas lieu
dans les propositions attributives.

Voul... tromp... le ciel, c'est folie à la terre. — Détromp... un homme préoccupp... de son mérite, c'est lui
rend... un mauv... service. — La plus véritab... marque
d'être né avec de grand... qualit..., c'est d'être né sans
envie. — Lou... des princes des vert... qu'ils n'on... pas,
c'est leur dir... impuném... des injur... — De tou... nos
défau..., celui don... nous demeuron... le plus aisém... d'accord, c'est la paresse. — Le seul moyen d'oblig.. les

homm... à dir... du bien de n., c'est d'en faire. — Ce qui
est inut... est louj... cher. — Ce que l'on blâme est souv...
louab... — Travaill... est nécessaire. —

CONJONCTIONS, PROPOSITIONS SUBORDONNÉES.

69. CHACUN S'OCCUPE DES AFFAIRES D'AUTRUI;
JE N'AIME PAS CELA. Il est clair que le démonstratif CELA qui termine la seconde proposition
représente la première. — JE VOUS AI DÉMONTRÉ
CECI: LA TERRE TOURNE AUTOUR DU SOLEIL. — Le
démonstratif CECI qui termine la première proposition représente la seconde.

On voit que la proposition représentée par le
démonstratif CECI ou CELA, est le complément direct de l'autre.

Au lieu du démonstratif, on emploie presque
toujours le mot QUE.

Ainsi on dira : *Je n'aime pas* QUE *chacun
s'occupe des affaires d'autrui.* — *Je vous ai
démontré* QUE *la terre tourne autour du soleil.*

De même on peut dire: JE VOUS GRONDE, VOUS
RIEZ PENDANT CELA. *Pendant cela,* complément indirect de la deuxième proposition, représente la première. En substituant QUE à CELA,
on dira : *vous riez* PENDANT QUE *je vous gronde.*
On voit que ces mots, QUE, PENDANT QUE, établissent le rapport des deux propositions entre lesquelles ils se trouvent.

On appelle CONJONCTION, le mot qui lie une
proposition à une autre.

La conjonction QUE désigne la proposition qui suit comme COMPLÉMENT DIRECT de la première; comme dans cet exemple : *Je veux* QUE *tu obéisses.* Mais le QUE qui suit un verbe impersonnel présente la seconde proposition comme sujet. En effet, si vous dites : *il est inutile* QUE *je réponde,* cela signifie : CECI, *je réponds, est une chose inutile.*

Un lou... disai... que l'on l'av... vol... — Oreste, se peut-il qu'Electre te revoie! — Autour de moi j'enten..., je veu... que tou... le monde soi... heureu... — Hélas! on voi... que de tou... temps les peti... on... pât... des sottises des gran... — Il fau... qu'en tou... ses poin... l'oracle s'accomplisse. — Veuill... les immort... conduct... de ma langue que je ne dise rien qui doive être repri... — Craign..., Romains, craign... que le ciel quelq... jour ne transporte chez vous les maux et la misère! — Il est natur... qu'on ait de l'aversion pour ce qui est nuisib... — Il paraî... qu'on nous a trahi... — Il semble que le ciel, sur tous tant que n. somm..., soi... oblig... d'av... incessamm... les yeux.

70. On appelle PROPOSITION SUBORDONNÉE celle qui dépend d'une autre proposition, à laquelle elle est liée par une conjonction. LA PROPOSITION PRINCIPALE est celle dont dépend la subordonnée. Dans cet exemple : *vous voulez qu'un roi meure, vous voulez* est la proposition principale, et *un roi meure* est la subordonnée, qui est liée à la principale par la conjonction QUE.

Distinguez, dans l'exercice précédent, les principales des subordonnées.

71. La conjonction QUE suit le verbe par lequel on affirme, on déclare, on annonce, on craint, on nie, on défend, on ordonne, on suppose, etc. l'ACTION exprimée par la proposition subordonnée. Donc on peut considérer la proposition subordonnée comme un substantif abstrait, complément direct de la proposition principale. Souvent même on peut aussi y substituer un infinitif. Ainsi je puis dire, par une proposition subordonnée, *j'ordonne* QU'ON PARTE : par un infinitif, *j'ordonne* DE PARTIR : par un substantif abstrait, *j'ordonne* LE DÉPART.

La proposition subordonnée jointe à la proposition principale par la conjonction QUE, n'exprime donc encore qu'UN JUGEMENT.

La même observation et les mêmes transformations ont également lieu quand deux propositions sont liées par l'idée de TEMPS, de BUT, d'UNION, de SÉPARATION.

Je partirai AVANT QUE TU ARRIVES. — Ses ouvrages parurent APRÈS QU'IL FUT MORT.

Je partirai AVANT TON ARRIVÉE. — Ses ouvrages parurent APRÈS SA MORT.

Dans ce cas il est évident que la proposition subordonnée est le complément indirect de la principale.

Les conjonctions formées de la primitive QUE et d'un autre élément du discours, se nomment CONJONCTIONS COMPOSÉES.

Faites subir aux propositions subordonnées

de l'exercice suivant, les transformations dont elles sont susceptibles.

Je sui... part... avant qu'on me le permi... — On ne peu... viv... sans qu'on travaille. — Ils jug... sans qu'ils connaiss... — Les coupabl... souffriront jusqu'à ce qu'ils meur... — Elle est malade depuis qu'elle est arriv... — Il nie qu'il ait ment... — On voi... q. les choses chang... — V. entend... qu'il tonne. — J'entendai... q. l'on sonnai... du cor. — Tu voyai... q. l'on cultivai... les champs. — Le maître perm... qu'on expliq... ces passages. — Le gouvern... déf... qu'on entr... dans la ville. — Les commandan.. ordonn... qu'on exécut... cet ordre.

Ces sortes de transformations ne sont pas toujours faciles, à cause des circonstances de temps, de personnes, etc., qu'il est souvent impossible d'exprimer par un nom. Mais ces exemples suffisent pour prouver que deux prop. liées par une des conj. que nous venons d'examiner, n'expriment encore qu'un jugement.

72. *Exercice qui présente l'emploi et la nature de plusieurs conjonctions composées de* QUE. *Observez que très-souvent la subordonnée précède la principale.*

Quand le premier chantre du monde expira sur les bor... glac... où l'Hèbre effray... dans son onde reçu... ses membr... dispers... ; le Thrace errau... sur les montagn... rempli... les boi... et les campagn... du cri perçan... de ses douleurs.

Dans le temps que, ou *dans le temps de ceci :* le premier, etc.

Tandis que l'arm... continuai... sa route ver... la Thessalie, la flotte de Xercès traversai... le mon... Athos. — *Dans le temps de ceci*: l'armée, etc.

Avant que tou... les Grecs v. parl... par ma voi..., souffr... que j'ose ici me flatt... de leur choi... — *Avant ceci*: tous les, etc.

*Lorsqu'*au pied des mur... fumań... de Troie, les vainq... tou... sanglan... partagèr... leur proie, le sort don... les arrêts fur... alors suiv..., fi... tomb... en mes mains Andromaque et son fils. — *A l'heure de ceci*: au pied, etc.

*Dès qu'*on sen... qu'on est en colère, il ne fau... ni parl... ni agir. — *Dès ceci*: on sen..., etc.

Dieu accorde le somm... aux méchan..., *afin que* les bon... soi... tranq... — *A la fin, dans le but de ceci*, etc.

Aussitôt que le Kan de Tartarie a dîn..., un héraut cri... que tou... les autr... princes de la terre peuv... all... mang... — *Aussitôt après ceci*, etc.

Comme Abraham étai... sur le poin... de frapp... son fils, un ange vin... lui arrêt... le bras. — *Dans le moment même de ceci*: Abraham, etc.

72. La conjonction QUE est purement ÉNONCIATIVE, et les conjonctions DE TEMPS n'indiquent que le rapport entre les époques de deux actions. Mais le principal objet de la conjonction est d'établir entre deux propositions ce genre de liaison en vertu de laquelle l'une est prouvée, supposée, restreinte, détruite, etc., par l'autre. Or voici comment il se fait qu'un jugement puisse établir la vérité d'un autre.

Les propositions qui ont pour sujet un nom

commun ou un nom abstrait pris sans restric-
tion, sont dites UNIVERSELLES OU GÉNÉRALES :
elles doivent être vraies pour chacun des individus compris dans la classe que ce nom exprime.

Ainsi pour prouver qu'une proposition est
vraie, il faut s'assurer qu'elle est contenue dans
une proposition plus générale; c'est-à-dire, faire
voir que ce qu'on dit de quelques individus
peut être affirmé de la classe entière. Cette opération de l'esprit ainsi que les propositions par
lesquelles on l'exprime, se nomme RAISONNE-
MENT.

*Tout sentiment triste et chagrin rend mal-
heureux ceux qui l'éprouvent :* OR *l'envie est
un sentiment triste et bas, un noir chagrin
du bonheur d'autrui;* DONC *l'envie est le supplice des ames viles.*

J'ai commencé par établir une proposition
générale qui est certaine; j'ai fait observer que
l'envie, dont je veux parler, est un de ces sentiments, etc.; ensuite j'ai affirmé de l'envie en
particulier, ce que j'avais déjà affirmé de tout
sentiment triste et bas.

Le RAISONNEMENT renferme donc trois parties : 1º. La proposition générale. 2º. L'affirmation que la chose dont on veut parler fait partie
du sujet de la proposition générale. 3º. L'application du sujet particulier à ce qu'on a pu affirmer du tout, ou la conclusion.

Mais on néglige le plus souvent d'exprimer celle de ces trois propositions que l'esprit peut aisément suppléer.

LES CONJONCTIONS DE RAISONNEMENT indiquent en général qu'une proposition est vraie parce qu'elle est renfermée dans une autre. L'analyse que nous allons en présenter suffira pour en faire connaître la nature et l'emploi.

Les conjonctions qui annoncent une proposition suivante, renferment le démonstratif CECI : celles qui rappellent une proposition déjà énoncée renferment le démonstratif CELA.

Tou... ce qui amolli... le cœur est dangereu... : *or* les spectacles amolliss... le cœur : *donc* ils son... dangereu...

Maintenant je dis ceci : les, etc. *De cela je tire* : ils, etc.

C'est, dit-il, un cadavre : oton... n., *car* il sen...

À cause de ceci : il, etc.

Ce chien, *parce qu'il est* mignon, vivra de pair à compagnon avec monsieur, avec madame, et j'aur... des cou... de bât...?

Par cette raison ci : il, etc.

Puisqu'il fau... enfin que j'arriv... au tomb..., voudr...je, de la terre inut... fard..., trop avare d'un san... reçu d'une déesse, attendre chez mon père une obscure vieillesse ?

D'après ceci : il fau..., etc.

Avant que la raison s'expliquan... par la voi..., eû... instr... les humain..., eû... enseign... des loi..., tou... les homm... suivai... la gross... nature; dispers... dans les boi... corrai... à la pâture. La force tenai... lieu de droi... et d'équit... le meur-

Avant ceci : la, etc.

tré s'exerçai... avec impunit...: *mais* du discours *enfin* l'harmonieuse adresse de ces sauvag... mœurs adouci... la rudesse ; rassembla les humain... dans les forêts épar,..., enferma les cités de mur... et de rempar...; de l'aspect du supplice effraya l'insolence, et sous l'appui des lois mi... la faible innocence. Cet ordre fu..., di...-on, le frui... des premiers vers : *de là* son... né... ces brui... reçu... dans l'univer... *qu'aux* accen... don... Orphée empli... les mon... de Thrace les tigr... amoll... dépouillai... leur audace : *qu'aux* accor... d'Amphion les pierr... se mouvai..., et sur les mur... Thébain... en ordre s'élevai... L'harmonie en naissant produisi... ces miracl...; *depuis*, le ciel en vers fi... parl... les oracl...	*Plus fort fut ceci :* du. etc. *A la fin de cela*, de ce que j'ai dit. etc. *De cela*, de ce que j'ai dit., sont nés etc. savoir *ceci :* *Ceci*, etc. *Depuis cela*, le ciel, etc.
La richesse perm... une juste fiert...; *mais* il fau... être souple avec la pauvret... C'est *par là qu'*un auteur que press... l'indigence peu... des astr... malin... corrig... l'influence.	*Plus fort est ceci :* il fau... *Par cela est ceci :* un, etc.
Que le bon soi... touj... camarade du beau..., dès demain je chercher... femme : mais *comme* le divorce entr'eux n'est pas nouv..., et *que* peu de beau... cor.... hôtes d'une belle ame assembl... l'un et l'autr... poin.... ne trouv... pas mauv... *que* je ne cherch... poin.../	*Supposez ceci :* le bon, etc. *Puisque*, d'après *ceci :* le *que* mis au lieu de *comme* répété. *Ceci :* je ne, etc.
Si Dieu n'existai... pas, il faudrai... l'invent...	*Soit ceci :* Dieu, etc.
Quand j'aur... en naiss... reçu de	*Dans le temps mé...*

Calliope, les don... qu'à ses aman... cette muse a promi...; je les consa-crerai... aux mensong... d'Esope : le mensonge et les ver... de tou..., temps son... ami...

Heureu... ces homm... sans ambit..., sans défiance, sans artifice, *pourvu que* les Dieu... leur donn... un bon roi qui ne troubl... poin... leur joi... innocente !

me de ceci : ou *dans la supp.*

Ceci étant pourvu: les, etc.

73. Comme les rapports d'opposition, d'exception, de similitude, de supposition, d'extension, etc., conduisent à nier ou à affirmer une proposition, ce sont encore des CONJONCTIONS DE RAISONNEMENT qui expriment ces rapports.

De *quelque* distinct.., *que se* flat-t... les homm..., ils on... tou... la même origine, et cette origine est petite.

Malgré ceci : une distinction quel-conque, etc.

Quoi que v. écriv..., évit... la bassesse.

Malgré ceci, vous écriv... une chose quelconque.

Bien qu'au moin... mal qu'il pu... il ajustât l'histoire, le lou... fu... un so...de le croire.

Supposez ceci bien: au moins, etc

N'ayan... rien, il paraî... touj... conten... *Quoiqu'il* soi... ici loin des aff..., san... bien et san... autorit..., il ne laisse pas d'oblig... ceu... qui le mérit...

Malgré ceci : il soi..., etc.

La lâchet..., sou... *quelque* forme *qu'elle se produise, soit qu'elle* refuse le serv... milit..., *soit qu'elle* le tra-hiss... par une action indigne, ne

Malgré ceci : elle se prod. sous une forme quelconque.
Soit ceci : elle re»

peu... être excus... par le ran... du coupab...

Tu compt... les mau... de l'humanit..., et tu di...: la vie est un mal. *Mais* regard..., cherch... dans l'ordre des choses, si tu y trouv... quelq... bien... qui ne soi... poin... mêl... de mau...

J'eu... un maître autrefôi... que je regrett... for.... et que je ne ser... plu..., *attendu* qu'il est mort.

Il y a lieu de s'étonn... que Salomon soi... tomb... dans l'idolâtrie, *vu qu'*il étai... le plus sage et le plus élair... de tou... les homm...

Quelq... docteurs se piq... d'une morale sévère; ils recherch... *cependant* tou... ce qui peu... flatt... leur sensibilit...

N. n. somm... fai... une *si* grande habitude du langage traînan... des son... articul..., *que* nous croy... *que* les id... vienn... l'une après l'autre dans l'espr..., *parce que* n. proféron... les mo... les un... après les autr... *Cependant* ce n'est poin... ainsi que n. concev...; et *comme* chaq... pensée est nécessairem... compos..., il s'ensui... *que* le langage des id... simultanées est le seul langage naturel. Celui *au contraire* des id... successiv... est un art dès ses commencemen..., et c'est un grand ar.... *quand* il est port... à sa perfect...

fusé, etc.

Ceci est plus fort : regarde, etc.

Ceci étant attendu : il, etc.

Ceci étant vu : il était, etc.

Pendant cela, cela étant sans l'empêcher, ils, etc.

Une habitude *assez grande* du, etc.
Pour ceci : n.
Ceci.
A cause de ceci : n. prof...
Malgré cela : ce n'est, etc. *A la manière de cela*..... *puisque. Ceci s'ensuit* : le langage, etc. *Au contraire de cela*, de ce que j'ai déjà dit.
Au moment de ceci : il est, etc

On pourra donc considérer comme conjonction, toute expression simple ou composée qui
exprimera une relation entre deux propositions.

74. Lorsque le verbe de la subordonnée est
le même que celui de la principale, on le sous-
entend ordinairement après les conjonctions de
comparaison et de similitude. Quelquefois même
un verbe tout différent de celui qu'on a exprimé, se trouve sous-entendu. C'est lorsque le sens
du discours y supplée nécessairement.

D'un Dieu *plus for...* que toi dé-pen... ta destinée.	*Plus* fort *en comp. de ce que* tu es fort.
A de *moindres* fureur... je n'ai pas dû m'attend...	*Moind. en comp. de celle* que tu montr.
Rien n'est *tel* qu'un héros sous la pourpre des rois.	*Tel en comp. de ce* qu'un héros est.
Ainsi que la vert..., le crime a ses degrés.	*Ainsi que* la vert... a les siens.
Jadis certain Mogol vi... en songe un visir, aux cham... Elysien... pos-sesseur d'un plaisir *aussi* pur *qu'in*-fini *tant* en prix *qu'*en durée.	*Aussi* pur *qu'*il était inf... *Tant* en prix *qu'*il l'était en du-rée.
Le même songeur vi... en une autre contrée, un hermite enfour... de feu..., qui touchai...de pitié *même* les malheureu...	Il touch... de pitié tout le monde; il touch.. *mémé, aus-si*, les malheur...
L'intérêt parl... tou... sort... de langues, jou...tou... sort... de rôles, *même* celui de désintéress...	Il joue *mémé, aus-si* celui, etc.

74. Ici nous observerons que MÊME est adjectif, 1°. quand il exprime identité ou similitude:
2°. quand il est à la suite d'un pronom : *nous*-

mêmes, elles-mêmes; ou à la suite d'un substantif; les *animaux mêmes;* car c'est comme si
l'on disait les *animaux eux-mêmes.*

75. MÊME est invariable, 1º. quand il modifie
un verbe ou un adjectif, 2º. quand il suit plusieurs substantifs; car alors il signifie AUSSI.

*Dans l'exercice suivant, remplissez les la-
cunes par le mot* MÊME.

N. somm... si accoutum... à n. déguis... aux autr...,
qu'enfin n. n. déguis... à n. .... — Un jour le labour...
dans ces .... sillons où dorm... les débri... de tan... de bataillons, heurtan... avec le soc leur antiq... dépouill... —
Souffri...-vous , Neptune, que ces impi... se jou... impuném... de ma puiss... ? Les Dieu... .... la sent... — Eh!
d'où vien... cet enn... de viv...? De tou... ce q. je voi... Ah!
bon Dieu, n'av... v. pas le .... thym, le .... serpolet? Oui,
mais ce ne son... plus les .... gen... — Ils croyai... s'af-
franch... suivant leurs passions, ils étai... esclav... d'eux.
.... — Répand... vos bienfai... avec magnificence, ... à
vos ennem... ne les épargn... pas; ne v. inform... poin... de
leur reconnaiss...; il est gran..., il est beau de fair... des
ingra... — Les plus rich... .... oui, les plus rich... n'on...
pas de plus gran... tourm... q. leur oisivet... — Les ani-
m..., les plantes .... , étai... au nombre des divinit...
Égyptiennes. — L'exil, la mor..., les tourmen... ....., ne
peuv... forc... une grande ame à trah... ses serm... —

76. Lorsque les propositions d'un raisonnement sont si naturellement liées qu'on ne peut
s'empêcher d'en saisir les rapports, il est élégant de supprimer les conjonctions qui les
expriment. Ainsi on dira : *Vous m'interro-*

gez ; *je vous réponds.* Ce qui signifie AINSI, DONC, PAR CONSÉQUENT, *je vous réponds.* — *Il n'est plus de bonheur pour moi, j'ai perdu ce que j'avais de plus cher.* On aurait pu dire : CAR, PUISQUE, PARCE QUE, EN EFFET *j'ai perdu,* etc.

Dans l'exercice suivant, exprimez les conjonctions sous-entendues.

Je règn...; il n'est plus temps d'examin... mes droi... — Mortel, ne garde poin.. une haine immort...—Sur le bor.. d'un pui... très-prof.... dormai..., étendu de son lon..., un enf... alors dans ses class... Tou... est aux écol...duvet et matelas. Un honn... homme, en pareil cas, aurai... fai... un sau... de vingt brasses. — O mon père! cess... de v. troubl... , v. n'êtes point trah... Quand v. commander..., v. ser... obéi. Ma vie est votre bien , v. voul... le reprend... Vos ordr... sans détour pouvai... se faire entend...

77. De la relation qui existe entre la principale et la subordonnée résulte la correspondance DES TEMPS et DES MODES : correspondance que l'on indique principalement à l'aide des CONJONCTIONS, tantôt exprimées, tantôt sous-entendues.

Avant tout il est nécessaire de connaître les règles de la formation des temps. Or, il y a cinq temps que l'on nomme PRIMITIFS, parce qu'ils servent à former les autres. Ce sont 1o. LE PRÉSENT DE L'INDICATIF; 2o. LE PRÉTÉRIT DÉFINI; 3o. LE PRÉSENT DE L'INFINITIF; 4o. LE PARTICIPE PRÉSENT; 5o LE PARTICIPE PASSÉ. — Les temps qui se forment de ceux-ci se nomment DÉRIVÉS.

On appelle TEMPS SIMPLES, ceux qui sont formés sans le secours d'aucun autre verbe : *je dors, il lisait.* On appelle COMPOSÉS, ceux que l'on forme à l'aide d'un autre verbe joint a celui que l'on conjugue, comme *j'ai formé, il est venu.*

Les verbes au moyen desquels on forme les temps composés se nomment AUXILIAIRES. Nous n'en avons que deux dans notre langue : AVOIR et ÊTRE.

Les deux tableaux suivants suffiront, le premier pour tous les verbes de la première conjugaison, le second pour tous les autres verbes.

TABLEAU

au moyen duquel on peut conjuguer tous les verbes qui ont l'infinitif terminé en ER.

PRÉSENT DE L'INDICATIF.

Je li e
Tu li es
Il li e

Le présent de l'indicatif n'est primitif qu'au singul. — Tous les v. de la première conjugaison se terminent par e muet au prés. de l'indicatif.

IMPÉRATIF.

Li e
*
Li ons
Li ez
*

L'impératif se forme, dans toutes les conj. du présent de l'ind. dont on supprime les pronoms je, nous, vous. — Ainsi dans la première conj. et dans tous les verbes dont le prés. de l'ind. est terminé par un e muet, l'impér. quoiqu'à la seconde personne, se termine aussi par un e muet sans s.

Les troisièmes personnes manquent dans l'impérat. On y supplée par les troisièmes personnes du subjonctif.

PRÉTÉRIT DÉFINI.

Je li ai
Tu li as
Il li a
N. li âmes
V. li âtes
Ils li èrent

Les verbes de la prem. conjugaison sont les seuls dont le prét. défini se conjugue en ai, as, a, etc.

La troisième pers. du prét défini dans la prem. conjug. est terminée par un a sans t.

IMP. DU SUBJ.

Q. je li asse
Q. tu li asse
Qu'ils li ât
Q. n. li assions
Q. v. li assiez
Qu'ils li assent

L'imparf. du subj. se forme dans toutes les conj. de la seconde personn. sing. du prét. défini, à laq. on ajoute se.

Les verbes de la prem. conj. sont les seuls qui aient l'imp. du subj. en asse.

Tous les imp. du subj. ont deux s, excepté à la trois. pers. du singul. qui prend un t.

PRÉSENT DE L'INFINITIF.

Li er.

FUTUR SIMPLE.

Je li erai
Tu li eras
Il li era
N. li erons
V. li erez
Ils li eront.

On forme le futur simple du présent inf. en changeant r ou re en rai, dans toutes les conjugaisons.

CONDITIONN. PR.

Je li erais
Tu li erais
Il li erait
N. li erions
V. li eriez
Ils li eraient

On forme le cond. prés. du fut. simple en ajoutant s

Dans la prem. conjug. le fut. et le condition. prennent un e muet dev. l'r.

Souvenez-v. q. l'y se change en i devant un e muet. Ainsi essay er fait
j'essai e
j'essai erai
ils essai ent.

PARTICIPE PRÉSENT.

Li ant.

PL. DU. PR. IND.

N. li ons
V. li ez
Ils li ent

Le plur. du présent ind. se forme du part. présent par le changement de ant en ons, ez, ent.

IMP. DE L'IND.

Je li ais
Tu li ais
Il li ait
N. li ions
V. li iez
Ils li aient

On forme l'imp. de l'ind. du part. prés. en chang. ant en ais.

PRÉS. DU SUBJ.

Q. je li e
Q. tu li es
Qu'il li e
Q. n. li ions
Q. v. li iez
Qu'ils li ent.

On forme le prés. du subj. du part. prés. en chang. ant en e muet. Dans toutes les conj. le pr. du subj. se term. donc par un e muet.

PARTICIPE PASSÉ.

Li é.

TEMPS COMPOSÉS.

Prét. indéfini. J'ai li é.
Prét. antérieur. J'eus li é.
Plusq. parf. J'avais li é.
Futur comp. J'aurai li é.
Cond. passé. J'aurais li é.
Pr. du subj. Q. j'aie li é.
Pl. p. subj. Q. j'eusse li é.
Pr. de l'inf. Avoir li é.
Part. passé. Ayant li é.

TEMPS COMPOSÉS D'UN VERBE QUI SE CONJUGUE AVEC ÊTRE.

Prét. indéf. Je suis resté.
Prét. ant. Je fus resté.
Pl. parf. J'étais resté.
Fu. comp. Je serai resté.
Cond. pass. Je serais resté.
Prét. du subj. Que je sois resté.
Pl. p, du subj. Q. je fusse resté.
Prét. inf. être resté.
Part. passé. Étant resté.

Les temps composés ac forment d'un temps du verbe avoir ou du verbe être: auquel on joint le participe passé du verbe que l'on conjugue.

Les deux premières pers. pl. de l'imparf de l'ind. et du présent du subj. se forment du part. présent, dans lequel on chang ant en ions, iez. Ainsi les verbes qui ont le part. prés. en iant ou yant, ont les deux personn. dont nous parlons en iions, iiez, ou yions, yiez.

TABLEAU

au moyen duquel on peut conjuguer tout verbe dont on connaît les temps primitifs.

PRÉSENT DE L'INDICATIF.	PRÉTÉRIT DÉFINI.	PRÉSENT DE L'INFINITIF.	PARTICIPE PRÉSENT.	PARTICIPE PASSÉ.	
Je connais	Je connus	Connaître.	Connaissant.	Prétérit indéfini.	J'ai connu
Tu connais	Tu connus			Prétérit antérieur.	J'eus connu.
Il connaît.	Il connut		PL. DU PRÉSENT INDICATIF.	Plusque parfait.	J'avais connu.
	Nous connûmes	FUTUR SIMPLE.	Nous connaissons	Futur passé.	J'aurai connu.
IMPÉRATIF.	Vous connûtes	Je connaîtrai,	Vous connaissez	Condit. passé.	J'aurais connu
	Ils connurent.	Tu connaîtras.	Ils connaissent.	Prétér. subj.	Q. j'aie connu.
Connais.	Observez que dans tous	Il connaîtra		Plusquep. subj.	Q. j'eusse connu.
*	les verbes qui ne sont pas	Nous connaîtrons	IMPARFAIT INDÉFINI.	Prétérit de l'inf.	Avoir connu.
Connaissons	de la première conjug.	Vous connaîtrez	Je connaissais	Part. passé.	Ayant connu.
Connaissez.	le prétérit défini prend un	Ils connaîtront.	Tu connaissais		
	e à la trois. pers. du sing.		Il connaissait		
		CONDITIONNEL PRÉSENT.	Nous connaissions		
	IMPARFAIT DU SUBJONCT.	Je connaîtrais.	Vous connaissiez		
	Que je connusse	Tu connaîtrais	Ils connaissaient.		
	Que tu connusses	Il connaîtrait			
	Qu'il connût	Nous connaîtrions	PRÉSENT DU SUBJONCTIF.		
	Que nous connussions	Vous connaîtriez	Que je connaisse		
	Que vous connussiez	Ils connaîtraient.	Que tu connaisses		
	Qu'ils connussent.	On voit que les verbes	Qu'il connaisse		
		qui ne sont pas de la pre-	Que nous connaissions		
		mière conjug. ne prennent	Que vous connaissiez		
		pas un *e* muet devant l'r	Qu'ils connaissent.		
		au futur ni au cond.			

On appelle RÉGULIERS, les verbes dont les temps se forment de leurs primitifs suivant les règles que l'on vient de donner. Ceux qui s'en écartent plus ou moins dans la formation de leurs temps, sont dits IRRÉGULIERS. *Voyez partie orthographique*, VERBES.

78. En second lieu, on observera que plusieurs verbes neutres, que tous les verbes soit réfléchis, soit réciproques, enfin que tous les verbes passifs se conjuguent avec ÊTRE dans leurs temps composés. Le tableau suivant présente les temps composés d'un verbe qui prend AVOIR, comparés à ceux des verbes qui prennent ÊTRE.

ACTIF.	NEUTRE.	RÉFLÉCHI.	PASSIF.
Prétér. ind. J'AI trouvé	Je suis parti	Je me suis blessé	J'AI ÉTÉ battu.
Prétér. ant. J'EUS trouvé	Je FUS parti	Je me FUS blessé	J'FUS ÉTÉ battu.
Plusq. parf. J'AVAIS trouvé	J'ÉTAIS parti	Je m'ÉTAIS blessé	J'AVAIS ÉTÉ battu.
Futur pass. J'AURAI trouvé	Je SERAI parti	Je me SERAI blessé	J'AURAI ÉTÉ battu.
Cond. pass. J'AURAIS trouvé	Je SERAIS parti	Je me SERAIS blessé	J'AURAIS ÉTÉ battu.
Prét. subj. QUE J'AIE trouvé	Que JE SOIS parti	Que je me sois blessé	Que J'AIE ÉTÉ battu.
pl. p. subj. QUE J'EUSSE trouvé	Que JE FUSSE parti	Que je me FUSSE blessé	Que J'EUSSE ÉTÉ battu.
Prét. infini. AVOIR trouvé.	ÊTRE parti	S'ÊTRE blessé	AVOIR ÉTÉ battu
Prét. part. AYANT trouvé	ÉTANT PARTI	S'ÉTANT blessé	AYANT ÉTÉ battu.

Les verbes neutres qui se conjuguent toujours avec ÊTRE sont : *Aller, arriver, échoir, décéder, éclore, mourir, naître, partir, rester, entrer, sortir, tomber, retomber, venir, devenir, redevenir, intervenir, parvenir, revenir, advenir, survenir, résulter.*

Les autres verbes neutres et tous les verbes actifs se conjuguent avec AVOIR.

79. LE MODE INDICATIF affirme qu'une chose EST, qu'elle A ÉTÉ, ou qu'elle SERA. — LE MODE IMPÉRATIF exprime, sans le secours d'aucun autre verbe, l'ordre ou la défense : PARS, VIENS. — LE MODE SUBJONCTIF désigne LE DOUTE, LE DÉSIR, LA CRAINTE qu'une chose se fasse. La chose que l'on craint , que l'on désire, etc., est toujours exprimée par une proposition subordonnée : et le doute, la volonté, la crainte, dans la proposition principale. S'agit-il d'un DÉPART que l'on désire ? on dira: *Je désire que tu PARTES.* — Enfin LE MODE INFINITIF présente le verbe comme le nom abstrait de l'action, dépouillé de sujet et de nombre.

Quoique l'indicatif et le subjonctif renferment chacun plusieurs temps, on laisse souvent prendre aux enfants la très-mauvaise habitude de donner exclusivement le nom *d'indicatif* et de *subjonctif* au présent de chacun de ces modes. De là il résulte qu'ils ne font pas même attention au mode des autres temps.

Dans l'exercice ci-dessous, examinez non le temps, mais le mode de chaque verbe.

Un cha...., contemporain d'un for... jeune moineau, fu... log... près de lui dès l'âge du berc...: la cage et le panier avai... mêmes pénates... Le cha... étai... souv... agac... par l'ois.... l'un s'escrimai... du bec, l'autre jouai... des patt... — Contre les assau... d'un renar.... un arbre à des dindons servai... de citadelle. — Loin de vous l'aquilon fong... souffle sa piquante froidure: la terre repren... sa verdure,

le ciel brûl...des plus beau... feu...—Rois, soyez attent...,
peuples, prêt... l'oreille! — V. prétend... en vain que mon
cœur s'attendrisse. — Que vouliez-v... qu'il fî... contre
trois? qu'il mou... ou qu'un beau désesp... au moins le se-
court...—Err... est d'un mortel, pardonn..., est divin! —
Il fau... mang... pour viv..., et non viv... pour mang...—
Descend...du hau...des cieu..., auguste vérit...; répan...
sur mes écri... ta force et ta clart... — Moi, je veu...
qu'on t'ador..., et non pas qu'on te craign... — Enten... ma
voi... gémiss...—

80. Le présent de l'indicatif exprime une
chose actuelle : *Il pleut.* Une action ou un état
habituel : *Mon frère apprend l'allemand.* Un
futur : *Je pars bientôt.* Une action passée,
mais qu'on veut mettre, pour ainsi dire, sous
les yeux de ceux à qui on parle : *La race humaine se multiplie; les familles se dispersent;
la terre prend une nouvelle face.*

*Rendez compte de l'emploi du présent de
l'indicatif dans l'exercice ci-dessous.*

Les ven...contrair... ne n. permett... pas d'abord... en
Italie. — J'enten...grond... la foudre et sen...trembl...la
terre. Un dieu vengeur, un dieu jai... reten... ces cou...
— Le plus semblab... aux mor... meur...le plus à regr...
— Tu regrett... des biens qui ne te touch... plus. — Le
dessein en est pri..., je par..., cher Théramène, et
quitt... le séj... de l'aimab... Trézène. — Un chien maigre.
surpr...par un loup, lui di...: Attendez; mon maître mari...
sa fille unique, et v. jug... qu'étan... de noce il fau... malgré moi que j'engrais... Le lou... le croi..., le lou...le
lais... Le lou..., quelq... jour... écoul..., revien... voir si
son chien n'est pas meil... à prendre. —

81. L'IMPARFAIT DE L'INDICATIF exprime en général une action ou un état qui avait déjà lieu quand il est survenu une autre action ou un autre état. Je LISAIS *quand tu entras.* — *J'ai appelé une femme qui* VENDAIT *du lait.* Elle vendait déjà du lait, quand je l'ai appelée. — *J'ai vu que tu te* TROMPAIS. L'erreur avait nécessairement commencé avant que je pusse la remarquer.

Dans les récits, on prépare ordinairement la narration du fait principal par le détail de quelques circonstances qu'il faut connaître : le lieu, les personnes, la situation, etc. Ces accessoires s'expriment par L'IMPARFAIT, en sous-entendant LORSQUE. Ainsi ces propositions sont réellement subordonnées. On peut aussi tourner ces imparfaits par le participe actif.

Ex. Sur la branche d'un arbre était en sentinelle un vieux coq adroit et matois. Frère, dit le renard, etc. Cela signifie: *comme* ou *lorsqu'un vieux coq* ÉTAIT, *etc., le renard lui dit :* ou, *un vieux coq* ÉTANT, *etc., le renard lui dit.*

L'imparfait de l'indicatif s'emploie aussi d'une manière absolue, pour exprimer une habitude, un état inhérent au sujet, qui est entièrement cessé. Ainsi on dira : *Romulus* ÉTAIT *ambitieux,* sans que cette phrase ait besoin d'être accompagnée d'aucune autre. Mais je ne puis dire : *Romulus* FONDAIT *Rome,* qu'en présentant cette proposition comme circonstance d'un autre fait.

D'après ce qu'on vient de dire, si la principale est à un temps passé, et que l'incidente ou la subordonnée exprime une action antérieure ou tout-à-fait simultanée, le verbe de celle-ci se met à l'imparfait. Quelquefois une des conjonctions alors, parce que, car, etc., est sous-entendue.

Rendez compte de l'emploi des temps.

Un lou... qui commenç... d'av... petite par... aux breb... de son voisinage, cru... qu'il fallai... s'aid... de la peau du renard, et faire un nouv... personnage. — Damoiselle belette, au cor... lon... et fluet, entra dans un grenier par un trou for... étroi...; elle sortai... de maladie. — Avec gran... brui... et gran... fraca... un torren... tombai... des montagn...: tou... fuyai... devant lui; l'horr... suivai... ses pas; il faisai... trembl... les campagn... Nul voyageur n'osai... pass... une barrière si puissante: un seul vi... des voleurs; et, se sentan... press..., il mi... entr'eux et lui cette onde menaçante. — Troie était située au pied du mon... Ida, à quelq... distanc... de la mer; les tentes et les vaisseau... des Grecs occupai... le rivage; l'espace du milieu étai... le théâtre de la bravoure et de la férocit... — Il di... q. du labeur des ans pour n. seuls il portai... les soin... les plus pesan... — On abatti... un pin pour son antiquit..., vieu... palai... d'un hib..., triste et sombre retraite de l'ois... qu'Atropos pren... pour son interprète. Dans son tron... caverneu.... et miné par le temps, logeai..., entr'autr... habitau..., force souri... sans pieds, tou... rond... de graisse. L'ois... les nourriss... parmi les tas de blé. — Thémistocle parcouru... les rivag... où des source... d'eau pouv... attir... l'équipage des vaisseau... ennemi...; il

v laissé des inscript... adress... aux Ioniens qui étai... dans
l'arm... de Xercès : il leur rappelai... qu'ils descendai....
de ces Grecs contre lesq... ils portai... actuellem... les
arm...

82. LE PRÉTÉRIT DÉFINI désigne une chose
faite dans un temps dont il ne reste plus rien :
Les Grecs BRÛLÈRENT *Troie*. On doit surtout
l'employer lorsque l'époque est déterminée : *il*
MOURUT *hier*, *Rome* FUT *fondée 752 ans avant
J. C.* Ainsi, *hier*, *l'année dernière*, *le mois
passé*, *en telle année*, exigent le prétérit défini.
— LE PRÉTÉRIT INDÉFINI désigne une chose
faite dans un temps non déterminé, ou dont il
reste encore quelque chose. Exemple : *La pluie*
A CESSÉ, *il nous* A PARLÉ *ce matin*. Ainsi ces
expressions : *aujourd'hui*, *ce matin*, *cette année*, etc., demandent le prétérit indéfini.

Quoi, ne m'av...-v. pas, v.-mème, ici, tantôt ordonn... son
trépas? — Romulus fond... Rome 752 an... avant l'ère chré
tienne. — Charles V, di... le sage, naq... à Vincennes, le
21 janv... 1337. Il fu... le prem... enf... de Frrnce qui pr...
le nom de Dauphin. — Rome étai... à peine délivr... de
Catilina, qu'elle se vi..., par l'ambition de César, menac...
d'une prochaine servitude. — Qui vous a pu plong... dans
cette humeur chagrine? a-t-on par quelq... édit... réform...
la cuisine ?

83. LE PRÉTÉRIT ANTÉRIEUR désigne qu'après
une action entièrement finie, il en survint une
autre, dans un temps dont il ne reste plus rien.
Ainsi le prétérit antérieur ne peut être subordonné qu'au prétérit défini ; et c'est par une

des conjonctions LORSQUE, DÈS QUE, AUSSITÔT
QUE, APRÈS QUE, etc.

Lorsque le Grand César eu... termin... sa vie, tu partag...
le deuil de ma triste patrie. — Quand Voltaire eu... cess...
de vivr..., un écriv... conn... di... : n. rentr... en république. — Dès q. n. eûm... recoun... notre faute, n. la répar...
— A peine la princess... eû... fin... de parl..., qu'un cri génér... se fi... entend... — Dès q. n. eûm... perd... de vue
les côtes de la Sicile, le ciel se couvr... de nuag...

84. LE PLUSQUE-PARFAIT exprime qu'une action était déjà faite, lorsqu'une autre a eu lieu.
Ainsi il désigne une chose déjà passée avant une
autre qui est aussi passée. Ce qui le distingue
surtout du prétérit antérieur, c'est que celui-ci
est toujours en proposition subordonnée, au lieu
que le plusqueparfait est le plus ordinairement
en proposition principale.

J'av... déjà commenc... lorsq... v. èt... entr... — Ces
dames lisai... les livr... q. j'av... laiss... sur la tab... — Dès
que n. n. ét... retir..., on commençai... à s'amus... — Ils
se son... procur... bien facilement des avantages qu'on n.
av... refus... plus d'une fois.

85. LE FUTUR désigne qu'une action aura
lieu. Il marque quelquefois l'indignation, la
surprise qu'une chose puisse avoir lieu.

Tel qui ri. vendredi, dimanche pleurera. — Tou...
peuple, tou... terre entendra son oracle; sa loi sainte sera
publ... en tou... lieux. — Un prêtre environn... d'une
foule cruel..., portera sur ma fille une main criminel...!
déchirera son sein! et d'un œil curieu... dans son cœur pal-
pitan... consultera les dieu...!

86. LE FUTUR PASSÉ exprime qu'une chose

sera déjà passée quand une autre aura lieu. — Quelquefois le futur passé s'emploie absolument ; mais c'est qu'une époque désignée remplace l'autre verbe.

Lorsque n. n. seron... accord... sur le fai..., n. examineron... les circonstances. Je partir... dès q. v. aur... dîn... — N. aur... achev... ce trav... dans quelq... heur...

87. Le conditionnel exprime qu'une chose serait, si une certaine condition avait lieu. — Le conditionnel passé exprime qu'une chose aurait déjà eu lieu, moyennant une condition.

Je travaillerais, si j'av... de l'ouvrage. — On serai... heureux, si l'on étai... sage. — Nous serions sort..., s'il av... fai... beau. —

88. L'époque qu'on a dans l'esprit, dit un grammairien estimé, indique le temps qu'il faut employer. Ainsi QUAND LA PROPOSITION PRINCIPALE N'A POUR OBJET QUE D'AFFIRMER L'ACTION QUE LA SUBORDONNÉE EXPRIME, CHAQUE VERBE DOIT ÊTRE MIS AU TEMPS INDIQUÉ PAR L'ÉPOQUE QU'IL DÉSIGNE. —

Une conséquence importante de cette règle, c'est que LE VERBE QUI EXPRIME UNE VÉRITÉ CONSTANTE DOIT ÊTRE MIS AU PRÉSENT, A QUELQUE TEMPS QUE SOIENT LES AUTRES VERBES DE LA PROPOSITION.

Rendez compte de l'emploi des temps.

On conte qu'un serpen... voisin d'un horlog..., (c'étai... pour l'horlog... un mauv... voisinage) entra dans sa boutique, et cherchan... à mang..., n'y rencontra pour tou... potage qu'une lime d'acier qu'il se mi... à rong... — On sait qu'à votre tête les dieux on... d'Ilion attach... la conquête, mais on sai... q. pour pri... d'un triomphe si beau, ils on... aux champs Troyens marq... votre tomb... — J'ai lu chez un conteur de fabl..., qu'un secon... Rodilard, l'Alexandre des cha..., l'Attila, le fléau des ra..., rendai... ces dern... misérab...: J'ai lu, di.-je, en certain auteur, que ce cha... exterminat..., vrai cerbère, étai... crain... une lieue à la ronde. — Ovide a di... que l'étude adouci... les mœurs, et qu'elle efface ce qu'il y a en n. de gross... et de barbare. — Qui que tu soi..., voici ton maître : il l'est, le fu..., ou le doi... être. — Tu veu... cess... de viv... , mais je voudrais bien sav... si tu as commenc... Quoi ! fu...-tu plac... sur la terre pour n'y rien faire ? Le ciel ne t'impose-t-il avec la vie une tâche pour la remplir ? si tu a... fai ... ta journée avant le soir, tu peu... te repos... le reste du jour: mais voyon... ton ouvrage. Quelle réponse tien...-tu prête au juge suprême qui te demandera compte de ton temps ? — Homère chanta, dit-on, la guerre de Thèbes; il composa plusieur... ouvrag... qui l'aurai... égal... aux premiers poëtes de son temps; mais l'Iliade et l'Odyssée le mett.. au-dessus de tou-. les poëtes qui on... écri... avant et après lui. — La bataille de Salamine fu... livr... la première ann... de la 75ᵉ Olympiade. On a conserv... le souvenir des peupl... et des particul... qui s'y disting... le plus. Vous sav... à quel... époque n. eûm... termin... cette import... aff...; — On dira que Titus, descendan... chez les mor..., eu... de v. un regar... pour pri... de ses remor... — N. av. vu q. les Romains eur... bientôt répar... leurs pertes. — V. pouv... pens... que ces caval..., mont... sur d'excell... chev..., n. eur... bientôt devanc...

89. Lorsque les verbes d'une proposition sont liés entr'eux par des conjonctions de temps, ou qui expriment que l'époque d'une action est liée à celle de l'autre, il y a une correspondance à observer entre les temps de ces verbes,

I⁰. L'IMPARFAIT DE L'INDICATIF exprimant une action pendant laquelle il en est survenu une autre dans un temps passé quelconque, doit, sous ce rapport, pouvoir correspondre à tous les passés. *Je croyais, je crus, j'ai cru, j'avais cru que vous chantiez.* Vous chantiez déjà lorsque je le croyais, lorsque je le crus, etc.

2⁰ LE PRÉTÉRIT DÉFINI ne peut se joindre ni au présent de l'indicatif ni au prétérit indéfini dans la narration des circonstances d'un même fait ; car ces circonstances ont lieu presque en même-temps : elles ne peuvent donc être exprimées par le prétérit défini, qui désigne une chose faite dans un temps absolument passé. Voilà pourquoi il y a une faute dans ce vers : *Le flot qui* L'APPORTA *recule épouvanté.* En effet ce flot *recule* immédiatement après l'instant même où il vient d'apporter le monstre.

3₀. LE PRÉTÉRIT INDÉFINI désigne, de sa nature, une chose faite dans un temps indéterminé ou non entièrement achevé. Il exprime aussi une chose passée depuis longtemps, mais qui dure encore, pour ainsi dire, par ses résultats. Ainsi on dit : *Homère* A ACQUIS *une gloire immortelle.* Cette gloire lui est acquise : il la possède encore. Ainsi on ne peut le joindre par une conjonction de temps, qu'à lui-même ou au présent de l'indicatif.

4o. LE PRÉTÉRIT ANTÉRIEUR ne peut, en vertu de sa formation, désigner le rapport d'antériorité qu'au prétérit défini. — Il existe cependant un PRÉTÉRIT ANTÉRIEUR INDÉFINI, que l'on joint au prétérit indéfini. Ainsi on dira avec le défini, *lorsque* J'EUS LU *cette lettre, je* la BRULAI ; et avec l'indéfini, *lorsque* J'AI EU LU *cette lettre, je* L'AI BRULÉE.

5o. Enfin, LE PLUSQUEPARFAIT, désignant en général qu'une chose était déjà faite avant une autre, peut exprimer rapport d'antériorité avec tous les passés.

Moi craindre ! ah ! couron..., cher Arcas. Le plus affr... péril n' (avoir) rien don... Je palis... J'ir... partout. Mais dieux ! ne (voir) je pas Ulysse ? C' (être) lui. Ma fille (être) morte, Arcas, il n' (être) plus temps. Non, votre fille (vivre) et les dieux (être) conten... Rassur...-vous. Le ciel (vouloir) v. la rendre. Elle (vivre) ! et c'(être) vous qui me l' (apprendre) ! oui, c'(être) moi qui long-temps contre elle et contre vous, (croire) devoir, madame, rafferm... votre épou..., moi qui jalou... tantôt de l'honn... de nos arm..., par d'austèr... conseil... (faire) coul... vos larmes..., et qui (venir), puisqu'enfin le ciel (être) apais..., répar... tou... l'ennui q. je v. (causer). Ma fille ! ah, prince ! ô ciel ! je (demeurer) éperd... Quel miracle, seign..., quel dieu me l' (rendre) ? — Vous m'en (voir) moi-même en cet heur... momen... sais... d'horr..., de joie et de ravissem... — Jamais jour n' (paraître) si mort... à la Grèce. Déjà de tou... le camp la discorde maîtresse (mettre) sur tou... les yeu... son band... fat..., et (donner) du comba... le funeste sign... De ce spectacle affr... votre fille alar... (voir) pour elle Achille, et contre elle l'arm... Mais quoique seul pour elle, Achille furieu... (épouvanter) l'arm... et (partager) les dieux. Déjà de trai... en l'air s'(élever) un nuage. Déjà

(couler) le sang, prémices du carnage. Entre les deux
partis Calchas (s'avancer) l'œil farouche, l'air sombre, et
le poil héris... terrible, et plein du Dieu qui l' (agiter)
sans doute. Vous, Achille, (dire)-il, et v. Grecs, qu'on m'é-
coute. Le dieu qui maintenan... v. (parler) par ma voix,
m' (expliquer) son oracle, et m'(instruire) de son choi...
Un autre san... d'Hélène, une autre Iphigénie sur ce
bor... immol... y (devoir) laiss... la vie. Thésée avec Hélène un... secrètem... (faire) succéd... l'hymen à son enlè-
vem... Une fille en (sortir) que sa mère (céler). Du nom
d'Iphigénie elle (être) appel... Je (voir) moi-même alors
ce frui... de leurs amours. D'un sinistre avenir je (mena-
cer) ses jours. Sous un nom emprunt... sa noire destinée
et ses propr... fur... ici l' (amener). Elle me (voir), m' (entendre), elle (être) devant vos yeux, et c' (être) elle en un
mot que (demander) les dieux. — Quand l'arr... des destin... (avoir) duran... quelq... jour... à tan... de cruaut...
perm... un libre cours, et q. des assass... fatig... de leurs
crimes, les glai... émouss..., (manquer) de victim..., le peuple, don... la reine (armer) le bras, (ouvrir) enfin les yeu...,
et (voir) ses attentats. Aisém... sa pitié (succéder) à sa furie; il (entendre) gémir la voi... de sa patrie. — Autour
d'une table que l'éponge (avoir) essuy... à plusieurs re-
prises, n. n. (placer) sur des li... don... les couvertures
(être) tein... en pourpre. Après qu'on (avoir) apport... à
Dinias le menu du soup..., n. en (réserver) les prémices
pour l'autel de Diane. — Ne saviez-v. pas que celui qui
(accorder) sa confiance à un inconn. (être) touj... tromp...?
— J'ai touj... pens... que la vert... (suffire) au bonh... du
sage. — Il n'ignorai... pas que la richesse ne (faire) pas
le bonh..., mais qu'elle y (contribuer), quand on en (user)
avec sagesse. — Je v. ai di... que ce prince (aimer) la sagesse, et qu'il (dédaigner) la flatterie ; adress...-v. à
lui.

90. Nous avons dit que les vérités de tous les
temps sont exprimées par le présent de l'indi-

catif, quel que soit le temps du verbe de la principale. Dans tout autre cas, lorsque la principale est à un temps passé, la subordonnée qui exprime une action simultanée se met à l'imparfait de l'indicatif, la durée de cette action s'étendît-elle au moment où l'on parle. En effet, peut-on dire, *j'ai dit, j'ai cru que vous êtes malade ?* vous l'ÉTIEZ, ou vous ne l'ÉTIEZ pas au moins dans mon opinion, quand je l'ai dit ou quand je l'ai cru.

Je SAVAIS, J'AI SU *que vous êtes marié,* cette proposition signifie évidemment : *je savais, j'ai su dans un temps passé, que vous êtes marié à present.*

Mais je puis et je dois dire : *je savais, j'ai su que vous étiez marié,* parce que vous étiez déjà marié quand je le savais, quand je l'ai su, et que l'imparfait exprime une action antérieure ou simultanée à une autre action aussi passée.

Exemples tirés de différents auteurs.

Il me traita de fourbe et de dissimulée, parce que je l'assurai que je n'en sav... rien. — J'ai cru que cette nuit allai... veng... mon père. — Quoi donc, répondi... Télémaque. pouv...-je refus.. à Calypso de lui racont... mes malh...? Non, repri .. Mentor, il fall... les lui racont..., mais v. dev... le faire, en ne lui disan... que ce qui ne pouv... lui donn... que de la compassion. V. pouv... lui dir... q. v. av... été tantôt erran..., tantôt captif en Sicile, puis en Egypte. — J'ai cru que v. pouviez souff... q. je v. parlasse sans adoucissement, pour v. découvr... votre faute. —

91. Le futur, le futur passé, le présent de l'indicatif se subordonnent l'un à l'autre.

Je crois que n. (partir) bientôt. — Il parai... que le coupable (avouer) enfin son crime. — V. êtes certain q. n. aur... bientôt retrouv... notre chemin. — Lorsque tu aur... commenc... ton ouvrage, tu n... en avertir... — N v. donneron... des détail... sur les évènemen... actuel..., dès qu'on n. en aur... plus amplement instrui... — N. v. enverr... le peu de livr... q. n. aur... retrouv... —

92. Le conditionnel présent et le conditionnel passé sont suivis d'une subordonnée qui exprime la condition nécessaire. Si cette condition est simultanée, on l'exprime par la conjonction si jointe à l'imparfait de l'indicatif; si elle est antérieure, on l'exprime par si joint au plusque-parfait.

Je v. dir. la vérit..., si v. l'exig... — Je me promèner... si le temps le perm... — On viendr... v. parl..., si l'on pouv... pénétr... jusqu'à v... — Je v. apporter... mes lettr... ou plutôt je v. les aur... déjà apport..., si je les av... reçu... — On n. aur... chass..., si on n. av... rencontr... — On rir..., si l'on n. voy... — J'éteindr... le feu si on mé l'av... ordonn...

93. Les conditionnels s'emploient en subordonnée au lieu des futurs, lorsque la principale est à un temps passé.

Il cru... qu'on s'empresser... de lui rend... hommage. — Je v. av... bien di... qu'on se moquer... de v. — On n. disai... q. v. écr... bientôt à vos paren... — J'av... espér... q. v. accept... la place qu'on v. av. offer... — On pensai... q. v. travailler... avec plus d'ard... — N. pension... q. v. aur... bientôt att... vos condiscipl..., quoiq... beaucoup plus avanc... que vous.

94. Quelquefois LE CONDITIONNEL est subordonné AU PRÉSENT. Alors il est suivi d'une proposition conditionnelle. Souvent cette dernière
est sous-entendue, ou exprimée soit par un infinitif, soit par un complément indirect.

Je sai... qu'on n. aur... blâm..., si n.n. ét. condui... selon
vos conseils. — Il paraî... qu'en agiss... ainsi, on s'attire-
rai... des reproch... bien fond... — On di... que sans votre
appui, cette famille ser... depuis long-temps plong... dans
la misère. — Je v. assur... q. par ce moyen v. aur... bientôt
recouvr... ce que v. av. perd... — Il est cert... q. si v. n.
av. rencontr..., une querelle violente se serai... élev... —
Je croi... que, command... par d'habil... génér..., ces
peupl.. pourr... se rend... redoutab... — Que je ser...
heur... de posséd... ce petit héritage !

95. Mais LE FUTUR ne se joint jamais aux
temps passés. Cependant, lorsque la proposition
principale renferme un verbe d'AFFIRMATION au
PRÉTÉRIT INDÉFINI, le verbe de la subordonnée
se met au FUTUR, s'il exprime ce temps. Ainsi
on dira : J'AI SU, J'AI APPRIS, J'AI AVERTI *que
vous partirez bientôt,* mais on ne pourrait dire
J'AI PENSÉ, J'AI CRU, J'AI ESPÉRÉ *que vous partirez bientôt !*

96. L'emploi DU MODE IMPÉRATIF ne présente
aucune difficulté, il ne contient qu'un temps,
et il exprime toujours un futur. On doit observer que ce mode n'a pas de troisième personne : on y a rapporté la troisième personne
du subjonctif, qui est alors une proposition
subordonnée dont la principale est sous-enten-

due. QU'IL PARTE, c'est-à-diré , je souhaite ,
je veux QU'IL PARTE.

Tonn...., pleur..., gémi..., j'y sui... indifférente. —
All..., part..., mes vers, dern... frui...de ma veine. —
Descen... du hau... des cieu..., auguste vérit..., répan...sur
mes écri... ta force et ta clar....— France, repren... sous
lui ta majest... première. — Meur... libre, et soi... veng...
d'un traître. —

97. L'impératif terminé par *e* muet prend
une *s*, quand il est immédiatement suivi de
l'un des deux compléments indirects *en* ou *y*.
— Mais si ce complément appartient à un
infinitif suivant, ou si *en* est préposition, l'impératif terminé par *e* muet ne prend point d's.
Dans aucun cas on ne peut dire *vas-en*.

Sache q. je sui... le maître. — ....-en la raison. — *Aie*
soin de tou... ce que je comm... à ta garde. — mets mes
tabl... dans cette chamb... et ....-en le plus gran... soin. —
...., en même temps, le soin d'en commenc .. le catalogue.
— *Va*, tyran des mortel..., Dieu barbare et funeste: ....
fair... retent... tes regr... loin de moi. — Le jardin est ici
près : ...,-y; .... t'y prom... — .... en Angleterre. —
Cueill... ces roses : ....-en tan... q. tu voudr...; .... en te
prom..., quelq... fraises. — Cette chambre t'est réserv...;
port...-y les meubl... — Le feu est à cette maison : vol...-y
port... du secour. . —

98. Les pronoms compléments se placent toujours après l'impératif pris affirmativement,
et dans le même ordre que lorsqu'ils précèdent
le verbe; cependant ne dites point *laisse-m'y*,
conforme-t'y : mais dites : *laisses-y moi, con-
formes-y toi*. — Si l'impératif est pris négati-

vement, les pronoms reprennent leur place devant le verbe. *Répondez tant affirmative-ment que négativement , par la seconde personne du singulier de l'impératif, aux questions suivantes. Exemple :* couperai-je des branches, RÉPONDEZ, oui, coupes-en : non, n'en coupe pas.

Te donnerai-je de l'argent ? — Lui expliquerai-je ce passage ? — MM., v. dirai-je la vérité ? — Achèterai-je des livres ? — Le suivrai-je à Paris ? — Laisserai-je des meubles dans cette chambre ? — Prendrai-je ces mar-chandises à Lyon ? — Me conformerai-je à ce réglement? — Te mènerai-je au spectacle ? — Te ferai-je cette pro-position ? — T'offrirai-je des conditions ? — T'enverrai-je à la campagne ? — M'amuserai-je de cela ? — Laisserai-je ces livres aux enfants ? — Bâtirai-je une maison ? — Mon-trerai-je de la colère ? — Prendrai-je un chapeau ? — Por-terai-je du sable ? — Te donnerai-je une plume ? — Plan-terai-je un arbre en ce lieu ? — Laisserai-je des arbres ici? — Feindrai-je de la surprise ? — M'amuserai-je ici ? — Te laisserai-je ici ? — T'informerai-je de cela ?

99. LE MODE SUBJONCTIF est toujours employé comme subordonné et contient quatre temps : 1.o LE PRÉSENT OU FUTUR: *vous voulez que je* PARTE. — L'IMPARFAIT; *il fallut que je* PARTISSE. — LE PRÉTÉRIT : *je désire que tu* AIES FINI *pour quatre heures.* LE PLUSQUE-PARFAIT : *je voulais que tu* EUSSES FINI *ta besogne aujourd'hui.*

Lorsque le verbe de la principale est au pré-sent ou au futur, on emploie le présent du subjonctif pour exprimer une action simulta-née, et le prétérit du subjonctif pour exprimer une action passée relativement au verbe de la principale.

Lorsque le verbe de la principale est à un temps passé ou conditionnel, on emploie l'imparfait du subjonctif pour exprimer une action simultanée et le plusque-parfait pour exprimer une action antérieure.

De la définition que nous avons donnée du mode subjonctif, il résulte qu'on doit l'employer lorsque le verbe de la proposition principale exprime le désir, l'attente, le doute, la crainte, la volonté, la défense.

V. voul... qu'un roi (mourir) et pour son châtimen..., vous n'accord... qu'un jour, qu'une heure, qu'un moment. — N'attend... pas que le désesp... (réduire) les ennem.. à tou... tent... — Deux foi... le ciel voulu... que ces fatal.. plaines s'(engraisser) du sang des légion.., romaines. — Ne v. flatt... poin... qu'avec quelq.,. innocence v. (pouvoir) de ma sœur embrass... la défense. — Il fau..., pour content..., vos vœu..., que je (mettre) aujourd'h... le crime entre nous deu... — Je veu... q. v. (voir) cette maison : je désir... q. v. la (joindre) à la vôtre. — Je voudrais q. v. m' (avoir) pu voir aujourd'hui dans un miroir, en l'éta... où j'étai... — Je crain... qu'un prom... effet n' (avoir) suiv... la menace. — Ce roi don.. le nom fai... tremb... tan... de roi..., voulu... bien que ma main (crayonner) ses exploi... —

100. La plupart des verbes impersonnels ne présentent que comme un doute, une supposition, la proposition qui est annoncée par le pronom IL.

Cette proposition est le vrai sujet du verbe

impersonnel, et peut, comme nous l'avons déjà fait précédemment, être transformée en nom abstrait, en infinitif. Ainsi on peut dire :

La crainte de dieu est utile.

Craindre Dieu   est utile.

Supposez que l'on craigne Dieu, cela est utile, et enfin : il est utile que l'on craigne Dieu.

En vertu de cette dernière construction, on dit que les verbes impersonnels gouvernent le subjonctif.

Mais les verbes impersonnels qui désignent affirmation, comme *il est vrai, il est certain, il est reconnu, il est prouvé,* et même ceux-ci : *il est vraisemblable, croyable, probable, il paraît,* veulent à l'indicatif la phrase représentée par le pronom il.

Ainsi on dira : *Il est certain que l'âme* est *immortelle;* car c'est comme si l'on disait : *l'âme* est *immortelle;* cela *est certain.*

Est-il juste qu'on (mourir) au pied levé, dit-il ? — Il est inutile q. v. (essayer) de n. tromp... — Il importai... q. v. (connaître) nos intentions. — Il fau... qu'en tou... ses poin... l'oracle s' (accomplir). Boileau di... de l'homme : c'étai... peu q. sa main condui... par l'enfer, (avoir) pétr... le salpêtre, (avoir) aiguis... le fer; il fallai... q. sa rage à l'univer... funeste (aller) encor de lois embrouil... un digeste; (chercher) pour l'obscur... des gloses, des docteurs, (accabler) l'équit... sous des monc... d'auteurs, et pour comble de mau..., (apporter) dans la France des orateurs du temps l'ennuyeuse éloquence. — Il est cert... qu'on ne (connaître) poin... l'intérieur de l'Afrique. — Il paraî... que tou.. (être) maintenant termin... — Il est probab... que v. (ignorer) de quoi il s'agi... —

101. *Dire, prétendre, entendre* signifiant *ordonner, vouloir, supposer* en parlant d'une chose qu'on sait ne pas être vraie, l'impersonnel *il semble*, sans complément, gouvernent le subjonctif. — Mais *dire, prétendre* signifiant *affirmer, supposer* en parlant d'une chose que l'on croit vraie, *il semble*, accompagné d'un complément, demandent l'indicatif. —Les verbes affirmatifs et de probabilité *dire, croire, voir, penser, affirmer, supposer, paraître, il est vrai, certain, sûr, probable, vraisemblable* gouvernent le subjonctif quand ils sont pris négativement ou interrogativement. — Ces mêmes verbes, excepté *dire* et ses synonymes, étant précédés de *si*, gouvernent le subjonctif. — *Je crois qu'on A raison.*— *Je ne crois pas qu'on AIT raison.*—*Croyez-vous qu'on AIT raison?* — *Si je croyais qu'on EUT raison.*—

Il semb... q. le ciel, sur tou... tan... q. n. somm..., (être) oblig... d'av... incessamm... les yeux. — On di... que ton fron... jaune et ton tein... sans couleur perdi... en ce mo. men... son antique pâl... — Je supp... que Philoclès est effectivement sec et austère; son austérit... ne vau...-elle pas mieu... q. la flatterie pernicieuse.— Le tyran m'ose envoy... ver... toi ! ne croi .. pas que je (vivre) après cet hyménée. — Croirai-je qu'Artaban, qui per... tou... en mon père, (avoir) port... sur mon père une main meurtr...? — Et moi je v. di... que la guerre (être) déclar... — V. aviez di.. qu'on s' (informer) du prix du velours; n. av. cr... dev... suivr... vos ordr... — Un baudet charg... de reliq..., s'imagina qu'on l' (adorer). — N'est-il pas bien natur... q. tou... les métamorphoses, don. .. la terre est couver...(avoir) fai...

6

imagin.. dans l'orien...., q. nos âmes passai... d'un cor... à un autre. — Je supp...qu'un moine (être) touj... charita-ble. — On préten...que l'Angleterre (tenir) autref... à la France par un isthme. — Je supp... q. v. (avoir) un jardin, souffririez-v. qu'on le ravag... ainsi ? — Si je sav... q. v. (partir) demain, je v. pri... de v. charg... d'une commission. — Si l'on voyai... q. v. (vouloir) accept... des conditions raisonnab..., on v. les proposerai... — V. prétend... qu'on (faire) l'impossible. — Il prétendai... qu'on (suivre) exac-tement la règle. — S'il v. par... vraisemb... qu'on (réussir), je consen... à tou... — S'il est cert... q. les choses se (être pass...) comme v. le prétend... — Si je voi...q. v. (travailler) bien, si je sui... sûr q. v. (employer) bien tou... vos inst..., je ne veu... rien exig... de plus.

Mais quand si est pris dans le sens de PUISQUE, le second verbe reste au mode indicatif.

S'il est prouv... q. n. n'(avoir) cherch. qu'à v. être utiles de quoi v. plaign... v. ? — S'il est vrai q. les homm... (être) nés pour la sociét..., ils doiv... cherch .. à s'aid... mutuelle-m..., et non à se nuir.

102. Les conjonctions qui expriment le doute, la supposition, le but, et qui par cette raison gouvernent le subjonctif, se trouvent dans l'exer-cice suivant.

*Afin qu'*il (être) pl... frai... et de meill... débi..., on lui lia les pieds, on v. le suspend. — Adraste et ses sold... descendir... *avant qu'*on (pouvoir) les reconnaît... — *Au cas que, en cas que* ces dames (partir), v. voudriez bien m'en avert.. — *A moins qu'*on ne lui (céder) en tou... chose, il n'étai... jam... conten... — Les roi... qui fir... constr... les pyramides n'osèr... y faire dépos... leurs corps, *de peur que* le peupl... irrit... ne les en (arracher). — *Pour* *que* la vérit... (faire) impression, elle doi... touch... — *Loin que* les Romains (désespérer) du salut de la république après la bataille de Cannes, ils refusèr... de rachet... les prisonn... — Boileau di..., en parlant du jeu de mots ou de la pointe, que la raison lui laissa l'entrée en l'épigramme, *pourvu que* sa finesse, éclatan... à propos, (rouler) sur la pensée, et non pas sur les mo... — *Quel que* (être) le for-fai..., le repentir l'expi... — *Quelque* haine *que* fasse éclat... votre père, pour os... le haïr, sa fille m'est trop chère. — San... la langue, en un mo..., l'auteur le pl... div..., est touj..., *quoi qu'*il (faire), un méch... écriv... — Je sai... q. je v. ai dépl...; et *quoique* je ne (savoir) pas précisém... pour-quoi, je ne m'en croi... pas moins coupab... — *Bien qu'*au moin... mal qu'il pu... il (ajuster) l'histoire, le lou... l'u... un so... de le croire. — Je vien... d'en essuy... la pl... sangl... injure *sans qu'*elle (avoir) excit... le plus lég... murmure. — *Soit qu'*un vieu... respect pour le san... de leurs maîtr... (parler) encor pour moi dans le cœur de ces traîtr..., *soit que* de Médicis l'ingénieu... courrou... (trouver) pour moi la mor... un supplice trop dou...; *soit qu'*enfin s'assuran... un por... durant l'orage sa prudente fur... me (garder) pour otage, on réserva ma vie à de nouv... revers. — *Supposé qu'*il (pleuvoir), vos jeunes plan... pourron... réuss... — Il restera *jusqu'à ce qu'*on lui (dire) de sort...

103. Qᴜᴇ, représentant une conjonction pré-cédente, gouverne le même mode que cette conjonction; cependant ǫᴜᴇ mis à la place de sɪ gouverne le subjonctif. — Dᴇ ᴍᴀɴɪèʀᴇ, ᴅᴇ sᴏʀᴛᴇ, ᴅᴇ ғᴀçᴏɴ ǫᴜᴇ gouvernent le subjonctif, quand la principale exprime le doute, le com-mandement, l'interrogation, la négation : *Agis-sez, agissez-vous, vous n'agissez pas, si vous agissez de façon que l'on soit content;* mais quand la principale est simplement affirmative et indica-

tive, ces conjonctions gouvernent l'indicatif. *Il agit de sorte qu'on est toujours content.* Elles gouvernent encore l'indicatif, quand elles signifient DE CETTE SORTE, etc. — Ces conjonctions gouvernent encore le subjonctif, quand elles expriment l'intention.

Comme les arm... étai... rang... en bat..., et qu'ell... (être) prêt... à combatt..., on entra en négociat...—Quand on a reconn... sa faute, et qu'on l' (réparer), on est digne de pardon...—Quoique v. soign... peu votre ouvrage, et que v. (rire) sans cesse, on ne v. puni... pas. — Si l'enf... per... l'appéti..., et qu'il (paraître) souffr... , dites-le-moi. — Si vous étiez malade, et que v. v. (plaindre), je ne me moq.. pas de v. — Si elle s'ét... comport... de façon qu'elle (avoir) mérit... d'être blâm..., q. diriez-vous ? — On aurai... trav... de sorte que v. (être) satisf... — Il parle de sorte que l'on ne (comprendre) pas ce qu'il di... — Tu écrivai... de manière que n. ne (pouvoir) rien déchiffr... — Il lisai... tou... la journ...., de sorte qu'il ne s'occup... nullem... des affair... domestiq...—Elles av... march... de façon qu'il (être) facile de les atteind... — Ils se son. avis... de cour...; de sorte que n. ne (être) pas dispos... à les poursuiv...

104. Le verbe d'une proposition incidente se met au subjonctif, lorsqu'il exprime le désir, le doute, l'incertitude que l'antécédent existe modifié comme la proposition incidente l'indique. — Le verbe de la proposition incidente se met encore au subjonctif, lorsque l'antécédent est accompagné d'un adjectif dont le sens est de ne comprendre dans la modification indiquée par la proposition incidente, que l'objet ou les objets qui forment cet antécédent. — Mais si

aucun doute, aucune exclusion ne porte sur la proposition incidente, le verbe reste au mode indicatif.

Trouvez-moi , connaissez-vous, y a-t-il , cherchez, découvrez UN HOMME, QUELQU'UN *qui* N'AIT *point de défauts.* La principale indique la question, l'incertitude qu'il existe un homme modifié comme l'incidente l'exprime, c'est-à-dire, N'AYANT point de défauts.

Voilà LA PLUS BELLE *fleur que* J'AIE *jamais vue : j'ai vu* PEU *de fleurs qui* FUSSENT *aussi belles.*

De toutes les fleurs que j'ai vues, celle-là SEULE est la plus belle : de toutes les fleurs PEU seulement sont aussi belles.

Mais je dirai avec l'indicatif : *c'est la plus belle fleur, que vous avez vue dans ce vase.* Car je ne veux pas dire, de toutes les fleurs que vous avez vues dans ce vase, celle-là est la plus belle : il n'y a ni choix ni exclusions relativement à d'autres fleurs vues dans ce vase.

Je dirai aussi : *indiquez-moi, cherchez, je doute si je trouverai ici ce maître qui* SAIT *plusieurs langues.* Car mon doute, ma recherche ne tombe point sur la modification exprimée par l'incidente; je suis certain qu'il SAIT; je cherche l'individu tel que je le connais.

Est-il un seul momen... qui v. (pouvoir) assur... d'un se-con... seulement ? — Il n'étai... poin... d'étang dans tou... le voisinage qu'un cormoran n' (avoir) mi...à contribution.

— Je triomphe aujourd... du plus juste courrou... de qui le souvenir (pouvoir) all... jusqu'à vous. — La Fontaine est le prem... poëte qui (avoir) su orn... l'apologue de tou... les richess... de la poésie. — Il n'y a rien qui (être) plus cher que le temps; et il n'y a rien que nous (employer) plus mal. — Trouv...-moi un logemen... d'où je (voir) la campagne. — Je veux. s'il est poss.... rentr dans ce logem.. d'où l'on (voir) la campagne. — Voilà la plus belle fl... de mon jardin, que j' (avoir) cueill... pour v. l'offr... — Procur...-moi un livre qui ne m' (endormir) pas. — Connaiss...-v. ce marchand, qui (venir) tous les ans ici ? — Il n'y a chose que je n' (avoir) di... pour le détourn... de ce proj...insens... — Rend...-moi le premier volume d'Anacharsis, q. v. (avoir) gard... si long-temps. — Tyran républicain, qui malgré sa vert..., est le plus dangereu... que Rome (avoir) jamais eu. —

105. Lorsque la proposition principale est formée d'un verbe de doute au présent ou au futur, le verbe de la subordonnée se met à l'imparfait du subjonctif, s'il est accompagné de quelque expression conditionnelle, ou s'il peut se tourner par le conditionnel. — Lorsque le verbe de la principale est au prétérit indéfini, celui de la subordonnée se met au présent du subjonctif, s'il exprime une vérité de tous les temps, ou une action future relativement au verbe de la principale. — Enfin le prétérit indéfini dans la principale est plus ordinairement suivi du prétérit que du plusque-parfait du subjonctif dans la subordonnée.

Je doute q. v. (avoir) réuss... sans notre protection. — Av...-v. pu pens...qu'au san... d'Agamemnon Achille (pré-

férer) une fille sans nom. — Hélas ! on ne crain... poin...
qu'il venge un jour son père; on crain... qu'il n' (essuyer)
les larm... de sa mère. — Je ne croi... pas que sans vos secours, ce jeune homme (faire) de gran... progrès. — Dieu a
voulu q. les espèces faibl..., tel... q. les insect..., (être) indes-
tructib... par leur nombre prodigieu... — La raison elle-
même a exig... q. l'unit... de temps, de lieu et d'action
(avoir) lieu dans les pièces de théâtre. — J'ai ordonn..., en
sortan..., que l'on n. (préparer) un bon dîner; je croi... q. n.
aur... faim. — Les voyag... vienn... de sort...; ils on... recommand... que l'on (placer) leurs li... dans une autre
chambre. — Il n'est pas certain que l'on (obtenir) une
telle grâce si v. ne trav... pas pour nous. —

106. Souvent la proposition principale est
sous-entendue : quelquefois même la conjonction n'est pas exprimée. La proposition principale sous-entendue est alors un verbe de désir,
de nécessité, d'attente etc., indiqué par le sens
de la proposition subordonnée. Tels sont *je
désire, je voudrais, je permets, je suppose.*

(Pouvoir) le ciel tou... deu... v. prend... pour victim...,
et faire choir sur v. la peine de mes crimes! — (Pouvoir) v.
ne trouv.... dedans votre union qu'horr..., q. jalousie, et q.
division ! et pour v. souhait... tou... les malh... ensemb...,
(pouvoir) naîtr... de v. des fils qui me ressembl...! — (Périr)
le Troyen auteur de nos alarm... — (Croire) qui voudra les
fab... q. n. racont... ces historien... — (Vouloir) les immort...
conduct... de ma langue que je ne (dire) rien qui (devoir)
être repri... — (Plaire) aux dieu... qu'à son sort le destin
qui me li... n' (avoir) poin... par d'autr... nœu... attach...
Zénobie. — Je suis souris : (vivre) les rats ! Jupiter (confondre) les cha...! — Je sui... ois... : voy... mes aîl...; (vivre)
la gent qui fen... les airs ! — Quels transpor... ! quels dis-

cour...! qui, moi, q. je v. (fuir)? — (Perdre) qui voudr...
son temps à de pareill... recherch... — Faites périr le
frère, abandonn.. la sœur. Rome sur ses autels prodi-
guant les victimes, (être)-ils innocen..., leur trouvera des
crimes. — Pour moi, (devoir) l'Empereur punir ma hardiesse, d'une odieuse cour j'ai travers... la presse. — (Plaire)
aux dieux que ce (être) le dern... de ses crimes. — Je viendr..., ne (être)-ce que pour v. troubl...

107. Le QUE qui suit le verbe impersonnel
présente la subordonnée comme sujet du verbe
impersonnel: *il est certain* qu'*il pleuvra*: c'est-
à-dire, *il pleuvra est certain.* — Cette même
conjonction présente la subordonnée comme
complément direct du verbe actif de la principale : *je crois* qu'*il tonne*, c'est-à-dire, *je crois
ceci : il tonne.* Mais ce qu'il faut surtout observer, c'est que cette même conjonction QUE signifie souvent DE CECI, A CECI etc. : alors elle
exprime que la subordonnée est complément
indirect de la principale. Exemple : *je suis
persuadé* qu'*on se trompe :* c'est-à-dire , *je suis
persuadé de* CECI : *on se trompe. Désignez ,
dans l'exercice suivant, les différentes fonctions de la conjonction* QUE.

Il est nécess... q. v. ay... une cert... majest... dans votre
extér... — Attend... q. je la rev... encore une dern... fois,
pour lui faire un étern... adieu. — N. dev... jug... q. le vrai
esprit est de tou... pays. — En passau... ainsi le temps, n
cherch... touj... Sophie, et n. ne la trouv... poin... Il importai... qu'elle ne se trouv... pas si vîte, et n. l'av... cherch... où j'étai... bien sûr qu'elle n'étai... pas. — Il est vrai,
ma fille, que Minerve défen... le cœur de ce jeune Grec

contre tou... les flèch... de votre fils, et qu'elle lui prépar...
une gloire q. jam... jeune homme n'a mérit... — Je sui...
fâch... qu'il ai... mépris... vos autels; mais je ne pui... le
soumett... à votre puissance. Je consen..., pour l'amour de
vous, qu'il soi... encore erran... par mer et par terre, qu'il
vi... loin de sa patrie, expos... à tou... sorte de mau... et de
dang...; mais les destin... ne permett... ni qu'il péri..., ni
que sa vertu succombe dans les plaisirs don... v. flatt... les
homm... — Je m'étonne qu'il ne voi... pas le darg... où il
est. — L'âne vin... à son tour, et dit : j'ai souvenance, qu'en
un pré de moines passan..., la faim, l'occasion, l'herbe
tendre, et je pense, quelq... diable aussi me poussan..., je
tondi... de ce pré la larg... de ma langue. — Madame, je
vous ai avert... que vos frèr... son... arriv... — Les solda...
se plaignai... qu'on les av... laiss... sans munitions. L'Athé-
nien, convainc... par cette manœuvre que la reine av...
quitt... le parti des Perses, cessa de la poursuiv..., et Xer-
xès, persuad... que le vaiss... submerg... fais... partie de la
flotte grecque, ne pu... s'empêch... de dire que, dans cette circonstance, les homm... s'étai... condui... comme des femm...,
et les femm... comme des homm...

108. Le verbe impersonnel C'EST et celui de
la proposition incidente qui le suit, doivent être
mis au même temps et au même mode.

C'est moi qui sai... le mieu... — .... toi qui criai... —
.... toi qui resta... — .... le roi qui parlerai... — .... moi
qui parlerai. — .... toi qui parler... — .... mon frère qui
écrir... — Il fau... que .... moi qui parc... les champs. — Il
attendai... que .... moi qui parc... la ville. — J'av... désir.
que .... toi qui parl... — On voulai... que .... elle qui me
suiv... — *Substituez le pluriel au singulier.*

109. Le verbe impersonnel C'EST, suivi d'un
complément indirect, ne peut être joint à sa

subordonnée que par la conjonction QUE. Exemple : C'EST *à vous* QUE *je parle*, et ne dites pas : C'EST *à vous* A QUI *je parle*.

En effet, en établissant la subordonnée comme sujet du verbe impersonnel de la principale, on aura :   et en plaçant la subordonnée après la principale:

Jé veux parler; c'est à vous, mon esprit.

C'est à vous mon esprit QUE je veux parler.

On doit rendre hommage; c'est à la vérité.

C'est à la vérité QUE je veux rendre hommage.

Je demeure : c'est dans cette chaumière.

C'est dans cette chaumière QUE je demeure.

110. Ainsi, le verbe impersonnel C'EST étant suivi d'un complément indirect ou d'un adverbe, on ne doit pas y joindre la subordonnée par un pronom relatif précédé de la préposition qui forme ce complément indirect ou cet adverbe.

D'après cette règle, corrigez les phrases suivantes.

C'étai... par cette porte, par où n. avions pass... — Ce fu... dans ces lieu..., où n. travaill... ensemble. — C'est ici où se rassembl... tou... les nouvellist... du quartier. — C'étai... de ces personn... dont on parlai... quand n. somm... entr... — Ce serai... avec vos ami... avec qui n. n. serion... divert... le plus agréablem... —

111. Il est évident que l'impersonnel C'EST annonce une chose qui est. Or cette chose est

nécessairement le sujet. Ce ne peut donc être ni le complément indirect qui suit C'EST, ni une proposition incidente : car une telle proposition ne se lie qu'à son antécédent, et sert seulement à le déterminer. Mais si C'EST est suivi d'un nom, d'un pronom sans préposition, ce nom, ce pronom est le sujet du verbe, et vous pouvez y joindre une proposition incidente.

Ainsi quand on dit : C'EST *de votre gloire* DONT *il s'agit.* Qu'est-ce qui EST de votre gloire dont il s'agit ? on voit qu'alors C'EST reste sans sujet. Mais si vous dites : C'EST *de votre gloire* QU'*il s'agit*, le QUE établit la subordonnée comme sujet du verbe C'EST, car cela signifie : il s'agit : C'EST de votre gloire. — Mais si l'on supprime la préposition qui est devant le nom on aura : C'EST *votre gloire* DONT *il s'agit* Construction raisonnable : car votre gloire devient le sujet, et un simple déplacement de mots nous donne : *votre gloire* EST CE DONT *il s'agit.*

Construisez de cette manière les phrases de l'exercice précédent.

112. Indépendamment de la subordonnée, le complément indirect peut être suivi d'une proposition incidente. —

C'est dans les circonst... difficil... où je me sui... trouv..., qu'on reconn... la faiblesse attach... à la condition humaine. — Ce fu... dans ces lieu... où se pass... tant d'évènemen... célèb..., q. n. n. arrêtâm... quelq... momen...

113. Dans les définitions formées avec le

verbe c'est, les deux termes sont toujours joints par que.

C'étai... un beau suj... de guerre, qu'un logis où lui-même il n'entrai... qu'en rampan...! — C'est être innocen... que d'être malheureu... — C'est être véritablem... honnête homme que de voul... touj... être expos... à la vue des honn...gen... —

114. L'adjectif qui exprime la qualité d'un ou de plusieurs objets sans indiquer aucune comparaison, est dit être au positif : *je suis fort, Saint-Louis fut juste. Fort, juste,* sont ici au positif. Mais deux objets peuvent avoir une qualité commune au même degré ou à des degrés différents. Quand on les compare, l'adjectif est dit être au comparatif.

Ton frère fu... plus laborieu... que tu ne le sera... jamais. — Les Arab... fondèr... un empire aussi puissan... que l'av... ét... celui des Romain... — Les plus magnifiq... palai... étai... peut-être moins commodes que ne le son... aujourd... nos plus simpl... habitations. —

115. Le verbe adjectif et l'adverbe renfermant un attribut, peuvent, par cette raison, être mis au comparatif.

J'ai plus étud... que v. n'étudi... jamais. — N. trav... moins aujourd... que n. ne trav... autrefois. — Il écr... plus facilem... q. v. n'av... jamais écr... — Je v. aim... autan... que v. m'aim... — Je march... aussi lentem... q. v. march... hier. —

116. Nous avons quelques comparatifs d'un seul mot; ce sont les suivants :

Meilleur , moindre , pire, adj : *mieux,
moins, pis,* adv : qui signifient : *plus bon,
plus petit, plus mauvais, plus bien, plus peu,
plus mal.*

On sait que *plus bon, plus bien, plus peu,* ne
sont pas usités.

Il parl... mieux que n. n'av... parl... — Ce vin me paraî..
meill... que je ne le trouv... hier. — Les difficult... seron..
moindr... dans quelq.. temps qu'ell ne son... aujourd...
— Je li... moin... à la ville que je ne lisai... à la campagne.
— L'éta... du malade m'a par... ce matin pire que ne fu...
jam... le vôtre. — Si tu voyai... mettr... à la broche, tou..
les jour... autau ... de faucon... que j'y voi... mettr... de cha-
pon..., tu ne me ferai... pas un semblab... reproche. —

117. Les exercices précédents ont du faire
observer : 1.º Que la comparaison s'établit au
moyen de deux propositions liées par la conjonction QUE, qui signifie alors en comparaison
de ce que. 2.ºQu'il y a trois sortes de comparatifs; savoir, d'égalité, de supériorité, d'inférió-
rité. 3.º Que dans les comparatifs de supériorité
ou d'infériorité, la subordonnée prend l'adverbe
négatif NE.

*Analysez les propositions des trois exercices
précédents.*

118. Lorsque le verbe de la subordonnée est le
même que celui de la principale, on le sous-
entend, à moins que la différence des temps
n'exige qu'on l'exprime. — Quelquefois même
on sous-entend tout-à-fait la subordonnée; c'est

lorsqu'elle est suffisamment indiquée par le sens, ou par ce qui précède.

N. av. plus de paresse dans l'espr... que dans le cor... — Ne quitter...-v. point ce séj... solit... ? Ah ! repri... l'philo-mèle, en est-il de plus dou...? — Un so...trouve touj... un plus so... qui l'admir... — Il fau..., autan... qu'on peu..., oblig... tou... le monde : on a souv... besoin d'un plus peti... que soi... — Paisson... l'herbe, brouton..., mouron... de faim plutôt : est-ce une chose si cruelle ? vau...-il mieu... s'attir....la haine universel... ? — Je croyai... apport...plus de haine en ces lieu... — A de moindr... fureur... je n'ai pas dû m'attendr... — Je le voi... comme vous, par la gloire anim..., mieux ob..., plus crain..., peut-être moins aim...— Le soldat à son gré sur ce funeste mur, combattan... de plus près, porte des cou... plus sûr.. —

119. On voit par ces exemples que la néga-tion est supprimée, lorsque le verbe de la subordonnée est sous-entendu. De même, lorsque le comparatif de supériorité ou d'infériorité est pris négativement ou interrogativement, la su-bordonnée ne prend point de négation.

Ont-ils plus de supériorit... qu'ils en on... jam... montr.,? — Les eau... ne sont pas moin... haut... aujourd.,. qu'el.. l'étai... hier... — Je n'aur... pas plus de complais... aujourd.. que je v. en ai montr... jusqu'à prés... — Vos aveu... serai... ils moins sincèr... qu'ils me l'on... sembl... ? — Les ou-vrag.. ne son... pas plus avanc... maintenan... que je les ai trouv... il y a six mois.

120. On peut se tromper dans la manière dont on exprime les objets comparés, et dire, par exemple : *j'ai un jardin plus beau que vous.*

Il est aisé d'éviter cette faute grossière. On dira : *j'ai un jardin plus beau que le vôtre.*

Corrigez les phrases suivantes.

La populat... de Paris est plus grande que Pétersbourg, mais moindre que Londres. — Mes ancêtr... on... posséd... des domaines beauc... plus considérab... que certains souverains. — Le tigre est d'un naturel bien plus féroce que le lion.

121. Au lieu de dire : *on désire d'autant plus de bien qu'on en a,* on dit : *plus on a de bien, plus on en désire.* On forme ce tour de phrase en répétant l'adverbe de comparaison, en supprimant le *que*, et en plaçant la subordonnée devant la principale. On tourne de même les comparatifs d'infériorité ou d'égalité, en répétant *moins, autant.* — Quelquefois même le comparatif de supériorité se trouve opposé à celui d'infériorité. *Je serai d'autant moins indulgent que vous êtes plus instruit :* dites : *plus vous êtes instruit, moins je serai indulgent.*

Opérez sur les exemples de l'exercice suivant, les changements que l'on vient d'indiquer.

On trouv... d'aut... plus de peupl... qui honorai... un seul dieu, qu'on remonte plus dans l'histoire. — On se crée d'autan... plus de besoins imaginaires, qu'on en a moins de réels. — Il fau... autan... d'ard..., d'inflexibilit... pour défér... un traître à la sociét... qu'il fau... d'égar.. de soins et de prud... pour ne pas diffam... l'honn... et l'innocence.

— Les crim... son... d'autant plus dans les enf... l'obj...d'une vengeance implacab..., qu'ils son... plus impun... et excus.. sur la terre. — Nous étion... d'autan... moins dispos... à vous fuir...-que v. ét... moins sensib.., à nos représenta-tións.

122. Le SUPERLATIF est le dernier degré de supériorité ou d'infériorité. Il est RELATIF quand il exprime comparaison d'un objet avec tous ceux de son espèce : LA PLUS *belle*, LA MOINS *belle des fleurs. Ce sont eux qui écrivent* LE MIEUX. — Il est ABSOLU quand il n'exprime pas comparaison. *Cet enfant est* TRÈS-*paresseux,* BIEN *indocile,* FORT *entêté. Le meilleur moyen. La moindre difficulté, ma plus belle chambre, son plus jeune fils* sont aussi des superlatifs, parce que cela signifie : *Le meilleur des moyens, la plus belle de mes chambres,* etc.

L'adverbe et le verbe, comme renfermant un attribut, sont par cette raison susceptibles du superlatif. *L'homme que j'estime le plus; celui qui court le plus vite.*

Distinguez les superlatifs.

Au plus gai des vieillar..., au pl... gran... des poëtes, à l'Orphée attendu dans nos bell... retrai..., des champs Ély-siens, salut, gloire et longs jours. — Ceux qui travaill... le plus, son... ceu... qui jouiss... le moin... de ce qu'on appell... les douceurs de la vie : ils ne son... cepend... pas les plus malheur... — Les plaisirs les plus dou..., les plus vrai..., ne sont pas ceu... qui coût... le plus ch... — L'étude a touj... fai... mes plus ch... délices. — Le style le moins noble a pourtant sa noblesse. — La gent marécageuse, gen... fort sotte et fort peureuse, s'alla cacher sous les eaux. — Le plus semblab... aux mor... meur... le plus à regret. — Celui qui croi... pouv... trouv... en soi-même de quoi se pass... des autr... se trompe for... —

123. L'article du superlatif s'accorde en genre et en nombre avec l'adjectif suivant, ou plutôt avec le substantif exprimé ou sous-entendu, quand on a pour but de comparer un objet à tous ceux de son espèce. Exemple : *la rose est* LA *plus belle fleur* ; substantif exprimé. *J'ai cueilli toutes ces fleurs, je ne conserverai que* LA *plus belle.* Le substantif *fleur* est sous-entendu, et je considère cette fleur comme la plus belle, en la comparant aux autres.

L'article du superlatif est invariable: 1º. Lorsque PLUS, MOINS, sont pris substantivement, soit seuls, soit suivis d'un autre substantif. — LE *plus n'est pas* LE *mieux.* — *C'est elle qui a* LE *moins de patience,* ce qui signifie *la plus grande, la plus petite quantité.* 2º. Quand PLUS, MOINS, sont joints à un verbe : *c'est elle qui rit* LE *plus;* ou à un adverbe qui modifie le verbe : *voilà la rivière qui coule* LE *plus lentement.* Mais si l'adverbe modifiait un adjectif, et que l'on exprimât comparaison avec d'autres objets, il y aurait accord : *les hommes du nord sont* LES *plus fortement constitués.* 3º. L'article du superlatif est encore invariable devant l'adjectif, lorsque l'on a pour but, soit d'exprimer simplement la qualité au plus haut ou au moins haut degré, sans exprimer comparaison avec d'autres objets : *cette scène est est une de celles qui furent* LE *plus applaudies,* c'est-à-dire, *applaudies au plus haut degré :* soit lorsqu'on veut exprimer que dans telle ou telle circonstance une qualité est parvenue au plus haut ou au moins haut degré, sans comparer l'objet à aucun autre de son espèce; exemple : *c'est pendant l'hiver que la campagne est* LE *moins agréable*; ici j'exprime en quelle circonstance la campagne a le moins d'agrémens, sans la comparer à aucun autre objet.

Quelquefois l'article du superlatif prend ou non l'accord, selon le sens que l'on a en vue; exemple : *c'est maintenant que cette dame est* LA *plus affligée;* ici je la considère comme parvenue à un plus haut degré d'affliction que plusieurs autres auxquelles je la compare. *C'est maintenant que cette dame est* LE *plus affligée*: ici je m'occupe seulement du moment où elle est parvenue au plus haut degré d'affliction, sans la comparer à aucune autre.

PIS, MIEUX, suivent les mêmes règles. Observez cependant que PIS ne se joint jamais à un adjectif, et ne s'emploie que comme substantif ou comme adverbe; PIRE est toujours adjectif. Ainsi TANT PIRE est une faute grossière.

Analysez les exemples suivants :

La prospérit... est l. plus forte épreuve de la sagesse.

— L. moins de servitude que l'on peu... est l. meill... — N. viv... dans l. plus grande amit.. qu'il (être) possible. — N. n. somm... baign... à l'endroit où les eaux son... l. moins profondes. — Quelle est de tou... les choses du monde l. plus longue, l. plus courte, l. plus étend...? le temps. — N. n. voy... sans cesse assiég... de témoins, et l... plus malheureux osent pleur... le moins. — Elle est belle dans tou... les rôles, mais c'est dans Phèdre qu'elle est l. plus admirab... — On remarquai... en elle beaucoup de penchant à trouv... que l. jeunes gen... l. mieux fai... étai... aussi ceux qui av... l. plus d'esprit. — A ces mo... dans les airs le trait se fai... entend...; à l'endroit où le monstre a la peau l. plus tendre, il en reçoi... le coup, se sen... ouvr... les flan... — L. mieu... est l'ennem... du bien. — L. moins q. v. pouv... faire, c'est de l'all... trouv... — Les Chaldéens, les Indiens, les Chinois me paraiss... être les peupl... l. plus anciennem... polic.. — Les obj... qui lui étai... l. plus agréab... étai... ceux dont la forme étai... unie, et là figure régulière. — Je la laissai seule décid... l. plus grande affaire q. je (pouvoir) avoir de ma vie. — Ce son... ceux qui on... l. moins de livres, qui lis... l. plus. — Tou... allai... l. mieux du monde. — Tell... son... les opinions l. plus généralement suiv... — Les vérit... l. mieux prouv... sont aussi l. plus importantes. — Voilà les ouvrages q. j'ai touj... l. plus estim... — Les personn... qui on... l. plus de grâce son... cell... qui song... l. moins à en av... — Regard... l'étude de votre langue comme un des obj.. l. plus importan... de votre éducat... — Ce q. je sai... l. mieux c'est mon commencement. — N. ne pleuron... pas touj... quand n. somm... l. plus afflig... — Une mère est touj dispos... à pardonn... à ses enfan..., même lorsqu'ils se son.. montr... l. plus coupab... — De toutes ces dames, votre sœur m'a par.. être l. plus magnifiquem... parée. — Cette dame a peu de grâce, même lorsqu'elle est l. plus magnifiquem... par... — *Pire, pis.* N. manq... d'argent, voilà le p... — Le remède est p... que le mal. — V. mett... touj... les choses au p.. — L'indocilit.. est p... que l'ignorance. — Ce fu... bien p... encore. — Les p... des ennem..., (disait sagement un ancien) ce son.. les flatteurs; et les p... de tou... les flatt..., ce son... les plaisirs. — Ce que v. m'av... off... est p... que ce que v. m'av... propos... — V. en dites p... que pendre.

124. On emploie souvent le comparatif au lieu du superlatif à la suite des verbes. C'est une faute que l'on corrigera dans les exemples suivants.

De tou... les livr... q. v. av... achet..., voilà celui qui me plaî... davantage. — Ces fleur... on... él... trouv... bell...; quel... est celle q. v. aim... mieu...? — De tou... nos ouvr..., v. êt... celui qui trav... moins assidument. — Voilà la rivière qui coule plus lentement.

125. Les adjectifs qui expriment une qualité absolue, ou qui ont déjà la signification d'un superlatif, ne peuvent être mis ni au comparatif ni au superlatif. — Les adjectifs qui expriment par eux-mêmes une comparaison, ne peuvent être employés au comparatif. —

Corrigez les exemples suivants :

Il nous a parl... avec la bont... la plus extrême. — Voilà la joie la plus infin... que j'(avoir) jamais éprouv... — Ces lectur..., qui vous on... ennuy..., m'ont fai... le plaisir le plus suprême. — La durée n'est pas moins infin... que l'espace. — Rien n'est plus indispensab... que les devoirs q. v. av... viol... — La félicit... la plus suprême, la plus étern..., est réserv... à l'homme juste. — Cette contrée n. a offer... les choses les plus nécess... à la vie. —

La collection q. v. v. êtes procur... m'a sembl... plus complète que tou... les autres. — Je vous servir... touj... avec
le plus entier dévouement.— Ma doul... étai... très excessive.

126. Lorsque la principale et la subordonnée
ont le même sujet et expriment le même temps,
ou que la différence des temps peut s'exprimer
par l'infinitif, soit seul, soit accompagné d'un
adverbe de temps, on substitue assez ordinairement un infinitif à la proposition subordonnée.
— Ainsi au lieu de dire : *tu crois que tu as
raison,* on dit mieux : *tu crois avoir raison.*
— **La même chose a lieu quand le verbe de la
principale est impersonnel, et que celui de la
subordonnée a un sujet indéfini, comme** *on,* *chacun,* **etc.** — Mais si les deux verbes n'ont pas le
même sujet, ou si l'infinitif ne peut exprimer la
différence des temps, la transformation ne peut
avoir lieu.

*Écrivez les exemples suivants, faites en-
suite les transformations possibles et expli-
quez-en la raison.*

Il fau..., loin du palais où langui... le bonh..., qu'on ai..
b... quelquef... le vin du voyag...; qu'on ai..., en fugitif surpr... par la misère, partag.. le pain noir pétr.. dans la chaumière. — J'entendi..des disc.. sur tou.. les matières, jamais
sans qu'on cit... les Grecs et leurs confrèr...; et le moindre
grimaud trouvai.. touj... moyen qu'il parl... du Scamandre
et du peuple troyen. — Il ne fallai... pas qu'on attend... de
Solon une législation semblabl... à celle de Lycurgue. —

Après qu'ils eur... couv... leurs poignar... de branch... de
myrte, ils se rend... aux lieu... où les princes mettai... en
ordre une procession qu'ils devai... cond... au temple de
Minerve. — Héliogabale traita douze de ses amis d'une
manière incroyable; il voulu... qu'ils emport... tou... les
vases de crystal, d'or et de pierreries dans lesq... ils av...
b...; et il est à remarq... qu'il en faisai... donn... de nouv...
chaque fois qu'ils demandai... à b... — Il serai... diff...
que l'on reconn.. les environs de la ville d'Avignon, aux
tableaux mélancoliq... et rembrun... qu'en a trac... Pé-
trarque.

127. L'infinitif qui suit un verbe, peut donc
être aussi très-souvent transformé en une subordonnée qui ait le même sujet que la principale.
Exemple : *il vient sans rien dire*, c'est-à-dire,
il vient sans qu'il dise rien.

Transformez les infinitifs en subordonnées.

J'ai trop de vertu pour craindre mon époux. — Du
peuple épouvant... j'ai travers... la presse pour venir de
ces lieu.. enlev... ma princesse. — J'ai pour elle cent
foi... rend... grâces aux dieu... d'av... chois... mon père
au fond de l'Idumée, d'av... rang... sous lui l'Orient et
l'armée. — On av... beau heurt... et m'ôt... son chapeau,
on n'entrai... point chez nous sans graiss... le marteau. —
Mais je v. prie au moins de bien sollicit... — Ma fille, il
fau... part... sans que rien nous retienn..., et sauv... en
fuyan... votre gloire et la mienne.— Le roi près de l'autel atten... Iphigénie. Je vien... la demand... Ou plutôt
contre lui, seigneur, je vien. pour elle implor... votre
appui. Il l'atten... à l'autel pour la sacrif.. —

128. Plusieurs verbes sont suivis d'infinitifs
qu'on ne peut transformer en propositions su-

bordonnées. — Après les verbes qui expriment l'action d'*ordonner*, de *défendre*, de *laisser*, ou de *voir*, d'*entendre*, il est clair que l'infinitif qui exprime l'action ordonnée, défendue, etc., ne peut se rapporter au sujet. Mais si les circonstances qui accompagnent l'action de défendre, de permettre, etc., sont exprimées par des infinitifs, ceux-ci se transforment en subordonnées qui ont le même sujet que la principale.

Appliquez ces observations aux exemples suivants.

Madame, avant que de part..., j'ai cru de votre sort dev... vous avert... — Hélas! sous le cout... d'une mère cruell..., lé verrons-nous tomb... une seconde fois? — Mais j'enten... les sanglo... sort... de votre bouche! — Tou... vos désirs, Esther, v. seron... accord...; duss...-v., je l'ai di..., et veu.. bien le redire, demand... la moitié de ce puissan... empire. Je ne m'égar... poin... dans ces vast... désirs. Mais puisqu'il fau... enfin expliq... mes soupir..., puisque mon roi lui-même à parl... me convie, j'ose v. implor... et pour ma propre vie, et pour les trist... jours d'un peuple infortun..., qu'à périr avec moi v. av... condamn... —

129. Si chaque verbe est accompagné d'une action circonstancielle, placez l'infinitif qui l'exprime près du verbe auquel il se rapporte.

Pour m'assur... de la fidélit... des personn... q. j'ai chois..., je leur ai donn... la permiss... de dépens... et de recev...., sans me rend... un compte détaill...; mais je me sui... réserv... les moyens d'être instrui... de tou... — Après av... parcour... rapidement l'histoire obsc... de ces siècl... recul..., n. av... recommand... à nos élèv... de lir..., sans en rien omettr..., l'excell... ouvrage qu'on vien... de publ...

130. Les propositions subordonnées formées par les conjonctions *comme*, *puisque*, *lorsque*, les propositions incidentes formées par le pronom relatif sujet *qui*, se tournent souvent par le participe présent. — Ainsi au lieu de dire : *comme mon frère part, je reste*, dites : *mon frère partant, je reste.*

Opérez ces changements dans les exemples ci-dessous, et observez qu'ici le participe présent est invariable.

Comme cette réflexion embarrassai... notre homme, on ne dor ...point, dit-il, quand on a tan... d'espr...   Sur un axe alongé le poulet, le canard, tourn.... emmaillot... d'un vêtement de lard , ils sembl... s'anim... et respir... encore, pendant qu'ils cherch... et fui... le feu qui les color... — Bientôt Paris n'a vu que des énergumènes, de sales Cicérons, de vilains Démosthènes, qui mettai... l'assassinat au nombre des vertus, qui égorgeai... leurs paren... pour fair... les Brutus. — Vous-même , parce que vous condamniez vos injust... dess..., tantôt à v. parer vous excitiez nos mains : vous-même, parce que v. rappeliez votre force première, v. voul... v. montr... et rev... la lumière : v. la voy..., madame. — Quand pourrai-je , au trav... d'une noble poussière, suivre de l'œil un char qui fui... dans la carrière ?

131. Lorsque le participe présent est précédé de EN, il exprime toujours le moyen employé par le sujet pour faire l'action, ou le temps, la circonstance dans laquelle il fait l'action. —

Ainsi le participe présent précédé de EN se rapporte toujours au sujet. — Le participe présent employé sans la préposition EN se rapporte au substantif ou au pronom dont il est le plus voisin : de sorte que s'il modifie un pronom complément, il doit toujours suivre le verbe. — Joint à un nom, il forme souvent une proposition subordonnée qui n'a rapport ni au sujet ni à aucun complément de la principale.

Transformez en participes précédés ou non de EN, *les subordonnées et les incidentes des propositions ci-dessous.*

Je les ai v... qui mourai... de la mor... dés brav... — Il enten... les serpen..., il croi... les voir qui ramp... autour de lui. — Comme la géographie et la chronologie sont les deux yeu... de l'histoire, pour bien étud... celle-ci, il fau... être guid... par celle-là. — Comme les eau... décroiss..., n. pourr... part... demain. — Des bateau... de pêcheurs qui paraissai... et disparaissai... tour à-tour entre les lames, hasardai...; s'ils s'échouai... sur le rivage, d'y trouv... leur salut. — L'ingrate, pendan... qu'elle fui..., me laiss... pour salaire, tou... les noms odieu... que j'ai pri... pour lui plaire. — Hélas! à quels soupirs sui...-je donc condamn..., moi qui de mes paren... touj... abandonn..., étrangère par-tout, n'ai pas même, lorsque je suis née, peut-être reç... d'eux un regar... caressan... ? — Parce que v. grond... touj... cette jeune fille, vous la décourag... je la voi... touj... qui li... qui étud... — Qui ne serai... pas touch... de voir une mère dans la situat... de Mérope, qui aime son fils à ce point, qui n'a d'autre espoir ni d'autre bien au monde, et qui tremble de le perd..., ou de l'av... déjà perd...

132. Il ne faut pas confondre le participe

présent ou attribut actif, toujours invariable, avec l'adjectif verbal terminé en ANT, qui prend le genre et le nombre de son substantif. — Le mot en ANT est participe et invariable, quand il exprime l'action ou l'état actuel de l'objet, surtout comme circonstance, comme motif de l'action principale; il est adjectif, quand il exprime une qualité habituelle, constante de l'objet.

Or le premier cas a lieu sans aucun doute, 1.º quand le mot en ANT est suivi d'un complément direct, 2.º quand il est précédé de EN. 3.º quand il peut se tourner par une subordonnée formée d'une des conjonctions *lorsque, puisque, comme, parce que, si*, etc., car dans toutes ce constructions, il exprime un état ou une action circonstancielle.

Et le second, lorsque l'on peut substituer un adjectif au mot en ANT, ou qu'on peut le faire précéder de QUI EST, QUI SONT, etc.

Figur...-toi Pyrrhus les yeu... étincelan..., entran...à la lueur de nos palai... brûlan..., sur tou... mes frèr... mor... se faisan... un passage, et de san... tou... couv... échauffan... le carnage. Songe aux cri... des vainq..., songe aux cri... des mouran..., dans la flamme étouff..., sous le fer expiran... — La justice fuyan... nos coupab... clima..., sous le chaume innocen... porta ses dern... pas. — N. n'acquérons la pai... de l'ame qu'en résistan..., à nos penchan... — Les résultats satisfaisan... q. u. av... déjà obten... encouragean... nos effor..., n. av... publ... cette seconde édition. — Sans cesse ignoran... de nos propr... besoin..., nous demand... au ciel ce qu'il nous fau...

le moins. — Des marmitons craintifs, haletan... de cha_
leur, s'embarrass... l'un l'autre, et suffis... à peine aux
soin... multipl... que leur service entraîne. — Enten...
ma voi... gémissan..., habitan... de ce vallon. — La plu-
par... des gran... du royaume, jugean... la seconde croi-
sade inut..., au bien de l'état, voulur... en détourn...
Saint Louis. — L'avarice est sa passion dominan... — Mes
paren... vivan... encore, rien ne peu... m'autoris... à
faire ce que v. désir... — Je craignais que mes enfan...,
n'(avoir) succomb...; quelle fu... ma joi... de les trouv...
non seulemen... vivan..., mais encore très-bien portan...!
— Cette démarche répugnan... à la délicatesse, mon ami-
t... pour vous, tou... vive qu'elle est, ne pourra jamais
m'y décid... — J'ai fréquent... quelq... temps cette personne : mais je l'ai trouv... d'une humeur tout à fait répugnan... à la mienne. — Regarde ces Drusus s'élançan...
vers la gloire, ces Décius mouran... pour viv... en la
mémoire. — Enten...-tu ce solda .. vainq..., mouran...
d'une noble blessure? — On les voi... aussi rampan...
qu'ils.on... été hautains. — Il y a des plantes, des bêtes et
des personnes rampan... — L'avarice per... tou... en
voulan... tou... gagn... — Malgré votre valeur brillan...,
audacieuse, la mienne n'eût pas crain... Guise plus que
Joyeuse. — Par de brillan... exploi..., par de pompeu...
discour..., le vulgaire est sédui..., et le sera touj... — Ils
te prodigueron... des vins délicieu..., des vins brillan...
dans l'or et vers... par les Dieux. — Laissons-les s'attendr... sur la brebis bêlan..., qui livr... au coutelas sa tête
caressan...; laisson...-les d'un agn... déplor... le trépas.
— Quand trois fill... passan..., l'une di... : c'est grand'
honte, qu'il faille voir ainsi cloch... ce jeune fils, tandis
que ce nigau...; comme un évêque assi..., fait le veau sur
son âne et pense être bien sage. —

133. L'infinitif et le participe présent doivent
toujours être employés de telle sorte, que trans-
formés en subordonnées, ils ne produisent pas

un rapport absurde. Exemple : *cette chambre est trop petite pour danser ; ma montre est tombée en courant.* Ces phrases signifieront grammaticalement : *cette chambre est trop petite pour qu'elle danse ; ma montre est tombée quand elle courait.* — Il faut aussi éviter qu'un infinitif ou un participe puisse se rapporter également à deux substantifs.

Corrigez les exemples suivants, selon les règles établies N.os 127, 128, 129, 130, 131.

Un prince a ét... guér... d'un vomissement invétér..., en lui faisan... prend... tou... les jours deux cuillerées de vin d'Espagne. — Plutarque, dans la vie de Pompée, assur... qu'ayan... demand... l'honn... du triomphe, Sylla s'y opposa. — La vie n'est pas ass... longue, pour travaill... à amass... tan.. de richess..., et pour perdr... en vaines inquiétud... ses momen... rapid... — Il est inut... de répét... ces règl..., venan... de les expos... dans le moment. — Le prince est entr... incognito, sans illumin... la ville, sans le harang... aux barrières. — A force de prier et de suppl'..., j'ai enfin accord... cette permission tant désir... — Le présent du subjonctif se forme du participe présent, en changeant *ant* en *e* muet. — Après avoir bien résist..., nous av... à la fin obt... ce que n. demandions. — Cette question, qu'on av... trouv... si difficile, s'est résol... en s'amusan... — Avant de part..., les commi... ont visit... tou... nos ballots ; et cette fatal... lettre est tomb... de ma poche en montan... en voiture. — Les accus... on... demand... de leur permettr... de présent... par écrit leur justification. —

134. Nous employons souvent l'actif pour le passif après la préposition *à*. Ainsi nous disons : *maison à vendre, fruits à cueillir,* c'est-à-dire,

maison à être vendue, fruits à être cueillis; celle construction ne peut donc être employée dans ce sens devant un verbe neutre, ou devant un verbe actif qui transformé en passif, produirait un sens absurde. — Mais lorsque la préposition *à* n'est point destinée à donner un sens passif au verbe, on peut l'employer devant un verbe quelconque.

Rendez compte des exemples suivants, et corrigez les phrases vicieuses.

Qu'il me rest... peu de momen... à pass... avec vous ! — Nous avons aujourdhui vingt personn... à mang... et douze lettr... à répond... — On n. a donn,... trente pages à cop... — N. av... donc encore quarante lieu... à faire. — Je n'ai que mon épou... à plaire, disai... cette femme vertueuse. — Un enfan... à ses paren... à obéir. — Je n'ai plus que quelq... momen... à vivre. — Ces pauv... solda... ont encore bien des jours à march..., bien des bataill... à livr..., bien des choses à se priv... — Tou... les dang...q. v. aviez à v. préserv... sont retomb... sur nous. — Je croyai... n'av... plus de larm... à répand... — V. pass... le temps à étud..., à trav... — Ce scéléra... cherchai... s'il n'av... plus personne à nuir..., à tourment... — Dans tou... ceci je ne voi... rien à rire. — J'ai encore ce peti... ouvrage à mettr... la dernière main.

135. Nous avons dit que le participe présent joint à un nom, peut former une proposition subordonnée, sans rapport au sujet ou aux compléments de la principale. La même construction peut avoir lieu avec le participe passé. Exemple : *mais Rome prise enfin, seigneur, que ferons-nous ?* C'est-à-dire, *mais lorsque Rome sera prise.*

Mais un participe présent, un participe passé, ou un adjectif placé sans substantif ou sans pronom en tête d'une phrase, doit se rapporter au sujet, et paraîtra toujours s'y rapporter, quelle que soit l'intention de celui qui parle.

Pressés de toutes parts, accabl... par le nombre des ennem..., n. n'av... pu leur oppos... qu'un courage inut...

Nous, press... de toutes parts, nous, accablés etc., n'avous pu , etc. *bonne.*

Jadis, trop caress... des mains de la mollesse, le plaisir s'endormi... au sein de la paresse.

Le plaisir, caressé des mains de la mollesse, s'endormit. *bonne.*

Indomptable taureau, dragon impétueu..., sa croupe se recourbe en replis tortueu..

Qui est ce qui est, ind. taur..., dragon impét...? ce n'est point sa croupe. *mauvaise.*

Ou lassés, ou soumis , má funeste amitié pèse à tou... mes amis.

On ne peut dire : ma funeste amitié ou lassés ou soumis.

Accablé de tristesse, tous mes malh··· se retraçai.. à mon souvenir.

On ne peut dire: tous mes malh... , accabl... de tristesse , etc. , *mauv·*

La nouvelle une fois répandue, la consternation fu... générale.

Dès que la nouvelle fut répandue : prop. sub. *bonne.*

Pénétr... de joie, rien ne s'opposai... plus à mon départ.

On ne peut dire : rien, pénétré de joie, ne s'opp..., etc. *mauvaise.*

DU PARTICIPE PASSÉ DANS LES PROPOSITIONS QUI RENFERMENT PLUSIEURS VERBES.

136. Avant de nous occuper du participe passé dans les propositions complexes, nous observerons qu'il y a certains verbes dits ESSEN-

TIELLEMENT RÉFLÉCHIS, parce qu'on ne peut les réduire à la forme active, et d'autres qui changent de signification en devenant réfléchis. Ainsi on dit bien *je me suis souvenu*, et l'on ne peut dire *j'ai souvenu quelqu'un*. — *Je m'étais attendu à cela* ne signifie point : *j'avais attendu moi*. Les analyses suivantes feront voir que les participes de ces verbes sont toujours précédés d'un complément direct, avec lequel ils s'accordent.

EXEMPLES.	ANALYSE.
Elle s'est empressée de nous serv...	Elle a mis soi *en empressement* de nous serv...
Elle s'est efforc... de nous content...	Elle a mis soi *en effort* pour nous content...
Elle se serait passée de tout pour nous.	Elle aurait mis soi *en privation* de tout pour nous.
N. n. sommes souv... de notre promesse.	N. av... trouvé NOUS *en souvenir* de, etc.
Mlles. v. v. étiez dout... de notre arrivée.	Mlles. v. aviez trouvé VOUS *en doute* de notre arrivée.
Jamais ils ne se son... préval... de la supériorit... de leurs talents.	Jamais ils n'ont mis EUX *en plus grande valeur* à cause de, etc.
Mes amis ne s'étaient pas attend... à un tel changement.	Mes amis n'av... pas mis EUX *en attente* d'un tel, etc.
Ces dames ne se serai... pas souc... de nous parl...	Ces dames n'aur... pas mis ELLES *en souci* de, etc.
Si tant de mères se son... tues.	Si tant de mères ont tenu ELLES *en silence*.
Elles ne se son... pas fai... à cette nourriture.	Elles n'ont pas habitué ELLES à cette nourriture.
N. n. serion... absten... de liq... fortes.	N. aur... mis NOUS *en abstinence* de liq... fortes.

Ils se son... enf... comme   Ils ont mis **bux** *en fuite.*
des lâches.

Ces exemples font voir qu'en substituant au verbe réfléchi l'un des deux verbes *se trouver*, *se mettre* joint au nom de l'action, on explique d'une manière raisonnable la nature du complément qui précède.

137. *Se plaire, se déplaire, se complaire, se rire, se succéder,* signifient *plaire, déplaire, complaire à soi-même en telle situation, ou l'un à l'autre : rire en soi de; succéder l'un à l'autre.* Ces verbes n'ayant point de complément direct, ont le participe passé invariable.

N. n. somm... dépl.. dan ce lieu.— Insect... iuvisibles, que la main de Dieu s'est pl... à faire naître dans l'abyme de l'infiniment petit. — Ces personn... se son... dépl... dès qu'elles se son... v... — Ils se son... r... de mes menaces. — N. n. sommes r... de vos vains proj... — Ils se son... compl... dans leur sottise. — Elle se serai... compl... dans son ouvrage. — Les infortunes se son... succéd... — Que d'aventures bizarres se son... succéd... !

138. Dans les propositions complexes qui renferment plusieurs verbes, le participe passé ne suit pas d'autres règles que celles qui ont été données jusqu'ici, et qu'il faut relire N$_{os}$. 37, 54, 55, 56, 57. Au reste, toutes ces règles se réduisent à chercher l'objet modifié par le participe, en faisant la question *qu'est-ce qui est,* jointe au participe dont il s'agit.

Exemples. N. av... abatt... ces arbres. — Voilà les

arbres q. n. av... abatt...; ce n'est pas v. qui les av.. abatt... :
ils on... ét... abatt... par nous; v. en av... abatt... quelq...uns;
mais n. en ay... abatt... bien davantage. — Qu'est-ce qui
est abattu ? *la réponse appliquée aux règles déjà citées,
déterminera l'accord ou l'inaccord du participe.*

N. av... dorm... — Elle aur... dorm... tranquille. — Tout
heureuse qu'elle a véc.. — Ils ont véc.. heureux. — Tu nous
as nui. — Elles t'aurai... nui. — Qu'est-ce qui est dormi,
vécu, nui? *l'absurdité de ces questions suffit pour prouver
que ces participes sont invariables. Voyez page*

139. On peut aussi transposer les pronoms
compléments qui précèdent les verbes d'une
proposition composée ; on verra par là à quel
verbe appartient chaque complément, ce qui
suffira pour déterminer l'accord ou l'inaccord
du participe. Il est clair que quand le participe a pour complément direct un infinitif ou
une proposition, il est invariable.

EXEMPLES.

Partout les rayon... per-
çan... de la vérit... von...
veng... la vérit... qu'ils on..
néglig... de suivre.

N. lui av... offer... des secours qu'il a refus... d'accep-
t...

J'ai perd... des livr... que
j'aur... bien désir... conser-
v...

Les affaires que n. av...
voul... entrepr... n'aur... pas
réuss...

QUESTIONS ET TRANSPO-
SITIONS.

Ils on... néglig... de suivre
cette vérité, inaccord: ou
qu'est-ce qui est négligé?
de suivre.

Il a refus... d'accept... ces
secours. Qu'est-ce qui est
refusé ? d'accepter.

J'aur... bien désiré con-
serv... ces livres. Qu'est-ce
qui est désiré ? de conserver.

N. av.. voul... entrep... ces
affaires.

Voilà donc tous les effor... que v. av... pu faire ?

V. av... pu faire tous ces efforts:

On a rapport... à ma sœur des bagues qu'elle éfai... bien fâch... d'av... perd...

Qui est fâché ? ma sœur. Qu'est-ce qui est perdu ? les bagues.

Les maux que tu as cherch... à nous faire son... retomb... sur toi.

Tu as cherché à faire les maux à nous.

Nous somm... replong... dans les embarras que n. n. étions efforc... d'évit...

N. av.. mis *nous* en effort pour évit... les embarras.

Voici des détails que j'ai pens... que v. ne trouv... pas ailleurs.

J'ai pensé que v. ne trouv... pas ces détails ailleurs.

N. all... quitt. cette demeure, que nous nous somm... pl... à embell....

N. av... plu à n. en embellissant cette demeure.

Les fautes qu'elle n'av... pas prév... qu'on apercevr..., ont ét... remarq.. et signal...

Qu'est-ce qui n'est pas prévu ? qu'on apercevrait etc.: inaccord.

Voici les personnes que v. av...avert...de venir.

V. av.. avert... ces personnes de venir.

J'ai emport... ces peti... anim..., que vos méchan... camarades n'aur.. pas manq... de maltrait...

Vos méch...camarades n'aurai... pas manq... de tourm... ces petits animaux.

Pourquoi, ma fille, amènes-tu des personn... qu'on t'a avert... que je ne recev... pas ?

On a avert... toi, ma fille, que je ne recev... pas ces personnes.

Les personn...que j'ai entend.., parl... son... près d'ici.

J'ai entendu *les personnes* parlant: accord.

Votre sœur est ici: je l'ai entend...rire.

J'ai entendu *elle* riant.

Les soldats son... part..; je les ai v... pass...

J'ai vu *eux passant.*

J'ai écras... une mouche que j'ai sent... me piq...

J'ai sent... *cette mouche* piquant moi.

Oui, madame, les lettres que je v. ai v. écrire son... rempl... de fautes que v. aur... pu corrig... si v. l'av... voul...

J'ai vu *vous*, Mme, écrivant ces lettres. V. aur... pu corrig... ces fautes, si v. av... voul... corrig... elles.

Les pauv... enf...! on *les* aur... laiss... mour... de faim, s'ils n'av... reç... les secours que n. n. somm... empress... de leur port...

On aurai... laiss... les enf... mourant de faim. — N. av... mis NOUS *en empressement* pour leur port...

Les a-t-on v... souvent se cherch..., se parl...?

A-t-on vu *eux* se cherchant, se parlant?

Vos sœurs se son... cach..ici; je les ai entend... marcher.

Qui est entendu? les sœurs marchant; accord.

Les enf... on... beaucoup étud... hier; je les ai laiss... jouer aujourd'hui.

J'ai laissé *eux* jouant.

Ils ne nous on...pas v...l'un et l'autre élev...

Ils n'ont pas vu *quelqu'un* élevant nous; inaccord.

La personne que j'ai entend...blâm..., s'est mal comport...

J'ai entend... *quelqu'un* blâmant la personne.

Les discours que j'ai entend...prononc...sur les avantages de l'adversit..., m'on... paru, etc.

J'ai entend... *quelqu'un* prononçant, etc.

Ils étai... puni... pour les mau... qu'ils av...laiss...faire par leur autorit...

Ils av... laiss... *quelqu'un* faisant les maux.

Cette fille s'est laiss... tromp...

Elle a laiss... *quelqu'un* tromp...elle.

Elle s'est sent... saisir le bras.

Elle a sent... *quelq...* saisiss... le bras à elle.

N. n. somm... laiss... séduire.

N. av. laiss... *quelqu'un* séduire nous.

Où son... les bouteil... que j'ai v... apport...?

Cette dame paraî... s'être aiss... persuad...

On puni... sévèrem... tou... ceu... qui s'étai... laiss... entraîn... dans la révolte.

La besogne que tu m'as donn... à termin... ne m'aur... pas effray...

Les livr... que j'ai eu... à lir... étai... instruct...

Ne v... écart... point, M.elles, de la méthode que nous v... av... donn... à suivre.

Je ne concev... rien aux phrases que mon maître m'av... laiss... à corrig...

L'ois... a jet... la graine que nous lui av... donn... à mang...

Voilà les ennem... célèbr... que cette femme a eu... à combattr...

Que de choses j'aurais eu... à vous dire!

Ils on... di... tou... les folies qu'ils on... voul...

Les générau... n'on... pas montr... la fermet... qu'ils aurai... d...

N. av. fai... tou... les effor... que n. avons p...

Ramass... les livr... que v. av... fai... tomb...

J'ai vu *quelq...* apportant les bout...

Paraît avoir laissé *quelq...* persuad... elle.

Ils av. laiss... *quelq...* entraîn... eux.

Tu as donné quoi? *la besogne à être achev...* accord.

J'ai eu *les livres à être lus.*

Qu'est-ce qui est donné? *la méthode à être suivie.*

Qu'est-ce qui est laissé? *les phrases à être corrig...*

N. av. donn... la graine à être mang...

Cette femme a eu les ennem... céléb... à être combatt...

J'aur... eu les choses à v. être dites.

Voulu *quoi?* dire les folies, inaccord, le c. d. étant un inf. sous-entendu.

Qu'est-ce qui est *dû?* montrer la fermeté, le c. d. est un inf. sous-entendu.

N. av. pu faire les efforts.

V. av. fait que les livr... tombassent. *Fait* inv., puisqu'il a pour c. d. une prop. sub.

Une femme s'est présent... à la porte; je l'ai fai... pass...

J'ai fait qu'elle passât.

Leur famille les a fai... interdire.

Leur fam... a fait qu'ils fuss... interd...

Je leur ai fai... travers... le fleuve.

J'ai fait qu'ils trav... le fleuve.

Elle répète les vers qu'on lui a fai... appr...

On a fait qu'elle appr... ces vers.

Les D.elles que j'ai fai... peindre, ont montr... les plus belles disposit...

J'ai fai... que ces D.elles peign...

Les D.elles que j'ai fai... peindr..., s'ennuyai... beauc... pend... qu'on fais... leur portrai...

J'ai fai... q. ces D.elles fuss... pein...

Les D.elles auxq... j'ai fai... peindre... des fl..., on... parfaitem... réuss...

J'ai fai... que ces D.ell.s peign... les fl...

Tell... son... les réflex... que j'ai cr... util... de v. soumettr...

J'ai cru *chose utile* de v. soum... ces réfl...; inaccord: le c. d. est l'inf... *soumettre*, modifié par l'adj. *utile*.

Voici des observat... que j'ai cr... util...

J'ai cr... ces obs... ut... accord: le c. d. est *observations*, modifié par l'adj. *utiles*.

'Ils on... rapport... des fruit... que je n'aur... pas trouv... bon... à cueill...

Je n'aur... pas tr... ces fr... bons à être cueillis; accord: le c. d. est fruits, modif. par *bons à être cueillis*.

J'aur... fai... tou... les démarch... que j'aur... suppos... nécess...

J'aur... supp... les démarches nécess...

Voilà une besogne que j'ai trouv... très difficile à termin...

J'ai trouv... cette besogne diff... à être term...

Les pommes d'api que v.
m'av... envoy..., je les ai reç...
gât...

N. av. conserv... les livr...
qui n. ou... sembl... propr... à
instr...

L'homme a rapproch... de
lui les anim... qu'il a jug...
util... de propag...

N. n. somm... serv... des
livr... que v. n. av. laiss...
prendre.

Madame, où son... les fl...
que je v. ai v... peindr... ?

Connaiss...-v. les romances
que v. n. av... entend...
chant...

N. av... défrich... tou... les
lieu... que n. av... trouv...
susceptibl... d'être cultiv...

Les goutt... d'eau que j'ai
sent... tomb... son... bien
froid...

Qui réparera les mau...
que v. n. av... laiss... faire?

Allez, dis-je, et sach... quel
lieu les a v... naître.

Quelle est donc cette propo-
sit..., MM., que je v. ai entend... discut... avec tant de
chaleur?

Cette femme s'est laiss...
aller à sa passion.

Pourquoi se serait-elle
laiss... gouvern...?

J'ai reç... elles étant gât...

Ils ont sembl... verbe neutre, conj. avec avoir, *être
propr...*, adj. qui doit s'acc.
avec le subst.

Il a jugé *chose utile* de propag... les anim...

V. av... laiss... nous prenant
les livres, nous, c. d. du
part. laiss...

J'ai vu vous, madame, pei-
gnant les fleurs: vous, c. d.
du part. vu.

V. av. entend... nous chan-
tant les romances, nous,
c. d. du part. entendu.

N. av. trouv... ces lieu...
suscep... d'être cultiv...

J'ai sent... les goutt... tom-
bant.

V. av. laiss... quelqu'un
faisant les maux à nous.

Quel lieu a v... eux nais-
sant.

J'ai entend... v., MM., dis-
cutant cette opinion avec
chaleur.

Elle a laiss... elle aller à
sa passion.

Pourq... aurait-elle laiss...
quelq... gouv... elle?

N. av... renonc... aux pré-
tent... q. n. n. ét... propos...
de faire valoir.

Ce n'est point là la marche
que n. n. étions persuad... q.
v. suivr...

Télémaque pren... ses
arm.... don précieu... de la
sage Minerve, qui les avai...
fai... faire par Vulcain.

Je les ai laiss... courir les
spectacles.

La plante mise en libert...
garde l'inclinaison qu'on l'a
forc... à prendre.

Ne faites rien qui ne soi...
digne des maximes de vert...
que j'ai tâch... de v. inspir...

N'est-il pas louab... d'av...
cherch... les plus noires couleurs qu'il a pu, pour, etc.

Nos ennem... comptai...
sur une victoire certaine: ils
se la son... v... arrach...

MM., vous ne reprendrez
jamais la supériorit... que v.
v. êtes laiss... enlev...

Pourquoi refus...-v. les secours qu'elle s'est empress...
de v. offr...?

Vous lui reprochez une
conduite que n. ne n. somm...
jam... aperç... qu'elle ai...
ten...

Elle n. a fai... des offr...
don... elle a bien v... que n.
n. somm... peu souc...

N. av... prop... à nous de
faire valoir ces préten-
tions.

N. av. persuad... à nous q,
v. suiv... cette marche.

Elle av... fait quoi? que
Vulcain fît les armes.

J'ai laissé eux cour... les
sp...

On a forcé elle à prendre
l'incl...

J'ai tâché quoi? de v. insp...
ces maximes de vertu.

Il a pu quoi? *chercher* sous-
entendu.

Ils on... vu quelqu'un ar-
rachant cette vict... à eux.

V. av... laiss... quelq... en-
levant cette sup... à vous.

Elle a mis elle-même en
empr... pour v. off... les
secours.

N. n'av... jamais trouv...
nous en connaissance
qu'elle ai... tenu cette
conduite.

Elle a vu q. n. av... mis
nous peu en souci de ces
offr...

L'entreprise que v. v. êtes mi... en tête aurai... réus... — V. av. mis l'entrepr... en tête à vous.

L'entreprise qu'ils se son... mi... en tête d'exécut... m'a par... impossible. — Ils ont mis en tête à eux quoi? d'exécut... l'entrep... ici l'inf. est c. d.

Pourquoi s'est-elle mi... à trav... dès qu'elle n'a aperç... venir? — Pourquoi a-t-elle mis elle à trav...

Les fils d'Ulysse senti... la faute qu'il av... fai...d'attaq... ainsi le frère d'un des roi... ses alliés. — Il av. fait quoi? la faute d'attaq...

Voici la route que n. n. somm... décid... à suiv... — N. av. décid... nous à suivre la route.

Où est ta sœur? je l'ai trouv... bien afflig... — J'ai trouv... elle étant bien afflig...

Cette dame que j'av... cr... afflig... en lui faisan... un si triste récit, je l'ai v... rire. — J'av... cru quoi? afflig... cette dame. — Qui est vu? elle riant.

Elle ri... de tou... ses forces, et moi je l'av... cr... afflig... — J'av... cr... elle étant afflig...

Les arbr... son... abatt...; je les ai v... déracin... — J'ai v... quelqu'un déracinant les arbr...

Les dames que j'ai v... accabl... de douleur, son... déjà consol... — J'ai vu ces dames étant accabl...

Les femmes q. v. av... v... accabl... d'outrages cette pauvre fille, m'on... indign... — J'ai v... ces femmes accablant d'outrages, etc.

Conséquences tirées des exemples ci-dessus.

La question *qui-est-ce qui est* ayant pour réponse le sujet d'un participe joint au verbe être, ou d'un verbe pronom., détermine l'accord avec le sujet.

La question *qui-est-ce qui est* ayant pour réponse le complément direct d'un verbe actif, d'un verbe réfléchi, détermine l'accord avec ce complément placé devant le participe.

La question *qui-est-ce qui est* étant absurde, ou donnant pour réponse un infinitif, une proposition subordonnée, un complément direct placé après le verbe, ou enfin le sujet d'un verbe impersonnel, le participe reste invariable.

Si l'on procède par la transposition des compléments, on aura soin d'éviter une méprise qui résulte de la construction naturelle à notre langue : lorsqu'il n'y a qu'un complément direct, nous le mettons à la suite de deux ou trois verbes, quoiqu'il appartienne le plus souvent au premier.

Que je propose la transposition des compléments de ces propositions : *les flots troublés des mers que j'entends déjà mugir*,

Les astres ébranlés que déjà je vois pâlir, on dira avec Racine :

> Déjà j'entends des mers mugir les flots troublés:
> Déjà je vois pâlir les astres ébranlés.

Et nous mettons les compléments *flots*, *astres*, après les verbes *mugir*, *pâlir*, qui ne les gouvernent pas. On ne mugit pas les flots, on ne pàlit pas les astres. On devait donc dire : *j'entends* LES FLOTS *mugir*, ou *mugissant : je vois* LES ASTRES *pâlir*, ou *pâlissant*. D'où résulte cette règle :

SI LE COMPLÉMENT DIRECT PLACÉ ENTRE LE PARTICIPE ET L'INFINITIF SUIVANT PRÉSENTE UN SENS RAISONNABLE ET CONFORME A CELUI QUE L'ON VEUT EXPRIMER, LE PARTICIPE PREND L'ACCORD AVEC CE COMPLÉMENT.

Mais une proposition peut présenter deux et même trois participes : il n'y a donc qu'une analyse exacte, qui puisse servir de guide. Qu'on prenne pour exemples les propositions analysées précédemment.

140. La question *qu'est-ce qui est* appliquée à certains participes, donne quelquefois pour réponse le sujet du verbe avoir. C'est le seul cas où cette question ne détermine point l'accord du participe avec le nom précédent qui est la réponse cherchée.

La procession aur... pass... sous mes fenêtres. — La pluie a cess... quelq... momen... — Ma sœur a descend... très-matin. — N. av... débarq... le 15 mars. — Comme cette jeune personne a grand... en six mois ! — Les choses ou... chang... de face. — La bataille a commenc... à quatre heur... du matin. —

Quoique dans tous ces exemples, les questions qu'est-ce qui est passé, cessé, descendu, donnent pour réponses la procession, la pluie, ma sœur, il n'y a point d'accord, parce que ces noms sont sujets du verbe avoir.

141. La raison de cette irrégularité est que certains participes neutres prennent *avoir* lorsqu'ils désignent l'action, et *être* quand ils désignent l'état du sujet. On reconnaît qu'un verbe exprime l'action, quand il est accompagné de quelque circonstance qui indique le temps, le lieu, la cause, le moyen, le passage d'une situation à une autre; il exprime l'état, quand on ne s'occupe que de la manière d'être du sujet.

<table>
<tr><td align="center">EXEMPLES.</td><td align="center">ANALYSE.</td></tr>
<tr><td>Elle *a* descendu appuy... sur mon bras : (circ. de moyen.)</td><td>Elle *a été descendant*, étant app... sur mon bras: action.</td></tr>
<tr><td>Est-elle dans sa chambre? non; elle *est* descendue.</td><td>Elle *se trouve* descendue : état.</td></tr>
<tr><td>Madame *a* sorti ce matin: (circ. de temps.)</td><td>Madame a été *sortant* ce matin: action.</td></tr>
<tr><td>Madame *était* sortie.</td><td>Madame *se trouvait* sortie.</td></tr>
<tr><td>Les eaux *ont* crû de deux pieds pendant la nuit: (circ. de temps.)</td><td>Les eaux *ont été croissant*: action, passage d'un état à un autre.</td></tr>
<tr><td>Les eaux *sont* maintenant bien décrues.</td><td>Les eaux *se trouvent* maintenant décrues: état.</td></tr>
<tr><td>Nos compagnons *ont* péri de froid et de faim: (circ. de cause.)</td><td>Nos comp... ont été *périssant* de froid et de misère: passage d'un état à un autre.</td></tr>
<tr><td>Que sont deven... les défenseurs de la patrie? ils *sont* tous péris.</td><td>Ils *se trouvent* péris: état.</td></tr>
</table>

142. *Appliquez ces principes aux exemples suivants.*

Mèdes, Assyriens, v........ dispar...; Parthes, Carthagi-
nois, Romains, vous n'êtes plus. — Je voulais contin... ma
lettre; mais le jour ....dispar...tout-à-coup. — Notre vaiss...
.... échou..., en s'approch...de la côte. — Nous vîm... une
barque de pêch..., qui .... échou... sur ce rivage. — Cette
entreprise .... échou... par votre précipitation. — C'est
fini; tou... vos desseins ... échou... — Cette ombre ensan-
glant... m' .... appar... trois fois pendant la nuit. — Il est
certain que ces spectres nous .... appar... — Le lièvre ....
part... à quatre pas des chiens. — Brifaut qui n'a jamai...
ment...., di... que le lièvre .... repart... — Je .... rest...sept
mois à Colmar sans sort... de ma chambre. — Depuis ce momen... il .... déch... de jour en jour. — Il .... bien déch
de son autorit... — Il y a long-temps qu'ils .... déch... de
leurs priviléges. — Il .... bien embell...pendant son voyage.
— Cette demoiselle .... bien embell... — Cette femme ....
bien chang...depuis sa dernière maladie. — Les affaires
.... chang... de face tout-à-coup. — Elles ....pér...dans les
flo... — N. .... descend... sans peine, si l'on n. av. aid... —
Ma mère .... déjà descend..., quand v. n. av... appel... —
Je sui... surpr... que malgré votre prud..., cette entrepr...
.... échou... — Nous vîm... des barq... qui .... échou... —
Enfin nos amis .... échapp...au dang...; ils .... maintenant
échapp... —

143. Enfin certains verbes prennent *avoir*
ou *être* selon leur signification.

AVOIR.	ÊTRE.
Convenir, être convena-ble.	Tomber d'accord.
Demeurer, faire sa de-meure.	Rester dans un certain état.
Expirer, mourir.	Être écoulé, passé.
Passer, être reçu.	N'être plus usité, être flétri.
Repartir, répondre.	Partir de nouveau.

Sonner, retentir, faire retentir.

Être indiqué par le son.

Courir, aller vite.

Être recherché.

Échapper, avoir été oublié, n'avoir pas été remarqué.

Avoir été dit ou fait par inadvertance.

J'aur... achet... cette étoffe, si elle m'.... conven... — N. ,,,, conv... de prix. — Comb. de temps ....-v. demeur... à Paris? j'y .... demeur... 15 jours. — Elle .... demeur... tou... surpr... en me voyant. — La loi ...., pass... sans opposit,,. — Enfin cette express... .... pass...., quoiqu'on .... eu peine à s'y accoutum... — Ce que je voul... dire m'.... échapp... — N. ne somm... plus maîtr... du mot qui n. .... échapp... — Il a écout... notre conversat..., et pas un mot ne lui .... échapp... — Des gestes menaçan..., lui .... échapp,.. — V. n. .... repart... bien brusquement; mais vos express... n. .... échapp... — Pourquoi lui ....-v. repart...? — N. .... déjà repart..., s'il av... fai... plus beau. — J. .... conv... avec v. de cette condition. — La trève .... expir... depuis ce matin. — Le temps marq... .... expir... — Elle .... expir... entre mes bras. — Attend..., qu'elle .... expir... — Tou... les cloches .... sonn... à la fois. — Déjà la trompette .... sonn... — La messe .... sonn... — Si huit heur... .... sonn...., n. ne serions pas ici. — Ce joli papier... déjà pass... — Ma sœur .... repart... très-matin. — Elle m'.... repart... avec un peu de vivacit... — Cette mode .... pass... il y a long-temps. — Votre remarque n. ...., échapp... — Ses démarch... ne n. .... pas échapp... — Ils .... cour... tou... le jour. — Cette actrice .... bien cour... — Je suis fâch... que n. ne .... pas conv... de prix, et que votre logement ne n. .... pas conv... — N. ét... bien surpr... qu'il .... demeur... muet. — Je voudr... que vous .... demeur... quelq... jours à Paris. — Comment se fait-il que v. .... repart... avec tant d'humeur. — Il attendai... que n. .... repart... pour reparaître. — Tou... ces plaisanteries lui .... échapp... comme malgré lui. — La loi, ... pass... malgré de nombreuses réclamations.

DES PROPOSITIONS COMPOSÉES.

141. Plusieurs propositions peuvent avoir ou le même sujet, ou le même attribut, ou le même complément, ou tout à la fois plusieurs de ces parties communes.

Observez, dans les exemples suivants, les propositions qui ont des parties communes.

Un poële di... du coq : du héraut du soleil v. entend... la voi... Il l'appell...,-il l'annonce. il lui ren...son hommage; des heur... de la nui... son chan... fai... le partage; il en marq... le cours et celui du somm...: .... il fixe le trav..., le repo...,le rév...; il est du temps qui fui... la mesure vivante.

Lorsque plusieurs propositions ont une partie commune, on ne l'énonce ordinairement qu'une fois, en y joignant les autres parties différentes les unes des autres. Ainsi au lieu de dire : *il est des malheureux, il est des oppresseurs*, on pourra dire : *il est des malheureux et des oppresseurs.*

On appelle PROPOSITION COMPOSÉE, celle qui résulte de la réunion de plusieurs propositions qui ont une ou plusieurs parties communes.

Analysez les propositions composées de l'exercice suivant :

L'œil est choq... s'il voi... reluire les palai..., l'or et le porphyre, où l'on ne doi... voir qu'un hameau. Il veu... des grott..., des fontaines, des pampr..., des sillons dor...., des prés fleur.., de vert... plaines, des bois, des lointains

azu:... — L'homme, isol... et sépar... du monde ent..., est
resserr... dans une prison étroi... d'où il ne peu... sort...,
tandis que la mor... y entre de tou... par...; mais, parmi ces
horr..., il trouve quelq... chose de plus terrib... pour lui;
c'est l'homme son semblab..., qui, arm... de fer, et mê-
lan... l'ar... à la fur..., l'approch..., le join..., le comba...,
lutte contre lui sur ce vaste tomb..., et uni... les effor... de
sa rage à celle de l'eau, du ven... et du feu.

145. Or cette réunion de plusieurs propositions, ou la formation de la proposition composée résulte 1.º de ce que l'on affirme, 2.º de
ce que l'on nie une même chose de plusieurs
idées, 3.º de ce qu'on établit entr'elles un choix
exclusif.

On exprime l'affirmation répétée en plaçant
l'une à la suite de l'autre les idées dont on affirme le même rapport, 1.º sans aucun mot in-
termédiaire : *roi, père, époux heureux, fils du
puissant Atrée, des Grecs* vous *possédez la
plus riche contrée.*

2.º Unies au moyen du mot ET: *soyez riche*
ET *pompeux dans vos descriptions.*

La négation répétée s'exprime au moyen du
mot NI. — NI *l'or* NI *la grandeur ne nous
rendent heureux.*

Enfin le choix exclusif s'exprime par le mot
OU. *Il fallait vaincre* OU *périr.*

Ces mots ET, NI, OU, sont CONJONCTIONS, puisqu'ils réunissent plusieurs propositions.

Les mécontan... disai... qu'il av... tou... l'empire, le
pouvoir, les trésors, l'honneur, la dignité. — Je chante le

héros qui régna sur la France, et par droit de conquête, et par droit de naissance. — Ils s'égar..., tou...'ceu... qui veul... sond... l'essence de cet être infini, ou rendre compte de ses opérat... Demand...-leur : Qu'est-ce que Dieu ? ils répondr... : c'est ce qui n'a ni commencem... ni fin. — Que la rose, l'œill..., le lis et le jasmin fassent de vos desser... un aimab... jardin. — Ils n'auron... ni croc ni marmite ! —

De la composition des propositions résultent les règles d'accord d'un seul mot avec plusieurs autres.

SUJETS RÉUNIS SOUS LE MÊME ATTRIBUT.

146. Lorsque dans une proposition composée, le même attribut est affirmé de plusieurs sujets, le verbe et l'attribut se mettent au pluriel. — L'attribut prend le genre des substantifs.

Le roi et le berg... (être) ég... après la mor... — La clémence et la majest... (être) pein... sur son fron... — Le vrai et le fau... (être) confond... dans cet ouvrage. — La jeunesse et l'inexpérience (être) expos... à bien des fautes. —

Lorsque le verbe et l'attribut affirmé de plusieurs sujets sont réunis en un seul verbe adjectif, ce verbe se met au pluriel.

La mouche et la fourmi contestai... de leur prix. — L'amour, l'ambition, l'avarice, la haine, tien..., comme un forçat, notre esprit à la chaîne. — Patience et succès march... touj... ensemb... — L'or et l'argen... s'épuis...; mais la vertu, la constance et la pauvret... ne s'épuis... jamais. — Patience et longueur de temps fon... plus que force ni que rage.

147. Quelque fonction que remplisse le substantif dans la proposition, il doit être considéré comme le sujet de l'attribut déterminatif, ou qui est joint au substantif sans le secours du VERBE. Ainsi toutes les règles des propositions composées s'appliquent à l'attribut déterminatif.

Le cha... et le renar..., comme beau... peti... sain.... s'en allai... en pélerinage. — Une chèvre, un mouton, avec un cochon gra...; mont... sur même char, s'en allai... à la foire. — Avec une gradat... lent... et ménag... on ren... l'homme et l'enf... intrépid... à tou... — La douceur et la vert... pein... sur votre visage ne me permett... pas de me défi... de vous. — La victoire et la nui..., plus cruel... que nous, nous excit... au meurtr..., et confondai... nos cou... Autrefoi... la justice et la vérit.. nu..., chez les premiers humain... fu... long-temps conn...

148. Si les sujets sont de différents genres, l'attribut se met au masculin pluriel. — Si le masculin de l'adjectif diffère beaucoup du féminin, rapprochez de l'adjectif le substantif masculin. Ainsi au lieu de dire: *voilà un jardin et une maison* CHARMANTS; dites: *voilà une maison et un jardin* CHARMANTS.

Je songe au plaisir que v. aur... d'av... une femme et un enf... gai... et gaillar... — Le frère et la sœur fur... charm... de vous rev... — On trouv... sa modestie et son savoir égalem... étonnan .. — Le luxe, l'org... et la molless... on... ét... port... au dernier poin... sous les empereurs. — Je n'ai plus trouv... qu'un horrib... mélange d'os et de chair meurir... et train... dans la fange. — Les bœu... mugissan .. et les brebi... bêlan... venai... en foule; ils ne pouvai... trouv... ass... d'établ... pour être mi... à couver... — Adam et Ève fur... créé... innocen... et immort...

149. Le choix, l'alternative entre deux sujets, exprimée par la conj. ou, demande le verbe et l'attribut au sing. L'attribut s'accorde en genre avec le dernier substantif.

Dans l'instan... une victoire glorieuse ou une prompte mor... vous est accord... — Ou ton san... ou le mien lavera cette injur... — Votre frèr... ou votre sœur étai... entr... dans l'appartem... — Lui ou elle doi... nous parl... — Je croi... qu'il y a un rat ou une souris enferm... dans cette armoire. — La persévérance ou plutôt l'entêtement de ce prince aur... ét... récompens... comme il méritai... de l'être. — Se peut-il qu'une parole ou même un geste ai... ét... remarq... dans cette confusion? — En quelq... endroi... des terr... inconn... que la tempête ou la colère de quelq... divinit... l'ai... jeté. — Est-ce un arbuste ou une plante que v. av... arrach...? — Ou un reste de pitié, ou la raison, ou enfin leur propre intér... les engag... à us... de quelq... ménagem... —

150. Si plusieurs sujets sont niés d'un seul attribut, il peut arriver: 1.º que tous les sujets ensemble puissent recevoir le même attribut, dans ce cas, le verbe et l'attribut se mettent au pluriel. 2.º que si l'un des deux sujets reçoit l'attribut, l'autre en est nécessairement exclus; alors le verbe et l'attribut restent au singulier.

— *Vous pensiez que tous ces messieurs viendraient: cependant ni votre père, ni votre oncle, ni votre cousin ne* SONT VENUS, *tous auraient pu venir. — Je croyais que Joséphine* ou *Amélie* ÉTAIT LA MÈRE *de cet enfant; je sais maintenant que ni l'une ni l'autre n'en* EST LA MÈRE. Une seule peut être la mère.

Dans le premier cas on NIE l'affirmation totale, et dans le second, on NIE l'affirmation de choix ou d'alternative.

Ni l'or ni la grand... ne nous rend!.. heureu... — Ni mon grenier ni mon armoire ne se rempl... à babill... — Ni loups ni renards n'épiai... la douce et l'innocente proie. — Ni le ran... ni le sexe ne dispensai... des soin... domes. tiq..., qui cess... d'être vil..., dès qu'ils son... commun!.. à tou... les éta... — Ni votre frère, ni votre cousin n' (avoir) remport... le premier prix. — Ni Ariste, ni Cléante ne ser... nomm... ministr... des finances : ni l'un ni l'autre n' (être) propr... à rempl... cette charge. — Ni ma mère ni ma tante n' (avoir) achet... ce chap...; ni l'une ni l'autre n'av... ass... d'argen... — Ma maison ni mon lit n' (être) point fai... pour vous.

151. De quelque manière qu'un attribut soit lié à plusieurs sujets, soit par affirmation, soit par négation, soit par alternative, si les sujets sont de différentes personnes, le verbe et l'attribut se mettent au pluriel : mais le verbe se met à la première personne, s'il se trouve un sujet de la première personne; et à la seconde, si un des sujets est de la seconde personne, et les autres de la troisième.

Vous et moi av... ét... tromp... — Ni vous ni moi n'av... tenu ce langage. — Ni vos paren... ni nous ne ser... satisf... — Le roi, l'âne ou moi nous mourr... — Lui ou moi nous ser... peut-être un jour plus heur... — Ni lui ni toi ne mérit... cette récompense. — Lui, elle et moi nous ét... expos... aux mêmes infortunes. — Ou votre frère, ou votre sœur, ou vous, av... résol... de me chass...

152. Si plusieurs sujets sont synonymes soit par leur propre signification, soit par l'action qu'ils exercent, ces sujets doivent être placés en ordre de gradation, de façon que celui qui exprime l'idée la plus forte soit le dernier : on ne doit interposer aucune conjonction : enfin le verbe et l'attribut doivent être au singulier, et l'attribut s'accorde en genre seulement avec le dernier substantif. On suit encore cette règle, lors même qu'il n'y a aucun rapport de signification entre les sujets, si l'idée du dernier est assez forte pour faire oublier celle des autres.

EXEMPLES	DÉVELOPPEMENT.
Cette cruauté, cette barbarie *est affreuse*.	Cette cruauté, *ou plutôt* cette barbarie est affreuse.
Il montre dans les dang... un courage, une intrépidit... *étonnante*.	Un courage, *ou plutôt* une intrépidité étonnante.
Une heure, un moment *peut* fixer notre destinée.	Une heure, *ou plutôt* un moment, etc.
Une parole, un geste vous *aura* trahi.	Une parole, *ou même* un geste.
Une goutte d'eau, une vapeur *est* quelquefois *suffisante* pour donn... la mor...	Une vapeur, *ou même* une goutte d'eau.
Le Pérou, le Potose, Alzire *est* sa conquête.	Le Pérou, le Potose, *et plus que tout cela*, Alzire est, etc.

Dans les trois premiers exemples, il y a synonymie réelle entre les sujets; dans les deux suivants, il n'y a synonymie que relativement à l'action qu'ils exercent, et tous équivalent à des propositions composées formées par la conjonction *ou*. Dans le dernier exemple, l'intérêt que présente le dernier sujet, fait oublier les autres.

153. Par une bizarrerie qu'on ne peut expliquer, l'impersonnel c'EST, accompagné de deux sujets singuliers, reste au singulier. — Si plus de deux sujets sont joints par la conjonction *ou*, le verbe et l'attribut se mettent au pluriel. — Si le dernier sujet d'une proposition composée renferme l'idée de tous les sujets précédents, le verbe et l'adjectif s'accordent avec ce dernier seulement. —

Si une proposition attributive a plusieurs infinitifs pour sujets, il vaut mieux la transformer en impersonnelle ; on ne dira point : *étudier, lire, dessiner sont utiles, me plaisent*, etc. : dites *il est utile, il me plaît d'étudier, de lire, de dessiner*. — Mais si une définition a plusieurs infinitifs pour sujets, le verbe et le second terme se mettent très bien au pluriel. — *Instruire, plaire et toucher, ce sont là les moyens de persuader.*

C'... votre frère et votre sœur qui arriv... — C'ét... la musique et la peinture que je me plaisai... à cultiv... — Vous attend... ces dames ; ce n'... ni l'une ni l'autre qui viendr... — Honneur, fortune, réputation, tou... fu... comprom... — All... à la chasse, navig... sur le lac, dessin... d'après nature, c'ét... là nos plaisir... et nos occupat... —

Trésors, dignit..., plaisirs, rien ne nous donn... un parfai...
bonh...

154. *Exercices sur les règles précédentes.*

J'ai lu dans quelq... endroi... qu'un meunier et son
fils, l'un vieillard, l'autre enf..., non pas des pl... pet...,
mais garçon de 15 ans, si j'ai bonne mémoire, allai...
vend... leur âne, un cert... jour de foire. — Le lièvre et
la perdrix, concitoyen... d'un champ, vivai... dans un
état, ce semble, assez tranq... — Ni lou..., ni renar... n'é-
piai... la douce et l'innocente proie. — En quelq... endroi... écart... du monde que la corrupt... ou le hazar... les
jet... — Soi... dans le tragiq..., soi... dans le comiq..., le
tutoiemen... sera touj... décen..., lorsque l'innocence, la
simplicit..., la franchise des mœurs l'autoriser... — Que
l'homme doi... peu compt... sur la vie! une vapeur, un
grain de sable suffi... pour la termin... — Qui peu... igno-
r... combien il est dou... de secour... l'innocence et la
vertu que l'on a injustement opprim...? — Port... à votre
sœur la rose et l'œillet que j'ai cueill... — Le châl... et
la maison de campagne que votre frère a achet..., aurai...
pu être éval... plus cher. — La peinture et la musique,
que ma sœur a cultiv..., pourr... être pour elle une utile
ressource. — Vi..., superbe ennemi, soi... libre, et te
souviens, quel... fu... et le devoir et la mor... d'un chrétien. — La victoire et la nuit, plus cruel... que nous, nous
excitai... au meurtre, et confondai... nos cou... — Gran...
et rich..., peti... et pauvr..., nul ne peu... se soustr... à
cette loi. — Il n'est rien de si puissan... ni de si redoutab... dont le fer et la force ne puiss... enfin venir à bout.
— On y conserv... écri... le service et l'offense, monu-
men... étern... d'amour et de vengeance. — Ma fille ce
nom seul don... les droi... son... si sain..., sa jeunesse,
mon sang... n'est pas ce que je crain... — Mes pleur....
belle Eriphile, ne tiendr... pas long-temps contre les
soin... d'Achille. Sa gloire, son amour, mon père, mon
devoir, lui donn... sur mon âme un trop juste pouv... —

Bien écout... et bien répond... (être) une des plus grand... perfect... que l'on puiss... av... dans la conversat... — Le fer, le bandeau, la flamme (être) tou.... prê... — Le temps, les bien..., la vie, rien ne nous appart...., tou... (être) à la patrie. — Je trembl... qu'un regar..., qu'un soupir ne vous dompt... — Ni vous ni moi n'ét... dispos... à faire un tel sacrifice. — Vous ou votre frère ser... tromp...; ce ne ser... ni l'un ni l'autr... de nous qui gagner... cette cause. — Ou la honte, ou l'occasion, ou l'exemple pourr... les détromp... — Facteurs, associés, chacun lui fu... fidèl... — Et l'un et l'autre camp, les voyan... retir..., on... quitt... le combat, et se son... sépar... — Le noir venin, le fiel de leurs écri... n'excit... en moi que le plus froi... mépri... — Sa beaut..., son enjouemen..., sa noble fiert... s'enfuyai... loin de lui. — Mon repó..., mon bonh..., semblai... être afferm...

155. Les propositions qui entrent dans la formation d'une proposition composée ne sont point subordonnées les unes aux autres ; ainsi quand plusieurs sujets sont réunis sous un même attribut, le verbe et l'attribut dépendent également de chaque sujet.

Mais dans une proposition complexe, la prinpale et la subordonnée ont chacune un verbe et un sujet avec lesquels s'accorde l'attribut correspondant : et la même chose a lieu, même lorsque le verbe de l'une des propositions est sous-entendu.

Coriolan, non plus que tous les hommes dont le naturel n'a pas été corrigé par l'éducation, ne savait pas maîtriser sa colère.

C'est-à-dire : *Coriolan ne savait pas maîtriser sa colère, ainsi que tous les hommes*

dont le naturel n'a pas été corrigé par l'édu-
cation ne SAVENT *pas maîtriser leur colère.*

On voit dans cet exemple que *savait* s'accorde seulement avec son sujet Coriolan, et
que le verbe qui a pour sujet *tous les hommes*
est sous-entendu.

Analysez de même les exemples suivants.

Non seulem... tou... ses honn... et tou... ses richess...,
mais encore sa vert... s'évanoui... — Ainsi que la vert...,
le crime (avoir) ses degr... — La vie du plus obsc... particul..., non moins que celle des gran... et des roi...,
éprouv... ses orag... et ses révolut... — Le rich..., ainsi
que le pauv..., (être) sujet à la mor... — La jeuness...,
plus encore que l'enfance, (avoir) besoin d'un guide
éclair... — La fortune, comme tou... les bien... de ce
monde, peu... n. êtr... enlev... en un moment. — La terre,
de même que les enfer... et les cieu..., étai... peupl...
d'une multitude de divinit..., enfant... par la crainte ou
par l'espérance. — L'homme, plus encore que les autr...
anim..., éprouv... les influences de tou... ce qui l'en-
tour...

156. On peut considérer comme composée toute
proposition qui a un nom pluriel pour sujet : en
effet un pluriel présente la réunion de plusieurs
objets. Or nous avons déjà vu que tout sujet pluriel demande le verbe et l'attribut au pluriel.

Il nous reste à parler DU SUJET DISTRIBUTIF
qui prend, pour ainsi dire, un à un les objets
d'une même espèce : et DU SUJET COLLECTIF,
qui, quoiqu'au singulier, exprime la réunion
de plusieurs objets.

Les distributifs sont CHAQUE, CHACUN, QUI-

CONQUE, TOUT ; et négativement AUCUN, NUL, RIEN, PERSONNE. — Il s'agit ici du mot TOUT signifiant CHAQUE. — Le substantif peut être sous-entendu après AUCUN, NUL ; il ne peut l'être après CHAQUE. — CHACUN, QUICONQUE, PERSONNE, RIEN, étant eux-mêmes substantifs, ne peuvent être suivis d'aucun substantif. — PERSONNE est invariable masculin singulier quand il signifie NUL : mais on dit : *une* PERSONNE *est arrivée*; enfin AUTRUI est un substantif masculin invariable qui signifie *les autres hommes*, et ne s'emploie que comme complément indirect.

Chaque âge a ses plaisirs, son espr... et ses mœurs. — Auc... arbr..., auc... plante ne croî... sur les trist... bor... de ces fleuv... glacés. — Chac... à son métier doi... touj... s'attach... — Nul n'est conten... de sa fortune, ni méconten... de son espr... — Personne n'est opprim..., quand les lois son... en vigueur. — De tou... les poëtes, auc... n'a narr... plus agréablem... que La Fontaine. — Chac... de l'équit... ne sai... pas son flamb... — Vos raison... son... nul... — Tou... les poursuites son... déclar... nul... — Leurs moyens son... nul... — Malheureuses! chac.. de v. mérit... la mor... — Tou... les personn... que j'ai rencontr... étai... bien afflig... — Quiconque a pu franch... les born... légitim..., peu... viol... enfin les droi... les plus sacr... — Quiconque atten... un malh... certain, peu... déjà se dire malheureux. — Tou... rang, tou... sexe, tou... âge, doi... aspir... au bonh... — A chaque jour suffi... sa peine. — Une personne bien instr... nous a inform... de cette nouvelle. — Personne ne sai... s'il est digne d'amour ou de haine. — Tirez deux lignes quelconques. — Choisiss... trois points quelconques, un point quelconque. — Personne n'a encore ét... avert... — Rien n'est beau que le vrai. — Rien ne peu... t'émouv... — Heureu ..

ou malheureu..., l'homme a besoin d'autrui. — Ne fai,
à autrui que ce que tu voudr.,. qui te fu... fai... à toi-
même.

157. LE COLLECTIF GÉNÉRAL présente l'idée
d'un tout : *l'armée, la forêt.* — LE COLLECTIF
PARTITIF présente l'idée d'une partie de ce qui
est énoncé par le nom dont il est suivi : *une
troupe de soldats, une partie du pain.*

Le verbe et l'attribut s'accordent tantôt avec
le sujet collectif, tantôt avec le nom qui le
suit, comme on le voit dans les exemples suivants.

EXEMPLES	EXPLICATION
Une nuée de sauterelles est venue s'abattr... sur cette plaine.	C'est de *la nuée* qu'on peut dire qu'elle *s'abat* : accord avec le collectif.
La plupart de *ces insectes* ont été détruits.	*La plupart* est un mot indéterminé qui appelle l'attention sur le suivant. *C'est des insectes* seulement qu'on peut dire qu'ils *ont été détruits.*
L'infinité des perfections de Dieu *accable* l'imagination.	L'attribut *accable* ne convient évidemment qu'à *infinité.*
Une infinité de *personnes* ont été *trompées.*	Il est clair que l'attribut *trompées* se rapporte aux *personnes.*
La foule des voitures nous *empêcha* de passer.	Nous n'avons pu passer à cause de *la foule* ; idée principale.
Une troupe de *nymphes, couronnées* de fleurs, *nageaient* en foule derrière le char.	Les attributs *couronnées, nageaient,* appellent l'attention sur le substantif *nymphes,* et s'y rapportent.

158. D'où résulte cette règle : le verbe et l'attribut ayant pour sujet un collectif général, s'accordent avec ce collectif. — Le verbe et l'attribut ayant pour sujet un collectif partitif, suivi d'un nom, s'accordent avec celui des deux qui appelle plus particulièrement l'attention, et auquel seul l'attribut peut convenir.

On observera que les partitifs indéterminés COMBIEN, BEAUCOUP, TANT, AUTANT, TROP, PEU, PLUS, MOINS, ASSEZ, LA PLUPART, ainsi que NOMBRE, PARTIE, QUANTITÉ, pris sans article, exigent l'accord avec le nom qui les suit, soit exprimé, soit sous-entendu. — Après ces partitifs, le nom ne peut être sous-entendu, que quand il a été exprimé précédemment. — Cependant LA PLUPART peut s'employer absolument : *la plupart pensent*, on sous-entend *des hommes*.

Quantit... de gen... (avoir) di... cela. — Un nomb... infini d'ois... faisai... résonn... ces bocages de leurs dou... chan... —On cite des femm... spartiat... une foule de mo... qui annonç... le courage et la force. —La quantit... de grains de sable (être) innombrab... — Cette sorte de poir ne peu... être mûr... que dans un mois. — Il laissa la moitié de ses gen... mor... ou estrop... — Il n'y a sorte d'attentions qu'il n'ai... eu... , sorte de peines qu'il ne se soi... donn... pour réuss... dans cette entreprise. — Il tira sur une volée de peti... ois..., et il y en eu... une partie d'attein..., mais peu de retrouv... — La multitude des affaires étai... tell..., qu'ell... ne me permettai ..pas un moment de distraction. — Une multitude d'affair... s'étant présent... tout d'un coup, ell ...ne pouvai... être termin...en si peu de temps. — Le peu d'affection que v. lui av... témoign..., lui a rend... le courage. — Une infinit... de monde s'étai... trouv... comprom... — Tou... ce qui étai... rest... de solda..., s'étai... retir... dans cette ville. — Cette troupe de bergères étai... compos... de toutes vos ami... — Une troupe de danseuses richement par..., charmai... les yeu... des spectat... — Assez de gen... mépris... le bien ; peu sav... le donn... — Une nuée de trai... obscurci... l'air, et couvri... les combattan... — Une nuée de barbar... désol... tou.. le pays. — Force gen... (avoir) ét... l'instrumen... de leur mal. — La moitié des arbr... que j'ai plant... serai... déjà mor... — C'est la quantit... de ces express... qui étonn... — La plupart, emport... d'une fougue insens..., touj... loin du droi... sens von... cherch... leur pensée.

159. Nous avons déjà observé, article 24, que le collectif est souvent sous-entendu. Alors c'est toujours avec le nom exprimé que s'accordent le verbe, l'attribut, le déterminatif. Nous avons dit encore que ce nom, dit PARTITIF, est toujours précédé de la préposition DE, seule ou combinée avec l'article, ce qui forme les mots DU, DE LA, DES : que ce partitif est réellement complément d'UNE PARTIE PRISE, TIRÉE DE : mais qu'il est considéré comme sujet, comme complément direct ou indirect de la proposition, parce que toute l'attention se portant sur le partitif, on oublie le collectif sous-entendu.

EXEMPLES	DEVELOPPEMENT.
De sombr... nuag... obscurcissai... déjà le ciel.	*Une quantité* de sombr..., etc., partitif sujet.
Et vous, qui dédiez à MM. les gens de finance, *de méchants livres bien payés.*	V. dédiez quoi? *une quantité de* méchants, etc., partitif comp. dir.

Victimes que le Styx bordé de noirs roseaux, environne neuf, fois de ses lugubres eaux.

Bordé *d'une quantité de* noirs roseaux , partitif comp. ind. de l'attr. *bordé.*

L'histoire nous apprend qu'en *de* tels accidents, on fait de pareils dévouements.

En *une quantité de* tels accidents, partitif comp. de la prép. *en.*

160. Le partitif ne prend que la préposition DE aux deux genres et aux deux nombres Io. Quand il est précédé d'un adjectif : DE *mauvaises raisons ont été données.* 2o. Quand il est précédé des collectifs dits adverbes de quantité : *plus* DE *fruits.* 3o. Quand il est complément indirect d'un mot qui exige la préposition *de* : *je me sers* DE *livres.* Car on dit bien : *avec* DES *livres, dans* DES *livres, à* DES *livres* : mais *de* DES *livres* blesserait l'oreille.

Le partitif prend DU, DE LA, DES hors des cas ci-dessus indiqués, et quand il est précédé de BIEN signifiant BEAUCOUP.

Si le partitif est composé d'un adjectif et d'un nom unis d'une manière indivisible et ne formant pour ainsi dire qu'un mot , on ne le considère point comme précédé d'un adjectif. Ainsi on dit DES *petits-maîtres,* DU *petit-lait.* En effet dans ces expressions l'adjectif perd sa signification ordinaire, et se joint au substantif pour exprimer une idée souvent toute différente de celle que présente chaque mot.

Enfin le substantif non partitif prend DU, DE LA, DES, quand il est complément indirect d'un mot qui gouverne DE.

Le substantif est considéré comme partitif quand il exprime généralement la matière, l'espèce : *une montre, une parcelle d'or.* — Mais si la matière est prise dans un objet déterminé, le nom qui l'exprime n'est point partitif, et prend DU, DE LA, DES. — *J'ai fait faire une tabatière* DE *l'or de mes deux boîtes.*

Le mot qui suit DE se met au singulier : 1º. quand il exprime des choses qui ne se comptent point, ou une partie d'une seule chose : *beaucoup d'or, un morceau de pain.* 2º. Quand il désigne la qualité, l'espèce, la matière et non la quantité : *de l'huile d'olive.* — Le nom qui suit DE se met au pluriel : 1º. quand il exprime un certain nombre de choses qui se comptent : *un paquet de plumes.* 2º. Quand il réveille nécessairement l'idée d'un pluriel : *une pension de demoiselles.* 3º. Enfin quand l'usage ne permet pas de le mettre au singulier : *un homme de lettres,* c'est-à-dire qui cultive les lettres.

Les lacunes de l'exercice suivant seront remplies par un des mots DE, DU, DE LA, DES, *d'après les règles précédentes.*

Le .... pain et .... l'eau me suff... — .... flèch... empoisonn... atteigni... un grand nombre de sold... — Il fau... boire votre vin pur, et pour épaiss... votre san...., qui est trop subtil, il fau... mang... .... bon gro... bœuf, ... bon gro... porc, ... bon fromage de Hollande. — J'ai vu .... Athéniens faire étend... sous leurs pieds .... tapis .... pourpr...., et s'ass... mollement sur .... coussins apport...

par leurs esclav... — .... fontain... coulan...avec un dou...
murmure, sur .... prés sem... ... amaran!... et .... violett..., formai... en diver... lieux .... bains aussi, pur... et
aussi clair... que le crystal. .... autres, par .... lon... détour..., revenai... sur leurs pas. — Dans ces prof... vallé...
on voi... croître l'herbe fraîche pour nourr...les troup...
Auprès d'ell... s'ouvr... .... vast... campagn... revêt... ....
rich... moisson... Ici, ... côteaux s'élèv... comme un am-
phithéâtre, et son... couronn... .... vignob... et .... arbr...
fruitie... Là , ... hau... montagn... von... port... leur
front glac... jusque dans les nu..., et les torren... qui en
tomb... son... les seurc... .... rivièr... Les rochers qui montr... leur cime escarp... soutien... la terre .... montagn....
comme les os .... cor... humain en soutien... les chairs.
Cette variét... fai... le charme .... paysag... ; en même
temps elle satisf... aux diver... besoins .... peup...: il n'y a
poin... .... terroir si ingra... qui n'(avoir) quelq... propriét... — Une touffe .... ros... ornai... son chap... —
Les gen... .... plum..., les gen... .... rob..., les gen... ....
ép..., differ... .... mœurs comme ... usag... — Un homme
.... letir... devrai... être au-dessus .... besoin. — Ces
bouq... .... jasm... exhal... une odeur suave. — Il s'ad-
dressa à une marchande .... herb... — N. av... donn... à
l'agneau une poign... .... herb... — Donn...-moi une peign... .... herb... que v. av... cueill... — Une moitié ....
poisson a ét... mang... — Ils on... mang... une moitié ....
poisson que n. av... apport... — Il est marchan... ....
imag... — Cet ouvrage est plein .... beaut... et .... défau...
— Ces sauvag... n. on... vend... .... peau... .... cast... —
Vitellius se fi... prépar... un pla... .... lang... .... tou...
sort... .... ois... — Ce son... .... meubl... .... femm... que
v. av... trouv... dans cette chambre. — Une compagnie
.... sangl... passai... dans ce momen... — .... eau ....vie
.... ceris... a ét... répand... — Je dor... mal sur les li... ....
plum... — Une pension .... demoisell... a ét... établ...
en cette ville. — Indiq...-moi, je vous pri..., la pension
.... demoisell... qui on... chant... ce matin... — Les statu...

.... marbr... q. n. av... admir..., ont ét... mutil... — Cette fricass... .... poul... étai... très bon... — .... peau... .... chevr..., ... mouton et.... chev... m'on... ét... envoy... — .... peau ... chev..., que n. av... tué, n. a bien serv... — Lorsque sur la nature on règl... ses besoin...., combien s'épargn...-t-on .... trav... et .... soin...! — Flandre, qui dans les champs ccuver... .... ombr... funèbr...; voi... croîtr... les cyprès et les lauriers célèbr..., à .... maîtr..., nouv... soumise tan... .... foi...; jusqu'à quand seras-tu le séjour .... alarm..., la victime .... arm..., et le théâtre affr... .... vengeanc... .... rois? — .... chauv...-souri... étai... entr... dans le salon. — Il fai... .... courtes-pointes! — Appelez ce marchan... .... courtes-pointes. — .... beau...-frèr... et .... bell...-sœur... que je n'ai jamais conn..., son... arriv... aujourd'hui. — Le pays .... peti...-Tartares appartien... à la Russie. — .... plate-band... on... ét... pratiq... autour .... carreaux. — Ce vieillard a un gran... nomb... .... peti...-fils et de peti...-neveu... — N. av... élev... .... roug...-gorg... — Elles on... h... une jatte .... petit-lait. — L'eau .... mer est plus lourde que celle .... rivièr... — Cette sociét... est compos... .... fran...-maçon... — Heuren... si de son temps, pour .... bonn... raison..., la Macédoine eût eu .... peti...-maisons.

ATTRIBUTS RÉUNIS SOUS UN MÊME SUJET.

161. Pour que l'on puisse réunir plusieurs attributs sous le même sujet, il faut 1o. qu'ils soient tous au même temps. 2o. Que tous soient ou affirmatifs ou négatifs. 3o. Qu'ils ne soient réunis que par l'une des trois conjonctions ET, NI, OU, les seules qui puissent former une proposition composée. — Cependant les sujets de première et de seconde personne se répètent presque toujours.

L'essieu cri... et se romp... — Un so... n'entr..., ni ne sor..., ni ne s'ass..., ni ne se lèv..., ni ne se tai..., ni n'est sur ses jamb... comme un homme d'espri... — Il fu... de ses suj... le vainq... et le père. — La molless... oppress..., dans sa bouche, à ce mo..., sen... sa langue glac...; et lasse de parl..., succomban... sous l'effor..., soupir..., éten... les bra..., ferm... l'œil et s'endor... — Bajazet aujourd'hui m'honor... et me caress... — Je ne t'ai point aim..., cruel! qu'ai-je donc fai...? j'ai dédaign... pour toi les vœu... de tou... nos princ..., je t'ai cherch... moi-même au fon... de tes provinc...; j'y sui... encor, malgré les infidélit... — Il pri..., quitt..., repri... le cilice et la haire. — Je ne rest.. jam... dans mon appartem...; je cour..., je vai..., je vien..., j'aime le mouvem... — V. aimer... vos ennem..., v. bénir... ceu... qui v. maudiss..., v. fer... du bien à ceu... qui v. persécut..., v. prier.. pour ceu... qui v. calomni...

162. Si les attributs sont des participes passés joints au verbe ÊTRE ou au verbe AVOIR, ils peuvent être réunis sous un même sujet, de quelque personne qu'il soit.

J'ai l... et rel... votre lettre. — N. av... ri... et pleur... à ce spectacle. — V. av... touj... plaîn... et secour... les infortunés. — V. v. ét... déjà brouill... et reconcil... plus de vingt fois, Mlles. — Tu av... déjà pr... des vill..., conq... des provinc..., subjug... des nations entièr...

163. *Corrigez les exemples ci-dessous, où les règles précédentes ne sont pas observées.*

Je sai... mes perfidi..., Oenone, et ne sui... poin... de ces femm... hardi..., qui goûtan... dans le crime une tranquille pai..., on... su se faire un fron... qui ne rougi... jam... — Je pli... et ne romp... pas. — Le solda... ne fu... poin... réprim... par autorit..., mais s'arrèt... par satiété et par honte. — Notre réputation ne dépen... pas du ca-

price des homm..., mais de nos actions. — Il est défend...
aux Juif... de trav... le jour du sabbat; ils n'allum... poin...
de feu, ne port... poin... d'eau, et son... comme enchaîn...
dans leur repo... — L'homme sage soutien... et soutiendr...
touj... qu'on ne peu... être heur... sans la vert... — Il est
et fu... touj... la source des vert... — Cet être infini a été,
est, et sera touj...

ATTRIBUTS ET COMPLÉMENTS SEMBLABLES RÉUNIS SOUS LE MÊME VERBE ET LE MÊME SUJET.

164. Un même verbe peut avoir plusieurs
compléments directs, et plusieurs compléments
indirects semblables, comme il peut avoir plusieurs sujets. — *Sans frémissement, je ne puis
voir sa peine et son saisissement.* Dans cet exemple, *voir* est suivi de deux compléments directs.
On trouve beaucoup d'exemples de verbes suivis non de deux, mais d'un grand nombre de
compléments directs. — N'oublions pas que les
infinitifs et les propositions subordonnées remplissent les fonctions de compléments.

C'est à nous de chant..., nous à qui tu révèl... tes
clart... immortel..., c'est à nous de chant... ta gloire et ta
grand... — Il vendi... son tabac, son sucre, sa cannelle
ce qu'il voul...; sa porcelaine encore. — Fier de leur amitié Pharnace croi... peut-être command... dans Nymphée
et me parl... en maître. — Si vous voy... cein... du bandeau mortel votre fils Télémaque approch... de l'autel,
nous vous verrion..., troubl... de cette affr... image,
chang... bientôt en pleurs ce superbe langage, éprouv...
la doul... que j'éprouv... aujourd'hui, et courir vous jet...
entre Calchas et lui! — Souffr... que sans press... ce bar-

bare spectacle, en fav... de mon san..., j'expliq... cet obs-
tacle; que j'ose pour ma fille accept... le secour... de
quelq... Dieu plus dou... qui veill... sur ses jours.

165. Ainsi cette règle QU'UN VERBE ACTIF NE
PEUT AVOIR DEUX COMPLÉMENTS DIRECTS, ne pa-
raît pas être énoncée avec assez d'exactitude.
Mais on peut dire QU'EN GÉNÉRAL IL NE FAUT
PAS REGARDER COMME SEMBLABLES, LES COMPLÉ-
MENTS QUI EXPRIMENT DES RAPPORTS DIFFÉRENTS
AVEC L'ATTRIBUT.

Ne vous informez pas *ce que je deviendrai.*

Voilà, je crois, le seul exemple que l'on cite,
où cette règle soit violée. En effet, n'informez
pas qui? vous, complément direct. — De quoi?
DE CE que je deviendrai, et non CE que je deviendrai. — Il paraît qu'ici il n'est pas permis
de sous-entendre la préposition DE. Ailleurs nous
avons vu que le complément indirect a la forme
du complément direct, lorsque la préposition est
sous-entendue. — Ainsi quand La Fontaine dit:
il vendit sa cannelle CE *qu'il voulut*, c'est-à-dire,
POUR CE *qu'il voulut* : complément indirect.

Je boi... tou... les matin... deux verr... d'eau. — Ils
on... vend... leur maison 20,000 francs. — Je les ai
avert... que tou... étai... fini. — Elle ne se souciai... pas
qu'on la reconn...

(Voyez à la fin du volume.)

166. Pour réunir au même verbe et au
même sujet plusieurs attributs ou plusieurs
compléments, il faut 1°. que l'action ou l'état

ait lieu en même temps pour tous. Ainsi ne dites pas : *il a vendu hier sa voiture, et demain son cheval.* 2o. Qu'ils soient tous pris affirmativement ou négativement. Ainsi vous direz bien : *cet enfant devient maussade et indocile. — Je ne vais ni à droite ni à gauche. — Il fera le voyage sûrement et promptement.*

Les mots auxquels nous joignons l'adverbe négatif NE ne sont point négatifs par eux-mêmes, et cependant ne s'emploient que dans les propositions interrogatives ou dubitatives.

EXEMPLES.	EXPLICATION.
Est-il *aucun* moment qui vous puisse assur... d'un second seulement ?	Est-il *quelque, un seul* moment.
La puissance des Norman... fu... une puissance exterminatrice, s'il en fu... *jamais.*	S'il en fut *quelquefois.*
Je doute que *personne* ai... mieu... pein... la nature dans son aimab... simplicit..., que le sensible Gesner.	Je doute que *quelqu'un*, etc.
Y a-t-il *rien* de plus rare qu'un demi-savant modeste ?	Y a-t-il *quelque chose* de plus, etc.

Quant aux mots PAS et POINT, on ne trouve aucun exemple où ils soient correctement employés sans le négatif NE ; et quoique NUL et NI soient essentiellement négatifs, le NE est toujours joint au verbe des propositions qui renferment ces mots.

Donc si l'on disait : *il fut père, fils, frère de roi et jamais roi*, ce dernier attribut ne serait pas réellement négatif, puisque *jamais* signifie *quelquefois*. Cependant l'attribut ou le complément joint au mot négatif NON peut se joindre sous le même verbe, à un attribut ou à un complément affirmatif. *L'opulence consiste*, NON *daus les richesses, mais dans les mœurs.*

Analysez les exemples suivants , et corrigez ceux qui pèchent contre les règles précédentes.

La vrai... marque d'une vert... solid... et d'un gran... mérite est de combattr... tou... les mouvem... dérégl.... et tou... les passion... qui naiss... dans l'âme. — Il fau.. régl... ses goù..., ses trav..., ses plaisir..., mettre un but à sa course, un terme à ses désir... — La mor... ravi... tou... sans pudeur ; un jour le monde ent... accroîtr... sa richesse. Il n'est rien de moins ignor...; et puisqu'il faut que je le di..., rien où l'on soi... moin... prépar...— A leurs pieds aussitôt cen.. nuag... crevèr... Des ministr... du Dieu les escadron... flottan... entraînèr... sans choix anim..., habitan..., arbr..., maison..., verger..., tou... cette demeur.. — Il fau... attend... tou... de Dieu, et rien de soi-même. — La sociét... peu... subsist... san... les scienc..., mais jamais sans la vert... — Les homm... son... égau...; ce n'est poin... la naissance mais la seul... vert... qui fai... la différence. — Il y a beaucoup de chos... que je me souci... peu ou poin... de sav... — L'harmonie frapp... non seulem... l'oreill..., mais encore l'espr... — Quand on ne peu... gagn... les homm... que par des louang..., ce n'est pas la faute de ceu... qui flatt...; mais de ceu... qui veul... êtr... flatt... — Curius à qui les Samnites offrai... de l'or, répondi... que son plais... étai... non d'en avoir, mais de command... à ceu... qui en av... — La religion commande des choses difficiles, mais elle n'est ni affreuse, ni farouche, ni cruelle. — J'euss... ét... près du Gange esclave des fau... dieu.., chrétienne dans Paris, musulmane en ces lieu... — Je v. prom... aujourd'hui comme hier de vous rendre ce service. — Les scienc... moral... sont-ell... plus aprofond... maintenan..., qu'au siècle des sag... de la Grèce? connaît-on mieux de nos jou... que dans ces temps recul..., les devoir... de citoyen, d'épou... et de père ?

167. Les compléments semblables qui dépendent d'un même attribut doivent être de même nature. Ainsi quoique le nom abstrait, l'infinitif, la proposition subordonnée soient identiques, on ne peut donner pour compléments directs à un attribut, ou pour compléments indirects sous la même préposition, un nom et un infinitif, ou une subordonnée et un nom. Ne dites donc pas : *J'aime la chasse et à me promener. Il veut de l'obéissance et qu'on soit exact.* Dites : *J'aime la chasse et la promenade. Il veut de l'obéissance et de l'exactitude.*

La raison de cette règle est que les conjonctions ET, NI, OU, ont pour emploi de réunir, sous le mot dont elles dépendent, plusieurs parties semblables d'une proposition composée.

Corrigez les exercices suivants.

Je désir... me repos..., et qu'on me laiss... quelq... instan... — St. Louis aimai... la justice, et à chant... les louang... du Seigneur. — Il n'est pas nécess... d'appr... à tir... de l'arc, ni le maniement du javelot. — Si vous av...

fou..., ce même cœur et celle même résolut..., je répon...
de votre libert..., et que v. n'aur... point à souffr... le
faste et les fier... regar... des Macédoniens. — Il fau... un
nombre suffisan... d'autr... navir..., et que tou... cela soi...
prêt à s'oppos... aux irrupt... soudaines. — Ils se plaisai...
au spectacle et à se promen... — Je crois tes raison...
plausib... et que tu le persuader...

Quelques grammairiens disent que ces compléments
d'espèces différentes, loin d'avoir quelque chose de disparate et d'incorrect, répandent de la grâce et de la va-
riété. Mais la seule raison que l'analyse nous présente de
justifier de telles façons de parler, c'est que, sous des formes différentes, ces compléments sont réellement de même
nature,

168. Si une proposition composée renferme
plusieurs compléments formés par l'une des
trois prépositions A, DE, EN, on doit répéter la
préposition devant chaque complément. — *J'at-
tends une réponse* DE *l'un ou* DE *l'autre*. —
Les autres prépositions, et particulièrement
celles de plusieurs syllabes, ne se répètent que
devant des compléments de sens opposé. Ainsi
je dirai : DANS *la paix comme* DANS *la guerre,*
et : *vivre* DANS *la mollesse et la volupté*. —
ENTRE se dit de deux choses, et ne peut se répéter devant chacun des deux objets dont on
désigne l'intervalle.

*Observez les exemples suivants, et corrigez
les fautes.*

Deu.. chemins se présent...; l'un n'est par-tou... rempl...
que d'obj... qui nous tent...; il est large, facile, et parsem...
de fl...; c'est celui des plaisir..., du vice et des err... — Le

déréglem... des mœurs et de l'imaginat... ne donn.. poia...
attei nte à la franchise, à la bont... naturel... du Français.
— Il s'affecte avec vivacit... et promptitude. — Grav... et
sérieu... les Arab... attach... de la dignit... à leur longue
barbe, parl... peu, san... gest..., sans s'interromp..., sans
se choq... dans leurs express... — Médicis la reçu... avec
indiff..., san... paraît... jouir du frui... de sa veng..., san...
remor..., san... plaisir, maitresse de ses sen..., et comme
accoutum.. à de pareils présen... — Entre le peuple et
vous, v. prendr... Dieu pour juge, v. souvenan..., mon fils,
que cach... son... ce lin, comme eux v. fû... pauvre, et
comme eux orphelin. — C'est de lui que nous vien... cet
art ingénieu..., de peind... la parole et de parl... aux
yeu..., et par les trai... diver... de figur... tracées, donn...
de la couleur et du cor... aux pensées. — L'homme est
sou... les yeu..., et son... la main de la Providence. —
Chaq... peup... à son tour a brill... sur la terre, par les
lois, par les ar..., et surtout par la guerre. — Il fau...
être indulgen... envers l'enfance et la faiblesse. — N. av...
réuss..., à trav... les obstac... et les difficult... de tou...
espèce. — N. viv... loin du tumulte et du fracas. — V.
charm... tou... le monde par votre bont... et votre douc...
— Ces brui... se son... répand... dans la ville et la campagne. — N. av... rempl... nos devoirs enver... Dieu, no...
paren... et notre patrie. — Ils son... rich... en gro... et
menu bétail. — N. av... recour... à votre clémence et
votre magnanimit...

COMPLÉMENT COMMUN A PLUSIEURS ATTRIBUTS.

169. Un seul complément peut convenir à
plusieurs attributs : *je désire et crains* SA PRÉ-
SENCE. — *Je* vous *ai vu et entendu.* Mais il
faut observer 1°. que le pronom complément,
se répète toujours devant les temps simples

des verbes. Ainsi vous direz : *je* T'*aime et je* T'*estime*, et non : *je* T'*aime et estime.* 2º. Qu'on ne peut donner un complément commun à des mots qui en exigent de différents. Ainsi ne dites point : *il est propre et capable de vous* SERVIR. En effet *propre* veut son complément avec A, et *capable* veut le sien avec DE. Dites : *il est propre* A *vous* SERVIR, *et il* EN *est capable.* EN veut dire DE CELA; de vous servir.

Enfin, à la première et à la seconde personne, le complément direct est semblable au complément indirect. — *Il* NOUS *a vus et* NOUS *a parlé.* Le premier NOUS est direct, et le second indirect. On tomberait donc dans la faute que nous venons d'indiquer, si l'on disait : *il* NOUS *a vus et parlé.*

Appliquez ces règles aux exemples suivants, les uns corrects, les autres incorrects.

Phèdre au labyrinthe avec vous descend.... se serai... avec vous retrouv... ou perd...— Mon ame à vos ordr...: rebel... ne peu... ni soupir..., ni brûl... que pour elle. — Tu peu... filtr..., dissoud.... évapor... ce sel; mais celui qui l'a fai... veu... qu'il soi... immort... — J'affecterai d'être touj... simple mais grave et clair dans mes raisonnemen... — La mor... de Socrate philosophan... tranquillem... avec ses ami.... est la plus douce qu'on puiss... désir...: celle de Jésus expiran... dans les tonrmen..., injur..., raill..., maudi... de tou... un peuple, est la plus horrib... que l'on puiss... craind... — Seign,..., que faut-il que je croi... d'un brui... qui me surpr... et me combl... de joi...? — Déjà le jour plus gran... nous frapp... et nous

éclair... — Adoron.. le créat... qui présid... et régl... av...
tan... de sagesse le mouvem... des astr... — Ils se son...
attir... l'estime publ... et rend... célébr...— Bien des gen...
occup... des place s qu'ils ne doiv... ni ne mérit...d'occup...,
parce qu'ils ne sou... ni dign... ni propr... à les rempl...
Le maréchal d'Hocquincourt attaqua et s'empar...de la
ville d'Angers. — Vous les av,... rempl... de confiance, et
inspir... une hardiesse extraordinaire, — Ma sœur étai...
décid... et même sur le poin... de quitt... la capital...—
Quel snj... inconn... vous troubl... et vous alter...?—Ces
MM. on... demand... à voir le jardin; je les y ai cond...et
laiss... —Lucrèce s'élan... plain... de l'outrage qu'elle av...
reç..., et ensuite donn... la mor..., sou père et son épou...
soulevèr... le peup... de Rome. —

170. Un seul article ne peut être relatif qu'à
une seule idée, à laquelle il donne un sens plus
ou moins déterminé. Si cette idée est exprimée
par plusieurs mots, un seul est le NOM de l'objet; les autres sont ADJECTIFS, et un seul article
suffit. LA *brûlante Afrique, séjour des lions et
des tigres.* CET *empire enfin, si grand, si
glorieux.* — Mais il est incorrect de donner un
seul article pluriel à plusiéurs mots soit singuliers soit pluriels, qui désignent autant d'objets
différents. Ne dites donc pas : LES *père et mère,*
CES *livres et papiers,* MES *frères et cousins.*
Dites : LE *père et,* LA *mère,* CES *livres et* CES *papiers,* etc.

Cependant, il arrive souvent que dans le
style soutenu on répète l'article devant chacun
des attributs d'un même sujet : LA *vraie,* LA

seule cause de ma peine. Ce général, LA *gloire du nom français.*

Quelquefois on réunit sous un même sujet plusièurs attributs déterminatifs qui cependant ne peuvent se rapporter à une même chose. Dans ce cas, on répète l'article devant chaque attribut, pour faire connaître que le substantif est sous-entendu autant de fois. — Ainsi dites : LES *bons et* LES *mauvais livres*, parce que les attributs *bons* et *mauvais* ne peuvent modifier les mêmes livres. Mais vous direz bien : CETTE *vaste et fertile contrée*, sans répéter l'article CETTE, parce que les deux attributs *vaste* et *fertile* se disent de la même contrée.

Lorsqu'on modifie plusieurs objets de la même classe chacun par un adjectif singulier, c'est commettre une double faute que d'omettre la répétition de l'article, et d'employer le substantif au pluriel. En effet I°. c'est donner à tous ces objets des modifications dont une seule convient à chacun. 2°. C'est faire rapporter un nom pluriel à un adjectif singulier, ce qui est absurde.

Alors répétez l'article devant chaque adjectif, et laissez le substantif au singulier. — Ainsi au lieu de dire : LES LANGUES *française et italienne*, LES *premier et second* VOLUMES, dites: LA LANGUE *française et* L'*italienne*; LE *premier et* LE *second* VOLUME.

Ces règles s'appliquent évidemment aux trois espèces d'articles ; au partitif DE; au pronom possessif, dont les éléments sont l'article LE et un pronom personnel ; enfin aux articles composés DU, AU, etc.

Examinez les exemples suivants, et corrigez ceux qui sont incorrects.

Le sage et pieu... Fénélon a des droi... bien acqui... à l'estime général... — Nous avons lu l'histoire des égypt..., des assyr... et des perses. — Il aimai... les jardin..., étai... prêtre de Flore; il l'étai... de l'omone encore. Ces deu... emploi... son... beau..., mais je voudrai... parmi quelq... dou... et discret ami. — J'en croi... des témoins certains, irréprochab... — Pourquoi ces éléphan...; ces arm..., ce bagage, et ces vaiss... tou... prêts à quitt... le rivage. — Chaq... ville et chaq... bourgade fu... mi...à contribution. — Les ois..., les insect... et les poiss... son... divis... en un gran.. nombr. d'espèc.. — La prise et le sac de Constantinople jetèr... l'effroi et la consternat... dans tou... l'Europe. Ce triste et mémorab... évènem... eu... lieu le 20 mai de l'année 1453. — Comment v. témoign... la reconnaiss... que n. inspir... vos rar... et inestimab... bienfai... ? — O divine amitié, félicit... parfai..., seul mouvem... de l'âme où l'excès soi... perm..., change en biens tou... les mau... où le ciel m'a soumi...! — L'aigle, reine des airs, avec Margot la pie, différentes d'humeur, de langage et d'esprit, et d'habit, traversai... un bou... de prairie. — Je m'amus... à lanç... le disque ambitieu..., à l'aimab... Hyacinthe amusement funeste. — Aux rich..., aux puissan... l'innocen... est vendu... — Avec la lourde Autruche et ses mesquines ail..., comparez cet ois..., qui moin .. vu qu'entend... ainsi qu'un trai... agile à nos yen . est perd..., du peuple ailé des airs brill: n... miniature, où le ciel des couleurs épuisa la parure; et pour tou... dire, enfin, le charm... colibri, qui de fleur..., de rosée et de vapeur... nourri , jamais sur chaq...tige un instan... ne demeur..., gliss... et ne pose pas, suce moins qu'il n'effleur... : phénomène lég..., chef-d'œuvre aërien, de qui la grâce est tou... et le cor...presque rien : vif, prom... gai, de la vie aimab... et frêle esquisse, et des dieu..., s'ils en on..., le plus charm... caprice... — Cette bibliothèq... est compos... de bon... et mauv... livr... — Je conn... les père et mère de cet enf... — Ses paren... et ami... pri... le deuil. — L'hist... naturel... des ois... , insect... et poiss... m'intéress... beaucoup. — Les couleurs blanche et bleue me plai... égalem... — Je v. renvoi... les troisième et quatrième volumes; voudr... bien me donn... les cinquième et sixième? — Les bon et mauv... princes on... un sor... bien différen... — J'ai dans cette serre des plantes indigènes et exotiques. — Les eau... stagnant... et courant... ne convienn... pas aux mêm... poiss... — Les autorit... civil... et militair... son... invit... a lui prêt... secour... — Adèle et Charles son... mes frère et sœur.

171. On appelle MEMBRES SEMBLABLES ou PARTIES SEMBLABLES, celles qui dépendent d'un même mot sous le même rapport. Ainsi les sujets d'un même verbe sont des membres semblables; les compléments de même nature d'un même attribut sont aussi des parties semblables.

Il en est de même des propositions incidentes relatives à un même antécédent, car ce sont les attributs déterminatifs d'un même sujet : et des subordonnées semblables qui sont les compléments d'un même attribut.

L'emploi de ces parties semblables est ce que l'on appelle aussi la répétition du même tour. Ces constructions loin d'être désagréables et vicieuses, fixent l'attention sur l'idée principale qu'elles déterminent, et qu'elles font envisager sous tous ses rapports.

Et pour que ces rapports soient plus facilement sentis, on place précisément devant chacune des parties semblables, le mot qui la lie à l'idée dont elle dépend. Ainsi vous direz :

> Moi régner ! moi ranger un état sous ma loi !
> *Quand* ma faible raison ne règne plus sur moi,
> *Lorsque* j'ai de mes sens abandonné l'empire,
> *Quand* sous un joug honteux à peine je respire,
> *Quand* je me meurs !

Le mot qui lie à l'idée principale chacune des parties semblables, peut être le même pour chacune, comme dans l'exemple précédent : ou être différent pour chaque membre, quoiqu'exprimant des rapports de même genre, comme dans cet exemple : *je trouve* ICI *des amis,* LA *des parents :* dans ce dernier cas, on doit encore placer précisément devant chaque membre, le mot qui en indique le rapport avec l'idée principale. Ainsi je n'aurais pu dire : ICI *je trouve des amis,* LA *des parents.*

> N'attend... pas, messieurs, que j'ouvre ici une scène tragique, que je présente ce gran... homme étend... sur ses trophées, que je découv... ce cor... pâle et sangl... auprès duquel fume encore la foudre qui l'a frapp...; que je fasse crier son san... comme celui d'Abel, et que j'expose à vos yeu... les trist... imag... de la relig... et de la vert... éplor...

— Celui qui règn... dans les cieu..., et de qui relèv... tou...
les empir...! à qui seul appartien... la gloire, la majest...,
et l'indépend..., est aussi le seul qui se glorif... de faire la
loi aux roi.., et de leur donn..., quand il lui plai..., de
grand... et de terrib... leçons. Soi... qu'il élèv... les trôn...,
soi... qu'il les abaiss..., soi... qu'il communiq... sa puissance
aux princes, soi... qu'il la retir... à lui-même et ne leur
laiss... que leur propr... faiblesse. il leur appr... leur devoir d'une manière souveraine et digne de lui. — Tel fu...
cet emper... sous qui Rome ador... vi... renaître les jours
de Saturne et de Rhée, qui rend... de son jour... l'univ...
amoureu..., qu'on n'all... jamais voir sans revenir heureu...; qui soupirai... le soir, si sa main fortun..., n'av...
par ses bienf... signal... sa journ... — Si pourtan... ce res-
p..., si cette obéiss..., parai... digne à vos yeu... d'une autre récomp..., si d'une mère en pleurs vous plaign... les
ennuis; j'ose vous dire ici qu'en l'état où je suis, peut-être
assez d'honneurs environnai... ma vie, pour ne pas souhait... qu'elle me fu... rav...; ni qu'en me l'arrach..., un
sévère destin si près de ma naissance en eû... marq... la
fin. — Le temps, ce monstre égalem... dur et sour..., sans
égar... ni pour l'âge qu'il affaibl..., ni pour les condit...
qu'il anéant..., ni pour les sex... qu'il confon..., ni pour la
beaut... qu'il flétr..., ni pour l'espr... qu'il énerv... agi-
tan... ses aïl... long... et bleuâtr..., chass... loin de lui les
jour..., les moi..., les ann..., et frapp... indistinctem...,
tantôt un fils uniq..., l'espérance de tou... une famille,
tantôt un monarq... chéri qu'il précipit... du trône presque aussitôt qu'il y est mont... quelquefois il arrach... une
épouse du lit nuptial et chang... la joie d'un dou... hyménée en pompe funèbr...; souv... il épargne un vieillar...
caduc et goutt... pour tranch... les jour... d'un jeune
homme sain et robuste. — Non seulem... la nature a réun...
sur le plumage du paon tou... les couleurs du ciel et de la
terre. pour en faire le chef-d'œuvre de sa magnificence;
elles les a encore mêl..., assort..., nuanc..., fond... de son
inimitab... pinceau, et en a fai... un tableau uniq..., où

ell... tir... de leur mélange avec des nuanc... plus sombr..., et de leur opposit... entre ell..., un nouv... lustre, et
des eff... de lumière si sublimes, que notre ar... ne peu...
ni les imit... ni les décrire.

172. Une suite de propositions incidentes ou
de propositions subordonnées dont chacune, au
lieu de se rapporter au même antécédent, est
immédiatement liée à celle qui la précède, forme une proposition complexe extrêmement vicieuse. En effet il en résulte que l'attention est
successivement appelée sur chacune des idées
accessoires, et que l'on perd de vue l'idée principale.

On n'ignor... pas que peu de temps après la mort d'Auguste, la poësie, qui av... brill... avec tant d'écl... sous les
yeu... de ce prince, s'éclips... peu à peu sous ses success...,
et demeura... enfin comme étein... dans les ténèbr... de la
barbarie, qui amèn... du fon... du nord... ce déluge de nations féroc..., qui, des débr... de l'empire romain, form... la
plupart des états qui subsist... aujourd'hui dans l'Europe.
— Rien n'est plus prop... à nous donn... une juste idée du
pouv... que doiv... av... sur tou... les homm... et principa-
lem... sur les enf..., les qualit... qui son... prop... à l'air
d'un certain pays en vertu de sa composition, lesqu... on
pourr... appel... ses qualités permanent..., que de rappel...
la connaiss... que nous av... du pouv... que les simp... vi-
cissitud... ou les altérat... passagères de l'air on... même
sur les homm... don... les organes ont acq... la consistance
don... ils son... susceptib...

Dans le premier de ces exemples, l'écrivain paraît avoir
lui-même oublié à la fin de la phrase, de quoi il parlait au
commencement. Quant au second, il faut l'étudier pour le
comprendre,

173. La répétition du même mot sous des rapports différents, est d'autant plus vicieuses, que l'esprit est toujours disposé à rapporter les tours semblables à un même antécédent, et sous le même point de vue.

Un homme témoin...d'une querelle surven... entre deux de ses am..., est quelquef... oblig... de se déclar... pour l'un d'eux, pour ne pas les avoir tous deux pour ennem... — Ne considér... plus la mor... comme des païens, mais comme des chrétiens, c'est-à-dire, avec l'espérance, comme saint Paul l'ordonn... — L'un pèche avec connaiss..., et il est plus inexcusab..., mais l'autre pèche sans remor..., et il est plus incorrigibl...; mais ils son... égalem... criminels à l'égar...de ceux qu'ils condamn..., ou par erreur, ou par malice.

174. Une proposition complexe peut avoir 1º. des compléments nécessaires, c'est-à-dire exigés par l'attribut. 2º. Des compléments accessoires ou sur-ajoutés, amenés uniquement par l'intention de celui qui parle. Ces derniers déplaisent et rebutent comme superflus, lorsqu'on les place après les premiers. Si donc on veut exprimer des circonstances que l'attribut n'exige point, il faut les placer avant les compléments nécessaires, ou même en tête de la proposition.

EXEMPLE.	CORRECTION.
J'envoi... des frui... à ma sœur dans leur maturit... pour lui faire plaisir, par une occasion, afin de faire des confitures, avec d'autres objets.	Ma sœur ayant dessein de faire des confitures, je profite d'une occasion pour lui envoyer, avec d'autres

plais, ces fruits de
leur maturité... [illegible]
en cela lui faire plai-
sir.

175. On place ordinairement le complément
direct le premier; mais lorsque les compléments sont exprimés par plusieurs mots, on
place le premier celui qui est accompagné d'un
plus grand nombre de déterminatifs. Quant
aux compléments purement accessoires, il faut
ou les placer en tête de la proposition ou les en
détacher totalement, ou enfin supprimer ce qui
n'est pas nécessaire pour l'expression complète
de la pensée. — Il faut éviter de placer les compléments d'une proposition soit complexe, soit
à la fois complexe et composée, de façon à établir une subordination qui ne doit pas avoir
lieu. — Si l'on disait, par exemple, *croyez-
vous ramener ces esprits égarés par la douceur?* On pourrait croire que les *esprits sont
égarés par la douceur,* tandis qu'il s'agit *de ramener par la douceur.* Ainsi dites: *croyez-
vous pouvoir ramener par la douceur les esprits égarés.*

Exemples à corriger.

Il n'y a souv... de différ... que les lieu..., les occas...
ou le temps entre un héros et un scéléra... — Je me sen...
également confond... au mome... que j'ouv... la bouche
pour célébr... la gloire immort..., de Louis de Bourbon,
prince de Condé, et par la grand... du suj..., et s'il m'est
perm... de l'avou..., par l'inutilit... du trav... — Celui qui

nous gouvern... a jet... les yeu... sur la pauv... nobless...
de sou royaum... heureusem... pour vous dans un de ces
momeu... où Dieu parl... au cœur des bons rois. — L'é-
vangile inspir... une piét... sincère et non suspecte aux
personn... qui se consacr...à Dieu. — Il est bien des gen...
qui commett... de très-gran... fautes avec beaucoup d'espri... — Nous préfér... les richess... qui son... souv... la
source des plus gran... malh... à une douce médiocrit...

176. De tout ce qui précède, il résulte qu'u-
ne proposition à la fois complexe et composée
ne présente rien d'obscur ni de fatigant, lorsque toutes les parties en sont disposées de telle
sorte qu'elles ne s'embarrassent pas mutuellement, et qu'elles dépendent immédiatement de
l'idée principale, seul objet qui doit occuper
l'esprit, ce qu'on ne doit jamais perdre de vue.

On appelle PÉRIODE une proposition qui présente une pensée dans tout le développement
dont elle est susceptible.

La période est toujours complexe, parce
qu'on ne peut la former qu'en subordonnant
à la proposition principale les idées de cause,
d'effet, de motif, de comparaison, de similitude,
de lieu etc; elle est presque toujours composée,
parce qu'il est très-souvent nécessaire de joindre à une même idée plusieurs accessoires de
même nature.

Analysez les périodes suivantes.

Comme donc, en considéran... une carte universelle,
vous sort... du pays où vous êt... né et du lieu qui v... renferm..., pour parcour... tou... la terre habitab... que v...

embrass... par la pensée avec tou... ses mer... et tou... se
pays ; ainsi, en considéran... l'abrégé chronologique, vous
sort... des born... de votre âge, et vous vous étend... dans
tou... les siècl...; mais de même que pour aid... sa mémoire
dans la connaiss... des lieu..., on relien... certaines vill...
principal... autour desq... on place les autr..., chacune
selon sa distance; ainsi, dans l'ordre des siècl..., il fau...
av... cert... temps marq... par quelque gran... évènem...,
auq... on rapporte tou... le reste. — Avoir parcour... l'un
et l'autre hémisphère, travers... les continen... et les
mer..., surmont... les sommets sourcilleu... de ces montagn... embras..., où des glaces étern... brav... égalem... et
les feu... souterr... et les feu... du midi; s'êtr... livr... à la
pente précipit... de ces cataract... écuman..., don... les
eaux suspend... sembl... moins roul... sur la terre que descend... des nues; av... pénétr... dans ces solitud... immens..., où l'on trouv... à peine quelqu... vestig... de
l'homme, où la nature accoutum... au plus prof... silence
du... être étonn... de s'entend... interrog... pour la première fois; av... plus fai..., en un mot, par le seul motif
de la gloire des lettr..., que l'on ne fi... jamais par la soif
de l'or; voilà ce que connai... de vous l'Europe, et ce que
dira la postérit... — S'il y a une occas... au monde, où
l'âme pleine d'elle-même, soi... en dang... d'oubl... son
dieu; c'est dans ces postes éclatan..., où un homme, par la
sagesse de sa conduite, par la grand... de son courage, par
le nomb... de ses sold..., devien... comme le dieu des autr... homm...; et rempl... de gloire en lui-même, rempl...
tou... le reste du monde d'admirat..., d'amour ou de
crainte.

Ces exemples et plusieurs de ceux qui précèdent font
voir qu'une proposition soit incidente, soit subordonnée,
peut elle-même avoir d'autres subordonnées.

PROPOSITIONS RELATIVES : CORRESPONDANCE DES PRONOMS AVEC LES SUBSTANTIFS.

177. Qu'une proposition soit ou non liée à une autre par une conjonction exprimée ou sous-entendue, si elle renferme des pronoms qui représentent les noms exprimés dans la première, elle est dite RELATIVE, et celle qui renferme les substantifs est dite ABSOLUE. exemple. *Les enfants des souverains n'ont plus rien de nouveau à voir, parce qu'ILS voient tout dans leur enfance; dès le berceau on LEUR ennui.* Les deux dernières propositions de cet exemple sont relatives, à cause des pronoms ILS, LEUR, qui représentent le nom ENFANTS, exprimé dans la première.

178. Les pronoms des propositions relatives doivent autant qu'il est possible, y remplir les mêmes fonctions que les noms correspondants exprimés dans la principale. C'est-à-dire que le nom sujet de la principale doit être représenté par un pronom sujet dans la relative, et le nom complément par un pronom complément.

Observez cette correspondance dans les exemples suivants.

Amurat est conten...; si nous le voul... croire, et sem blai... se promett... une heureuse victoire. Mais en vain par ce calme il croi... nous éblouir; Il affecte un rep... don... il ne peu... jouir, C'est en vain que forçan... ses soupç... ordinair..., il se rend accessib... à tou... les janis-

sair... Il se souv... touj...que son inimit... voulu...de ce
gran...cor...retranch...la moitié. — Le vice empoison...
les plaisirs, la passion les frelat..., la modérati...les aigui-
s..., l'innocence les épur..., la bienfaisance les multipl...,
l'amit... les perpét... — L'oisivet... ressemb... à la
rouil...; elle us... beaucoup plus que le trav... — Votre
ami a rencontr... l'homme qui s'est fai... cette affaire; il
lui a dit qu'il tenai... de bonne part qu'on voul... l'arrêt... , et qu'il av... même ouï dire qu'on le traiterait en...
criminel d'état. — Le colonel di... au général que le maréchal voul... attaq... l'ennem..., et il lui assur... qu'il le
forcerai...dans ses retranchem... (Dans ce dernier exemple, la subordination est exacte, parce que les pronoms
d'une proposition se rapportent tous aux noms d'une proposition du même genre; car le rapport se fait de la principale à la principale, et de la subordonnée à la subordonnée. (Condillac.)

179. La correspondance des pronoms aux
substantifs, ne peut pas toujours être aussi
exacte: souvent il suffit de rapporter le pronom de la relative au premier nom énoncé
dans sa principale. — Cette correspondance,
quoique plus régulière, n'est pas, non plus de
rigoureuse nécessité, lorsque la différence des
genres et des nombres suffit pour lever toute
équivoque. — Souvent la force du sens détermine le rapport.

Le général étai...à quelq... lieu..., le maréchal appr...
que l'ennem...voul...l'attaq... — A peine av... on conf...
cette place au général. que le maréchal appr...qu'on vou-
l...l'attaq... — Il est ressusci..., il n'est plus ici; voici le
lieu où on l'av... mi... — Ces parol... son... bien différ... de cell... que nous voy... communém... grav... sur
les tomb... des homm... Quelq... puissan... qu'ils ai... ét...,

à quoi se réduis... ces magnifiq... élog... qu'on leur donn...,
et que nous lison... sur ces superb... mausol... que leur
érig... la vanit... humaine? — Des ruiss... de larm... cou-
lèr... des yen... des habitan... : ils fur... quelq... temps
saisis, muets, immob... — Les haut... montagn... de
Thrace, qui de leurs fron... couv... de neige et de glace
depuis l'origine du monde, fend... les nu..., serai... renvers... de leurs fondem... pos... au centre de la terre, que
les cœurs de ces homm... just... ne pourr... pas même être
ém...; seulem..., ils ont pitié des misèr... qui accabl... les
homm... vivan... dans ce monde; mais c'est une pitié douce
et paisib..., qui n'altèr... en rien leur immuab... félicit...
Une jeunesse étern..., un bonh... sans fin, une gloire tou...
divine (être) pein... sur leur visage; mais cette joie n'a
rien d'indécen..., c'est une joie douce, nob..., pleine de
majest...: c'est un gou... sublime de la vérit... et de la
vert... qui les transport... Ils son... sans interrupt... à
chaq... mom... dans le même saisissem... de cœur où est
une mère qui revoi... son cher fils qu'elle av... cru mor...,
et cette joie qui échapp... bientôt à la mère, ne s'enf... jamais du cœur de ces homm...

180. La proposition relative es t vicieuse, I°.
Lorsque du défaut de correspondance entre les
pronoms et les substantifs, il résulte des équi-
voques. 2° Quand un pronom est répété avec
rapport à des objets différents, ou quand le
même pronom peut également se rapporter à
plusieurs substantifs. — 3.° Quand le pronom
ne s'accorde pas en genre ou en nombre avec
le substantif qu'il doit représenter. — Le pronom, ou substantif ON ne peut être répété avec
rapport à différentes personnes.

*Examinez les exemples suivants, et corri-
gez les propositions vicieuses.*

Samuel offri... son holocauste à Dieu, et il lui fu...
agréab..., qu'il lanç... au même momen... de gran... ton-
ner... contre les Philistins. — Les Romain... n'av... qu'u...
territoire for... born...; ils l'av... conq... — Bien que
l'homme juste ai... touj... ét... le temple vivan... de Dieu,
il n'a pas laiss... de voul... demeur... par une présence spé-
ciale dans les lieu... consacr... à sa gloire. — V. sav... que
ma cousine a eu une violen... querelle avec ma sœur,
pourquoi l'av... v. de nouv... anim... contre elle? — L'org...
ren... l'homme méprisab... quoique souv... il croi... qu'il
est en lui une preuve de la noblesse de son caractère. —
Démosthène a imit... Hypéride en ce qu'il a de plus beau
— Il a toujours aim... cette personne au milieu de son
adversit... — On croi... n'êtr... pas tromp..., et on nous
tromp... à tou... momen... — Le professeur qui enseign... à
mon fils les élém... de la grammaire, lui donn... tou... les
jours chez lui une leçon de deux heur... — Ce jeune
homme, en rempliss... les volont... de son père, trav... pour
lui. — Alexandre paraissai... craind... que Darius qu'il
poursuiv..., entr... dans son royaume. — C'est la cause de
cet effet, don... je v. entretiend... à loisir. — Il y a un air
de vanit... et d'affectat... dans cet auteur qui gâte ses
écri... — Prenez une poire : je v. assur... qu'el... son...
très-bonn... — Le chef Indien cru... que c'étai... effecti-
vem... de l'eau qui brûlai..., car ils son... aussi crédul...
qu'ignorau... — Je n'ai pas ferm... l'œil de la nui...; je vai...
les lav... avec de l'eau fraiche, car ils me cuise... —
Comment av...-v. pu v. conf... à un mercenaire? on leur
fai... faire ce qu'on veu... pour de l'argen... — Que m'of-
frirai... de pi... la fortune ennem..., à moi qui tien... le
trône égal à l'infamie? certes Rome à ce coup pourrai... bien
se vant... d'av... un juste lieu de me persécut..., elle qui
d'un même œil les donne et les dedaign... — Un juge fi...
lev... la main à un teinturier, et comme ils les on... ordi-
nairem... noir..., il lui di... : mon ami, ôt... votre gan...
M. répliq... le teintur..., mett... vos lunett...

181. Le pronom doit être du même genre, du même nombre et de la même personne que le nom dont il tient la place. *Je connais cette personne; je* LA *vois tous les jours.* — Mais un pronom peut aussi représenter un adjectif, un infinitif, une proposition entière: alors il reste invariablement au masculin singulier.

EXEMPLES.	EXPLICATION.
On doi... se consol... de ses faut..., quand on a la force de *les* avou...	D'avouer quoi ? *ses fautes; les* représente ce subst., et en prend le genre et le nombre.
Quiconq... atten... le superfl... pour seçour... les pauv... ne *leur* donnera jamais rien.	*Leur* représente le subst. masc. pl. *pauvres.*
Ces voil... suspend... qui cach... à la terre le ciel qui *la* couronn... et l'autre qui *l'*éclair..., prépar... les mortels au retour des frimas.	*La,l',* représentent le subst. fém. sing. *terre.*
Venez voir dans les nu... , pass... la reine des tortu... la reine! vraim... oui, je *la* suis en effet.	*La* représente *reine.*
Êtes-vous enrhum..., madame? — Oui je *le* suis.	Je suis *cela,enrhumée. le* inv. parce qu'il se rapporte à un adjectif.
La noblesse donn... aux pères, parce qu'ils étai... vertueux, a ét... donn... aux enf... afin qu'ils *le* dev...	*Le* inv., parce qu'il représente l'adj. *vertueux.*
Vous m'aim... je *le* sai...: une égal... tendresse pour vous depuis long-temps m'afflige et m'inté-ress ..	Je sais quoi ? *que v... m'aimez ; le* inv, parce qu'il représente une proposition.

Moi vous haïr ! *le* puis-je? — *Le* inv. reprrés. l'inf. haïr.

Ces demoiselles sont-elles sœurs? — Oui, elles *le* sont. — *Le* inv. parce que *sœurs* sans article est ici pris adjectivement : elles ont la qualité d'être *sœurs*.

Êtes-vous la mariée? oui je *la* suis. — *La* fém., parce qu'il se rapp. à *la mariée*, qui est subst.; en effet il désigne une personne, non une qualité.

182. *Dans l'exercice suivant, les lacunes doivent être remplies par un des trois mots* LE, LA, LES.

Je veu... être mère, parce que je .... sui..., et ce serait en vain que je ne .... voudrai... pas être. — On dit que l'abbé Plachette prêche les sermons d'autrui; moi qui sai... qu'il .... achèt..., je soutien... qu'ils son... à lui. — Si la femme fai... des conquêt... par la beaut..., elle ne .... conserv... que par la douc... du caractère. — L'avarice per... ton... en voulant tou... gagn... Je ne veu... pour .... témoign..., que celui don... la poule, à ce que di... la fable, pondai... tou... les jours un œuf d'or. Il .... tua, l'ouvr..., et .... trouv... semblabl... à celles don... les œufs ne lui rapportai... rien. — Va, je ne te hai... poin... Tu .... doi... Je ne pui... — Les Romain... se destinan... à la guerre et ... regardan... comme le seul ar..., avc. mi... tou... leur espr... et tou.. leurs pensées à .... perfectionn... — Êtes-v. les marchan... qu'on a fait venir de Flandre ? oui, nous .... somm... — Quoiqu'à peine à mes mau... je puisse résist..., j'aime mien... .... souffr... que de .... mérit... — Messieurs, pourquoi êt... vous tou... rois ? pour moi, je vous avou... que ni moi, ni Martin, nous ne .... somm... —

La première est plus noble que la seconde, la seconde que
la troisième. Plus noble! quel abu... des term...! veut-on
signif... plus notab...? et pourquoi ne .... pas dire? — Il y
a une ligne de démarcation traç... entre le riche et le
pauv..., les lien... du san..., l'estime, l'amit..., ne peu...
.... faire disparaît... — Que deviendr... votre âme en ce
momen... suprême? humains, faibl... humain..., v. ne ....
sav... pas. — Vous qui, peu favoris... de la fortune, frapp...
à la porte du riche, en lui demand... des secours, même en
v. proposan... de .... bien pay..., que vous .... achet...
cher! quoiqu'il augment... son trésor de vos trist... dépouill..., il parai... vous abandonn... ce qu'il vous conf...,
et il a l'ar... de vous .... persuad... — Etes vous Rosalie?
oui, je .... sui... — Voy.. si v. rompr... ces dar... liés ensemb...; je v. expliquerai le nœud qui .... assemb... l'aîné
.... ayan... pri... et fai... tou... ses effor..., ... rendi... en
disan...: je .... donn... aux plus for... — Nos malh... son ..
plus gran... que vous ne .... suppos... — Je sui... maître
de moi comme de l'univer... je .... sui..., je veu... l'être.
— Nous ne somm... pas rois, et nous ne voul... pas ....
deven... — Ell... ne son... pas aussi instrui... qu'elle ....
paraiss... — On peu... donn... du lustre à leurs inventions:
on .... peu..., je l'essai..., un plus savan... .... fasse.

183. Le, représentant une proposition, la rend
subordonnée de la relative. En effet LE équivaut
alors à la conjonction QUE. *Vous m'aimez je
LE sais*, ou *je sais QUE vous m'aimez*. Quelquefois on emploie à la fois et le pronom LE et
la conjonction QUE, pour insister davantage sur
la vérité de ce qu'on affirme. — LE, peut bien
ne pas représenter le verbe dans la relative,
précisément au même temps et au même
mode qu'il est exprimé dans la principale. *Va,
je ne te HAIS point. Tu LE dois.* Ici LE repré-

sente HAÏR, et non pas HAIS. Mais il y aurait disparate, si un verbe pris activement dans la principale, était représenté par un LE qui eût un sens passif. — *Je vous connais, et je ne LE suis pas de vous.* Cette proposition est mauvaise, parce que le pronom LE signifie CONNU, attribut passif, et que la principale renferme CONNAIS, verbe actif.

J'aime donc sa victoire, et je le pui... sans crainte. — Quand on est généralem... haï et mépris..., on sai... touj... pourquoi on l'est. — Je veu... bien l'avou...; de ce coup... perfid..., j'av... presque oubl... l'attentat parricid... — Seign... le croir...-v., qu'un dess... si coupab... mon fils je sai... de quoi votre frère est capab... — Ah! je sai... trop le sort que vous lui réserv.... Pourq... le demand..., puisque vous le sav...? Pourquoi je le demand...? ô ciel! le pui...-je croire, qu'on os... des fur... avou... la plus noire? — Je vous le di... seign... pour ne plus vous le dir.... ma gloire me rappel... et m'entraine à l'autel où je vai... vous jur... un silence étern... — Je fui..., ainsi le veu... la fortune ennem... — On di... que peu sensib... aux charm... d'Hermione, mon rival porte ailleurs son cœur et sa couronne; Ménélas, sans le croire, en parai... afflig..., et se plain... d'un hymen si longtemps néglig... — On v. estime autan... que v. mérit... de l'être. — Cette nouvelle m'a surpr... autan... vous l'êt... — Les divinit... qu'adorai... les Égyptiens le fur... aussi par les Romains. — Vous av... critiq... un ouvrage beaucoup trop faib... pour mérit... de l'êtr.. — Qui ne sai... poin... aim... n'est point digne de l'être. — On ne tromp... pas long-temps les homm... sur leurs intér...; et ils ne haïss... rien tan... que de l'être. — On vous abus...; je ne le serai... pas aussi facilem...

184. Le pronom LE invariable, rend nécessai-

rement invariable le participe passé dont il est le complément direct.

EXEMPLES.	ANALYSE.
Elle s'est moq... de vous; je *l'*ai bien vu, et je *le* vois encore.	Vu quoi? *qu'elle s'est moq...* etc. *Le* représente une proposition.
Messieurs, je ne puis vous ser-v... comme je *l'*aur... désir...	Désiré quoi? *de vous servir. Le* représente un inf.
Cette nation n'est pas aussi puissante que je *l'*ai cru, que je *le* croyais.	Cru quoi? *qu'elle était puiss... Le* représente une proposition.
L'étud... des lang... est plus amusante que je ne *l'*aur... pens..., que je ne *le* pensai...	Pensé quoi? *qu'elle était amusante. Le* représente une prop.

Le pronom LE a souvent la signification d'un attribut; c'est lorsqu'il est joint au verbe ÊTRE, ou à un verbe neutre. Il n'influe alors nullement sur le participe.

| Ces affaires sont-elles aussi lu-crativ..., qu'elles vous *l'*ont paru? | Elles v. ont paru lucra-tives. *Le* représente l'attrib. lucratives. Le part. *paru* n'a point de compl. dir. |
| Ils n'étai... pas savan..., ils *le* sont devenus. | *Le* représente l'at-tribut *savants*; et le part. *devenus*, joint au verbe être, s'ac-corde avec son sujet *ils.* |

Mais quand on peut substituer au pronom LE, un substantif joint à l'adjectif, il n'est pas invariable, et il s'accorde, ainsi que le participe, avec le nom qu'il représente.

Cette dame est-elle toujours aussi belle que nous *l'*avons trouvée?	N. av. trouvé *la dame belle*; *l'* représente un nom comp. dir. accord.
J'ai connu cette femme; je *l'*ai supposée, je *la* supposais plus raisonnable.	J'ai supposé *cette femme plus raisonnable*; *la* représente un nom. comp. dir.
Je n'achetai pas cette maison quelque belle que je *l'*eusse trouvée, que je *la* trouvasse.	J'eusse trouvé *la maison belle*; *la* représente un nom comp. dir.

185. *Exercices sur ces règles : les lacunes représentent* LE, LA, LES.

J'ai admir... ces superb... monum... : je .... ai jug... dign... de l'architecte qui .... a élev... — Cette somme est perd..., cependant je .... av... cru... bien plac... — Louis VII répud.. Éléonore de Guyenne, ... ayan... soupçonn... infidèle. — Les choses n'on... pas réuss... comme n... .. av... espér... — Buffon semble av... vu la terre sous ses pieds, et .... avoir trouv... trop petite pour l'étend... de son génie. — Cette arm... ne par... pas d'abord aussi nombreuse, aussi formidab... qu'on .... 'av... annonc... — Triomph..., homm... lâches et cruels, votre victoire est plus grande que vous ne .... av... cr... — Mes deux chien... en jouan... se son... précipit... du hau... d'un roch...; je .... ai cr... bris..., écras...; je .... ai trouv... légèrem... bless...; ils se son... fai... beaucoup moins de mal que je ne .... av... cr. . — Cette femme est plus riche que je ne

.... av.... imagin... — Les lang... ancienn.. sont moins diffic.. à étud... que je ne me .... étai... figur.. — Ces liv..., quelq...bon... que je .... aie trouv..., ne contienn... pas ce que je cherche. — La perte est plus considérab... que je ne .... ai d'abord suppos...

186. On ne représente les noms de choses par des pronoms personnels ou par des pronoms possessifs dans la proposition relative, que quand il n'est pas possible de s'exprimer autrement. Ainsi les pronoms personnels sujets ou complément directs, et le pronom possessif complément indirect peuvent, dans la relative, rappeler des noms de choses. *Je vous rends cette lettre; je ne dois pas* LA *décacheter,* ELLE *n'est pas à mon adresse; mais vous me rendez compte* DE SON *contenu.* — Dans tout autre cas, on remplace dans la relative les noms de choses par les pronoms compléments indirects EN Y, ou par un des adverbes. DESSUS, DESSOUS, DEDANS, DEHORS, ALENTOUR, AUPARAVANT, qui remplacent les compléments formés par les prépositions correspondantes. — On peut, dans la même proposition, employer et le nom de la chose, et un pronom possessif ou un pronom personnel qui la représente. — *Ce fleuve a toujours* SES *rives fleuries.* — *Ce mal porte* SON *remède avec* LUI. — Mais comme ces pronoms, paraissent personnifier les choses, il ne faut les employer que quand il est impossible de prendre un autre tour. — Cependant les compléments

indirects LUI, LEUR, peuvent quelquefois représenter des substantifs abstraits. — Nous rappelons ici que le relatif QUI. précédé d'une préposition, ne peut avoir pour antécédent qu'un nom de personne.

AINSI AU LIEU DE DIRE:	DITES.
Cette affaire n'est rien, je ne m'occupe plus *d'elle*, je ne songe plus *à elle*.	Je ne m'en occupe plus, je n'*y* songe plus.
Voilà un bel arbre montez *sur lui*, asseyons-nous *sous lui*, dansons *autour de lui*.	Montez *dessus*, asseyons-nous *dessous*, dansons *alentour*.
Le cabinet est ouvert: la pie est-elle *dans lui*, ou *hors de lui*.	Est-elle *dedans*, ou *dehors?*
Cette ville n'est pas belle, mais j'admire *ses alentours*.	J'*en* admire les alentours.
L'évènement parut peu important; mais *ses* suites furent affreuses.	Mais les suites *en* furent etc.
Cette plante est précieuse; mais toute *sa* vertu ne vous est pas connue.	Toute la vertu ne vous *en* est pas connue.
Cet arbre est très-élevé; *ses* fruits sont exquis, on admire *son* feuillage, *sa* verdure.	Les fruits *en* sont exquis; on *en* admire la verdure et le feuillage.
Prenez ce canif : c'est avec *lui* que j'ai taillé ma plume; servez-vous de *sa* plus petite lame,	Prenez ce canif *avec lequel* j'ai taillé ma plume: servez-vous de *la* plus petite lame. *Supprimez le pronom possessif même compl. ind., quand cette suppression ne nuit pas à la clarté.*

Deux pivots *sur qui* roule aujourd'hui notre vie.

Sur lesquels.

Cet ouvrage plaît non seulement par l'importance de son sujet, mais encore par la pureté et l'élégance de son style.

Non seulement par l'importance *du* sujet, mais encore par la pureté et l'élégance *du* style.

On rit de cette plaisanterie; cependant je trouve *en elle* quelque chose de peu délicat; pour moi ce n'était pas *d'elle* que je riais.

J'*y* trouve.

Ce n'était pas *de cela*.

187. *Examinez les exemples suivants.*

La vie est un dépôt conf... par le ciel; os... en dispos..., c'est être crimin... — Nourr... dans le sérail, j'en conn... les détours. — La mollesse est douce, et sa suite est cruel... — La républiq... romaine fu... puiss.... tan... que ses citoy... fu... vertueu... — Le Nil nous a long-temps cach... sa source. — Tou... mortel en naiss... apport... dans son cœur, une loi qui du crime y grave la terr... — J'aperçoi... le soleil; quel... en est la figure? — La victoire nous est fidèle; nous lui dev... tou... nos succ... — Ces arbr... son... trop charg...; il faut leur ôt... une partie de leurs frui... — Cet ois... s'env..., si vous ne lui coup... une aile. — Quel... soi... la loi, nous dev... lui ob... — Cette murail... va s'écroul...; ne v... approch... pas d'elle: on lui a cependant fai... quelq... réparations. — Ces réglemen... ayan... par... sages, le peuple leur donna son approbat... — Tel est l'esp... sur qui je me fonde. — Le rhume à son asp... se change en pleurésie, et bientôt la migraine est par lui frénésie. — Loin d'épuis... une matière, on ne doi... prend... que sa fleur. — Ces enf... ne son... pas, dit l'aigle, à notre ami: croquon... les. Le galan... n'en fi... pas à demi: ses repas ne son... pas repas à la légère.

188. Les noms indéfinis ON, CHACUN, QUEL-

QU'UN, PERSONNE, ne peuvent être représentés par aucun pronom dans la proposition relative. — Les pronoms SE, SOI, ne peuvent se rapporter qu'au sujet de la proposition même où ils se trouvent; ELLE SE *plaint*. — *que* CHACUN *veille sur* SOI. Et si l'on dit *je la vois s'arracher les cheveux*, l'infinitif a ici la valeur d'une proposition incidente, et c'est comme si l'on disait: *Je la vois* QUI *s'arrache les cheveux*. s, se rapporte au sujet QUI.— SE est des deux genres et des deux nombres, et se rapporte également aux personnes et aux choses. SOI ne peut représenter qu'un sujet indéfini, masculin singulier. — Quand SOI se rapporte à des choses, il doit toujours être précédé d'une préposition, et peut représenter les deux genres et un sujet soit défini, soit indéfini. —

Analysez les exemples suivants.

On est touj... conten... de soi, quand on a fai... une bonne action.— Quiconque ne trav... que pour soi, ne mérit... aucune reconnaissance. — Aucun n'est prophète chez soi. — C'est n'être bon à rien que n'être bon qu'à soi. — Personne ne peu... , par soi-même, acquér... tan... de connaiss... — Heureu... qui vi... chez soi, de régl... ses désirs faisan... son seul emploi... — Souv... on repr... dans les autres des fautes don... on est soi-même coupable.— On a souv... besoin d'un plus petit que soi. — L'aimant attir... le fer à soi. — De soi le vice est odieu... — La vert... a en soi quelque chose de gran... , de sublim..., qui excit... l'admiration. — La poésie porte son excuse avec soi.

189. Tout substantif pris dans un sens déterminé, peut être représenté par un pronom

dans la proposition relative, et former l'antécédent d'une proposition incidente.

Sur quelle assurance, fond.. -vous, di...moi, le soup...
d'aujourd'hui ? avant tou... autre, c'est *celui* dont il s'agit,
c'est ce souper. — Votre science est courte là-dessus; ma
main *y* suppléera, *suppléera à cette science.* — A ces mots
le pâtre s'en va dans un bois: *il y* fit des fagots, *dont* la
vente, etc., c'est-à-dire *ce pâtre fit dans ce bois des fagots,
la vente de ces fagots,* etc. On voit que dans toutes ces propositions les pronoms sont légitimement employés, parce
que ces pronoms et les noms qu'ils représentent, sont pris
dans un sens également déterminé.

190. Un substantif est souvent joint à un autre mot pour ne former avec lui qu'une idée générale et complète. Alors il est employé 1°. pour
spécifier l'action: *faire* ATTENTION, *prendre*
SOIN, *avoir* PEUR, 2°. pour spécifier un autre
objet et en déterminer la nature, la matière, la
qualité; *homme de* TÊTE, *acte de* JUSTICE, *point
du* JOUR, *robe de* CHAMBRE, *garde du* CORPS,
3°. joint à une préposition pour former une
expression adverbiale: *par* BONHEUR, *à la* FIN,
de NUIT, *sans* FAUTE, *à* FORCE. Dans cette dernière construction la préposition est quelquefois sous-entendue: *une* FOIS..., *quelque,* JOUR...*le*
SOIR, 4°. comme complément indéfini d'un attribut: *digne de* BLAME, *mourir de* FAIM, *susceptible d'*ATTACHEMENT.

Dans ces expressions, tous les mots réunis
forment une idée complète, un seul élément du
discours; car il y en a beaucoup qu'on peut réduire en un seul mot.

Ainsi PRENDRE SOIN signifient SOIGNER.
    AVOIR PEUR   CRAINDRE.
    PAR BONHEUR   HEUREUSEMENT.
    DIGNE DE BLAME   BLAMABLE.

Elles ont donc la valeur d'un verbe, d'un adverbe, d'un nom ou d'un attribut spécifié. Par conséquent, si dans la suite du discours on représente par un pronom le nom déterminatif, ce ne sera qu'avec un effort d'attention assez pénible, que l'esprit se retracera le substantif sous un point de vue nouveau, c'est-à-dire comme nom d'un objet particulier.

Les exemples suivants, où l'on a substitué à quelques expressions composées leurs équivalents en un seul mot, feront mieux ressortir l'absurdité d'une telle construction.

EXPRESSIONS COMPLEXES.	ÉQUIVALENT EN UN SEUL MOT.
Il n. a reç... *avec politesse* qui n. a charm...	Il n. a reç... *poliment* qui n. a charm...
Par bonheur auq... je ne m'attend... pas, les eaux étai... baiss...	*Heureusement* auq... je ne, etc.
Nous parl... entre nous *en liberté*, elle ne peu... nous être contest...	N. parl... entre nous *librement*, elle ne peut, etc.
L'aventure *fut mise en vers*; je les ai lu...	L'aventure fut *versifiée*, je les ai lus.
J'avais soif, et je ne trouv... pas une goutte d'eau pour l'apais...	*J'étais altéré*, et je ne trouv... pas une goutte d'eau pour l'apaiser.

Faites attention; car *elle* est surtout **nécessaire** dans ce moment:	*Soyez attentifs,* car *elle,* etc.
J'ai pris soin de ces petits animaux, et *il* m'a été fort agréable.	*J'ai soigné* ces petits animaux, et *il* m'a été, etc.
Vous réussirez sans peine, et **vous savez** *celle* que j'ai eue.	*Vous réussirez facilement* et vous savez *celle* que j'ai eue.

191. La règle est donc QUE LE SUBSTANTIF QUI ENTRE DANS LA FORMATION D'UNE EXPRESSION COMPOSÉE N'EST PAS SUSCEPTIBLE D'ÊTRE REPRÉSENTÉ PAR UN PRONOM DANS LA SUITE DU DISCOURS.

On dit aussi que le substantif ne peut dans ce cas, recevoir aucune modification. Cela ne me paraît pas général. En effet on dit *faire* BONNE *chère, avoir* MAUVAISE *mine, avoir* PETITE *part, un habit de* GROS *drap, être en* PLEINE *mer,* etc, etc., sans que ces substantifs puissent néanmoins, dans la suite du discours, être représentés par des pronoms.

Ainsi, pour éviter ces sortes de fautes, il faut ou particulariser le substantif, s'il est possible, dans l'expression composée; ou répéter ce substantif dans les propositions relatives; ou rapporter le pronom à toute l'expression composée; ou enfin prendre un autre tour.

EXEMPLES VICIEUX.	CORRECTIONS.
Il n' a reç... avec politesse qui nous a charm...	Avec *une* politesse qui, etc.
Nous parlons entre nous en li-	Ici je particularise

berté, elle ne peut nous être con-
test...

J'av... soif, et je ne trouv...
pas une goutte d'eau pour l'apai-
ser.

Faites attention ; car elle est
sur-tout nécessaire dans ce moment.
Les dames portai...des vêtem...
de soie, quoiqu'elle (être) alors
très ch...

le substantif au moyen
de l'article *une*.

On ne peut nous *le*
contester. Ici je rap-
porte le pronom *le* à
toute la première pro-
position; n. parl., etc.
Pour me désaltérer. Je
substitue un autre tour
qui me dispense d'em-
ployer le pronom.

Car *cela* est sur-tout,
etc, *cela* représente
faites attention.

Quoique *la soie*, etc.

192. *Exemples à corriger.*

Ceux à qui on fai... la loi, la trouv... touj... tyran niq...
— Quand nous avions faim, nous trouv... de quoi la satisf...
— Un juge de pai... doit la mainten... autan... qu'il lui est
possible. — Je suis très suje... aux mau... d'yeu..., voy....
ils son... encore tou... roug... — Nous seron... heureu... à
la fin ; et elle pourr... arriv... plus tôt que vous ne pens...
— Le légat publia une sentence d'interdit sur tou... le
royaume, il dura sept mois. — Vous prétend... av... raison ;
mais elle ne const... pas à soutenir qu'on l'a. — Ils
son... part... de nui... , qui d'ailleurs étai... froide et pluv...
— La chose se fi... en plein jour, qui étai... une grande
fête. — Louis IX se plaisai... à rend... la justice à ses peupl... ; il la regardai... comme la principal... vert... des
gran... — Il v... rendr... service de bon cœur ; car je n'en
conn... pas de meill... que le sien. — Ces trai... son...
trac... à la main ; mais il fau... l'av... bien sûr... et bien
exerc..., pour ne pas se tromp... — J'ai mal conn... les

Dieu..., j'ai mal conn... les homm...; j'en attend... justice:
ils la refus... tou... — Ces même... peup... qu'on av...
tan... mépris..., eur... par la suite le dessus; vous la ver-
r...dans les volum... suiv.... — J'étai... à cheval, et comme il étai... fort ombrageu.., etc. — Av...-vous vu ces
personn... de tapisserie qui est tend... dans le salon? —

PROPOSITIONS DISTRIBUTIVES.

193. Certaines propositions présentent un
nom pluriel que l'on distribue ensuite, soit en
portions collectives soit par individus, dans une
seconde proposition où l'on sous-entend le verbe.
— On exprime cette distribution au moyen des
substantifs L'UN, L'AUTRE, LES UNS, LES AUTRES,
CELUI-CI, CELUI-LA, CHACUN, etc.

EXEMPLES.	ANALYSE.
J'ai lu l'Iliade et l'Énéide; elles m'ont enchant... *l'une* et *l'autre.*	Elles m'ont enchant...; *l'une* m'a enchant..., et *l'autre* m'a enchant...
Nous nous somm... embarras... *les uns les autres.*	N. n. somm... embarrass...; *les uns* ont emb.. *les autres.*
Ils on... donn... leur avis, *chacun* selon ses vues.	Ils ont donn... leur avis; *chacun* a donn... son avis selon ses vues.

194. La proposition distributive est composée, lorsque le tout se distribue en deux sujets
ou en deux compléments. Alors les distributifs
L'UN, L'AUTRE, sont toujours unis par l'une des
trois conjonctions ET, NI, OU, selon la nature
de la proposition composée. Et si les distributifs

sont compléments indirects, chacun doit être précédé de la préposition qui forme ce complément. Observez qué si le tout n'est composé que de deux objets, il se distribue par les deux singuliers L'UN, L'AUTRE: mais que s'il est composé d'un plus grand nombre d'individus, partagés en deux classes, il se distribue nécessairement en deux pluriels: LES UNS, LES AUTRES.

Vos deu... frèr... se tromp... *l'un* et *l'autre*. — Carthage et Rome se fir... une guerre acharn... : elles devai... succomb... *l'une* ou *l'autre*; la même haine les animai... *l'une* et *l'autre*; une longue paix ne leur convenai... ni *à l'une* ni *à l'autre*. — Tous ces écriv... présent... des opinions différen...; cependant nous ne les approuv... ni *les uns* ni *les autres*.

195. La proposition distributive peut être considérée comme complexe, lorsque le tout se distribue en deux portions dont l'une est sujet et l'autre complément du même verbe, de sorte qu'il y ait réciprocité. Alors il serait absurde de placer une conjonction entre les deux distributifs; car ce serait leur donner la même fonction et en faire deux sujets. Ainsi je dirai: *Ils se sont trompés* L'UN L'AUTRE, pour exprimer que l'un a trompé l'autre; si je disais *Ils se se sont trompés* L'UN ET L'AUTRE, cela signifierait seulement que chacun s'est trompé. —Lorsque le second distributif est complément indirect, il doit être précédé de la préposition propre à former ce complément. *Ils se sont nui* L'UN A L'AUTRE.

Avec quell... doul... les deux ami... se son... sépar...
l'un de l'autre! — Tou... ces femm... se disai... des injur...
les unes aux autres. — Éléocle et Polynice se percer...
l'un l'autre.

196. *Exercice sur les règles précédentes.*
Remplissez les lacunes par la seconde partie
des propositions distributives: L'UN et L'AUTRE,
LES UNS, LES AUTRES, etc.

J'ai l... ce fai... dans plusieurs auteurs; ils rapport... les
mêmes circonst... ...; ils ne se contredis... en rien... ...—
Que vien... demand... ces deux usur ..? je les ai pay... ...;
je ne leur doi... rien... ...— Les habitan... de la mer se dé-
vor... ...; ils se fon... ... une guerre continuelle.—Ces deux
femm... médis... sans cesse... ...; je les croi... égalem... méchan... ...—Les homm... se déchir... ...; ils se nuis... ...—
Le destin, qui fai... tou..., nous tromp... ...— Une foi... l'an
il vien... me voir, je lui ren... le même devoir. Nous
somm... à plaind... ...; il se contr... pour me contr...,— Ces
deu... méchan... se haïss... ... et ils ont raison: quant à moi
je les hai... ...—Si les méchan... se souffr... ..., s'ils se li...
mêm... ... d'une espèce d'amit..., ils n'en on... pas moins de
mépris... — Pourquoi tan... disput... sur ce que nous ne
comp... ...? —

197. Lorsque dans une proposition distributive formée par le mot CHACUN, le second membre renferme un pronom qui y a rapport, ce
pronom se met tantôt au singulier, tantôt au
pluriel. *Ils ont eu chacun* LEUR *part. On les*
a récompensés chacun selon SON *mérite.*

Lorsque la première proposition offre un sens
complet, l'attention se fixe plus particulièrement sur le verbe singulier sous-entendu dans

la seconde, et sur *chacun*, qui en est le sujet.
Alors on emploie le singulier, SON, SA, SES, LUI,
ELLE, etc. , le faisant rapporter à CHACUN.

Ces deux poëtes ont obtenu des succès éclatants, (*sens
complet*) mais chacun dans *son* genre.

Si la seconde proposition est insérée dans la
première avant que celle-ci soit parvenue à
un sens complet, l'attention se porte sur le verbe
et sur le sujet pluriel, et l'on emploie le pluriel
leur, *leurs*, *eux*, *elles*, etc.

Ces poëtes ont obtenu (*sens incomplet*), chacun dans
leur genre, les succès les plus éclatants.

Les homm... doiv... s'occup... chacun selon .... vues et
.... condition . — La reine di... aux déput..., qu'il étai...
temps qu'ils s'en retourn... chacun chez.... — Pourquoi
n'av...-v... pas arrang... tou... ces choses d'une manière
convenable, c'est-à-dire, chacune à la place que je .... aį
marq..? — Mett.., je vous en prie, ces liv.. chacun à la place
qu'.... occupai... déjà. — Les jug... ont opi..., chacun selon .... lumières. — Il aperç... de là Homère et Esope,
qui étai.. sort.. chacun de .... demeur.. pour se faire des
comp.. — Les lang... on... chacune .... bizarreries. — Ils
on... apport... des offrande... au templ..., chacun...
selon .... moyens et ..., condit... — Tous les homm...
trou..., chacun dans .... conscience, un juge irrécusab...
et incorruptib... — Ces hom... perver... trouv···, chacun
en .... même, le supplice dû à .... forfai... — Pourquoi
ces inséns... ne rest...-ils pas chacun dans .... sphère?

198. Faut-il énoncer ou supprimer la préposition DE devant chacun des noms annoncés par
e distributif QUI, LEQUEL?

Lequel *des deux*, Alexandre ou César, se montra le
plus digne d'éloges?

L'analyse décompose ainsi cette construction.

Lequel *tiré*, *pris de* ces deux-ci, savoir, Alexandre et César, lequel, dis-je, fut le plus digne d'éloges?

Il est clair qu'on ne peut *tirer*, *prendre*, que du tout; on prend un *des* deux, mais on ne prend ni *d'*Alexandre, ni *de* César.

Ainsi le DE devant chaque objet en particulier, est absurde. — Et chaque nom doit remplir dans la proposition, la même fonction grammaticale, que le distributif QUI, LEQUEL, qui l'annonce. Il faut donc construire à l'imitation des exemples suivants.

Qui peut le mieu... apprécier les instrum..., ou l'ouvr...qui les empl..., ou le spectat... qui en ignor... l'usage? — Auq... des deu... doit-on donn... la préférence, à la vérit...? qui nous montr... les chos... dans leurs rappor... réel... avec nous, ou à l'illus .. qui nous les présent... comme nous désir... les voir? — Dans laquelle des deux, à Rome ou à Cartage, la vert... fut-elle le plus considér..., et le mieux conn...?

199. Au lieu de L'UN ET L'AUTRE, on peut dire TOUS LES DEUX ou TOUS DEUX, expressions qui ne sont pas synonymes. TOUS DEUX signifie qu'une même action ou un même état a lieu précisément dans le même temps pour les deux objets ensemble.

TOUS LES DEUX se dit de deux objets auxquels on attribue la même action, le même état, sans que cette action, cet état ait eu lieu dans le même endroit ou dans le même temps.

Adam et Ève se tenai... tous deux par la main. — Homère et Virgile paraiss .. av... tous les deux attein... le

degré de perfection dont le génie humain est susceptib...
— Vos fils vienn... de part... tous deux pour la chasse. —
Vous êtes tous deux mes enfan... — Je vous conn... dès
long-temps, mes amis; et tous deux vous payerez l'amende.
— Louis III et Carloman régnèr... tous deux ensemble. —
Pepin le Bref et Hugues Capet dur... tous les deux à leurs
grandes qualités le trône où ne les appelai... pas le droit
de naissance,

PROPOSITIONS INCOMPLÈTES.

200. Nous regardons comme INCOMPLÈTES, non
les propositions dans lesquelles une partie sous-
entendue est facilement suppléée par l'esprit,
mais celles qui n'offrant pas un sens complet,
ne laissent rien à sous-entendre.

Ainsi les propositions suivantes ne sont pas
incomplètes.

EXEMPLES.	MOTS SOUS-ENTENDUS.
Belle leçon pour les gens chiches! — Belle nécessit... d'interromp... mon somme ! — Qu'est-ce que Jupiter ? — Un corps sans connaissance. — Tel fruit, tel arbre, pour bien faire. — O monstre, que Mégère en ses flancs a port...! monstre que dans nos bra... les enf... on... jet...! — Qu'il poursuive, s'il veu..., son épouse enlev... — Heureu..., si dans le trouble où flott... mes espri..., je n'av... toutefois à craind... que ses cris! — Pauvre sot qui s'abuse! — Et moi qui l'é-coutais, encore!	*Voilà* une belle, etc. *Voyez* la belle, etc.
	C'est un corps, etc. *Il faut* tel fruit, *que* tel arbre. *Tu es un*, monstre etc.
	Je permets qu'il, etc. *Je serais* heureux, si, etc.
	Voyez ce pauvre sot, etc. *Admirez* moi, qui, etc.

201. Mais les suivantes sont extrêmement vicieuses.

C'est par cette porte par où nous sommes entrés.	Qu'est-ce qui est par cette porte par où, etc?
Voici la personne *que* je crois *qui* viendra.	Cela signifie : voici la personne *que* je crois et *qui* viendra.
J'ai parlé à l'homme *que* je sais *qui* a la somme entre les mains.	J'ai parlé à l'homme *que* je sais, et *qui* a la somme, etc.
Je ne cherche point à convaincre ceux que je vois *qui* savent la vérité.	A convaincre ceux *que* je vois, et *qui* savent, etc.

Ces trois derniers exemples ne renferment que deux propositions incidentes, qui ont le même substantif pour antécédent, tandis que le second verbe réclame une subordonnée : et cette subordonnée ne peut y être jointe que par la conjonction QUE.

Enfin, ce qui suit le dernier verbe, n'est proprement qu'un attribut du nom représenté par le relatif QUE. Ainsi on pourrait dire:

Voici la personne *que* je crois *disposée* à venir. — J'ai parlé à l'homme *que* je sais être *le dépositaire* de la somme. — Je ne cherche point à convaincre ceux *que* je vois déjà *instruits* de la vérité.

Et si l'on ne peut dire: *voici la personne* QUE *je crois* QU'*elle viendra*, c'est qu'on donnerait pour complément direct au verbe croire, et le pronom de la personne, QUE, et la subordonnée qui exprime son action : cela signifierait *Je* LA crois CECI, *qu'elle viendra :* e le sens veut je crois, D'ELLE, CECI. Ce serait donc donner une forme semblable à des compléments différents.

Mais on dira bien :

Voici des remarques *que* je crois *que* vous trouverez utiles. — J'ai parlé aux personnes *dont* je sais *que* vous vous êtes plaint. — J'ignore les raisons *qui* ont fait croire *que* je vous haïssais. —

Car l'analyse donne :

Je crois *que* vous trouverez *ces* remarques utiles. — Je sais *que* v. v. plaigu... *de ces* personnes, etc.

Voici des façons de parler fort ridicules, et qui ne sont pas sans exemple :

Ma tante qui est malade, je ne puis m'absenter un moment. — Les embarras que nous avons, vous pensez bien qu'on n'a pas un instant à soi. *Ma tante* et les *embarras* se présentent comme sujets, et n'ont point de verbe.

PROPOSITION.

Additions à l'article 186. Si la proposition relative a pour sujet un pronom qui représente un nom de chose, elle peut renfermer un pronom ou possessif ou personnel sans préposition qui ait rapport à ce nom de chose.

La guerre est un fléau; cependant elle a ses douceurs. — Si cette entreprise offre des dangers, elle présente ses résultats d'une manière bien séduisante. — Je vous fais des propositions qui ont bien leur mérite.

ORTHOGRAPHE

TERMINAISONS.

1. Les mots qui commencent par A doublent ordinairement la consonne suivante; ceux qui commencent par E , la doublent rarement. — Les mots qui commencent par HABI prennent une H, excepté *abyme, abymer*. — Ceux qui commencent par DEF, prennent une F; ceux qui commencent par DIF, ou dont la seconde lettre est une F, prennent deux F, *excepté afin, éfourceau, if. Abbé* et ses dérivés sont les seuls mots français qui prennent deux B. — *Addition* et ses dérivés sont les seuls qui prennent deux D. —

L'aimant attire le fer. — Il accumule les trésors. — Je vous approuve. — J'arrive à l'instant. — Il allume le feu. — Tu éteins le flambeau. — Il n'écoute rien. — J'éprouve des douleurs. — Les définitions doivent être claires. — L'armée fut défaite. — Les défauts sont visibles. — Ne vivez point pauvre afin de devenir riche. — L'éfourceau est une sorte de voiture. — Soyez officieux. — La critique est aisée et l'art est difficile. — Nous nous tenions sur la défensive. — O mon habit! que je vous remercie! — La vertu est l'habitude des bonnes actions. — L'habileté est l'intelligence, la science. — L'habilité est le droit de succéder. — Des ormes et des ifs aussi vieux que leur mère. — Des mers en courroux le noir abyme gronde. — Abbaye, monastère d'hommes dont le supérieur a le titre d'Abbé, ou de femmes, présidées par une abbesse. — Additionnez ces nombres. — Les centimes additionnels. — Accourez tous, je vous appelle.

2. Les substantifs et les adjectifs terminés au singulier par *s*, *z*, *x*, ne changent rien au pluriel.

Le fils pieux. — Le bois épais. — Le poids énorme. — Le frais coloris. — L'accès dangereux. — Le succès douteux. — Le prix inclus. — Le style diffus, confus. — Le bras nerveux. — Le gros cadenas. — Le velours ras. — Le mauvais mets. — Le faux succès. — La croix, la voix, la poix, la noix, la paix, le taux, le prix. — L'abcès, l'accès, le décès, l'excès, le procès, l'aloës, le congrès, le cyprès, le progrès. — L'as, le tas, l'amas, l'embarras.

Mettez au pluriel.

3. *Le cours* et ses dérivés *concours, discours, décours, secours, recours, parcours,* ainsi que *ours,* et *velours,* prennent une *s* au singulier et au pluriel. — écrivez *court, courte,* adjectif. — *La cour* et les autres mots en *our,* ne prennent une *s* qu'au pluriel.

Les discours éloquents. — Des concours ouverts. — Les secours puissants. — J'ai recours à vous. — Le décours de la lune. — On appelle parcours le droit de parcourir. — Les tigres et les ours. — Les velours fins. — Les hautes tours. — Les tours adroits. — Des plus gracieux contours. — Les grands jours. — Les longs détours. — Des fours brûlants. — Les jours courts. — Les grandes cours. — Les

heures si courtes. — Le décours de la lune. — Les retours inattendus.
Mettez au singulier.

s. **Les substantifs terminés en** *au, eau, eu, ou,* **prennent** *x* **au pluriel. — les adjectifs en** *eux,* **prennent** *x* **au singulier et au pluriel. —** *bleu* et *feu* (défunt) **font au féminin,** *bleue, feue;* **ce dernier est sans pluriel, et ne prend la marque du féminin qu'après l'article ou le pronom possessif. —** *Doux, faux, roux, jaloux,* **font au féminin** *douce, fausse, rousse, jalouse.* — *clou, filou, fou, loup-garou, matou, trou, mou, verrou,* **prennent** *s* **au pluriel.**

Le beau manteau. — Le nouveau jeu. — Le marteau, le chapeau, le fourneau, le bateau, le lieu, le feu. — Le joli joujou, le pou, le grand fou, le chou rouge, le beau caillou, le genou roide, le triste hibou. — Le tuyau, le noyau, le joyau, l'étau, le hoyau, le gruau. — *Mettez au pluriel.*

Les jeux ennuyeux. — Les lieux marécageux. — Les vœux présomptueux. — Les aveux honteux. — Les cheveux noirs. — Les essieux, les épieux. — Les malheureux Hébreux. — Les pieux, les enjeux. — Les dieux rigoureux. — Les hommes heureux, malheureux, orgueilleux, peureux, paresseux. — Les lieux affreux. — Les monstres hideux.
Mettez au singulier.

Le vin *doux*, la liqueur .... — La .... créature. — Le .... espoir. — Le *faux* ami. — La .... gloire. — Le .... scrupule. — La couleur .... — L'oiseau *jaloux*. — L'âme .... — Le poil *roux*. — La barbe .... — Les cheveux .... — Le ruban *bleu*. — La robe .... — La ceinture .... — *Feu* le prince. — .... la reine. — La .... reine. — Ma .... tante. — .... ma cousine. — Votre .... parente. — .... sa mère. — Le grand trou. — Le petit clou. — Le filou adroit. — Le fromage mou. — Le gros sou. — Le vieux fou. — Le verrou rouillé. — Le gros matou. — *Mettez au pluriel.*

5. Les substantifs féminins en *té* qui désignent des qualités, ne prennent qu'un *é*. — Terminez par *ée* ceux qui désignent le contenu de quelque chose, et les féminins dérivés des verbes. — Écrivez la *pâtée*, et le *pâté*. — Écrivez aussi par *ée année, journée, hyménée, araignée, athée, cheminée, nuée, guinée, haquenée, fée, destinée, le camée*, etc.

Écrivez les questions suivantes, et joignez-y les réponses.

Quelle est la qualité de ce qui est *bon?* la bonté. — De ce qui est *beau?* la b... — De ce qui est *solide?* la s... — De ce qui est *cher?* la ch... — De celui qui est *fier?* la f... — De celui qui est *pauvre?* la p... — De ce qui est *facile, difficile, utile, inutile, puéril, subtil, fertile, mobile, immobile?* la .... — De ce qui est *vrai, faux, gai, difforme, éternel?* la .... — De celui qui est *probe, cruel, immortel?* la .... — Comment nomme-t-on le contenu d'un *plat*, d'une *assiette*, d'une *cuiller*, d'une *hotte*, d'une *pelle*, d'un *chaudron*, d'un *four*, d'une *terrine?* une .... — Quels subst. forme-t-on des verbes *aller, monter, porter, jeter, trouer, percer, armer, saigner, lever, trancher, faucher, pousser?* une .... — La pâtée des poulets. — Le pâté froid.

6. Les mots terminés par le son que l'on nomme *l* mouillée, finissent par les deux lettres *il* au masculin, le *soleil:* et par *ille* au féminin, la *paille*. — Exceptez de cette règle les masculins *chèvre-feuille* et *porte-feuille.*

Terminez par ail, aille, eil, eille, ouille, euil, euille, selon le sens et le genre, les mots commencés de l'exercice suivant. — Observez que dans les mots terminés en cueil, et en gueil, on place l'u avant l'e.

Le somm..., frère de la mort. — Le terrible rév... — Penses-tu que plus *vieille*, en la maison céleste, elle eût eu plus d'acc...? ou qu'elle eût moins senti la poussière funeste, et les vers du cerc...? — Le démon des bat... — Les brouss... cachaient l'entrée. — La mitr... fit un grand ravage. — J'admire ces merv... — Il a le teint verm..., les joues verm... — Faites taire cette marm... — Le poitr... du cheval. — Les cris de la can... — Les rayons du sol... — Cette and... est trop grasse. — Nous pêcherons des gren... — La patr... vous arrêtera. — Ces deux robes sont par... — Mon chapeau est par... au vôtre. — J'ai semé du cerf... — La tige de la citr... est fort menue. — Il a bu trois bout... de vin. — J'ai un joli écur... — Donnez-moi mon porte-f... — J'aime beaucoup le chèvre-f... — Les f... des arbres. — Un rec... de chansons. — Ce détroit est rempli d'éc... — Raconte-moi les dét... de l'aventure. — Je ressens de vives douleurs à l'or... et à l'ort... — J'étais sur le seuil de la porte. — Il a beaucoup d'org... — Il sortit de son cerc.., et reparut couvert de son *linceul*. — Il s'est jeté dans la *gueule* du lion. — *Bégueule*, femme sotte, prude, ridicule, avantageuse. — La *veille* de la bat... — Le savoyard joue de la *vielle*. — On joue Fanchon la *vielleuse*. — J'ai allumé la *veilleuse*. — Les *vieilles* troupes. — Respecte les *vieillards*. — Le *vieux* homme, la *vieille* femme.

7. La plupart des noms d'arbres ou de professions se terminent en *ier*; quelques uns en *er*. — Écrivez aussi le *déjeûner*, le *dîner*, le *goûter*, le *souper*. — mais on écrit *amitié, inimitié, moitié, pitié, pied, trépied*.

Quel est l'arbre qui produit *l'abricot?* l'abricotier. — La *cerise?* la *prune?* la *nèfle?* la *pomme?* l'*amande?* l'*olive?* le .... — Quel arbre produit la *pêche?* la *noix?* la *groseille?* le .... —Comment se nomme l'ouvrier qui travaille en *plâtre?* le plâtrier. — En *cire?* en *ferblanc?* qui fait du *drap?* des *souliers?* des *montres?* du *pain?* le .... — La *moitié* vaut mieux que le tout, dit la vraie *amitié.* — Quelle *inimitié?* — La douce *pitié.* — Le *pied* des Alpes. — Le *trépied* d'or.

8. On trouve la lettre finale d'un grand nombre de mots, en retranchant l'*e* muet du féminin ou la terminaison de quelque dérivé.

Ainsi les fém. *grande*, *prudente*, donnent au masc. *grand*, *prudent; dangereux*, *respectueux*, donnent *danger*, *respect.*

Des fém. *parente*, *constante*, *verte*, *paysanne*, *mahométane*, *patiente*, *négligente*, *basse*, *niaise*, *blanche*, *longue*, *noire*, *forte*, *lente*, *bergère*, *contente*, formez les masc.

Des dérivés *enfantin*, *momentané*, *parfumer*, *plomber*, *champêtre*, *chanter*, *élémentaire*, *sensé*, *accentuer*, *présenter*, *affronter*, *garantir*, *sanglant*, *clientelle*, retranchez les finales, pour retrouver les mots dont ils sont formés. Mettez tout cet exercice au plur., et observez que les mots en *ant* ou *ent* conservent le *t* au plur.; *le diamant, les diamants; le mouvement, les mouvements.* Cependant *gent* fait *gens*, et *tout* fait *tous.*

9. Les adjectifs en *ien, el, eil, ul, an, on, as, ais, os, et, ot,* doublent au féminin la dernière consonne, et ajoutent un *e* muet. *Mauvais, niais, ras, complet, discret, inquiet, replet, secret, dévot,* prennent un *e* muet sans doubler la dernière consonne. —*frêle, grêle, parallèle, fidelle, infidelle,* (1) *rebelle*

---

(1) On peut aussi écrire par une seule *l* fidèle, infidèle.

ont le féminin semblable au masculin. — *gentil,
bénin, malin, blanc, sec, frais, public, caduc, turc, grec* font au féminin *gentille, maligne, blanche, sèche, fraîche, publique, caduque, turque, grèque ou grecque.* — *Beau, nouveau, jumeau, fou, mou,* féminin *belle, nouvelle, jumelle, folle, molle.*

L'usage *ancien.* — L'histoire .... — Le roi *payen.* — La nation .... — Le moyen *naturel.* = L'histoire .... — Un ordre *exprès.* — Une permission .... — L'homme le plus *sot.* — La femme la plus .... — Le *gros* arbre. — La .... pierre. — Le veau *gras.* — La poule .... — Le produit *net.* — La déclaration .... — Le suc *épais.* — La planche .... — Le *mauvais* fils. — La .... mère. — Un air *niais.* — Une figure .... — L'ouvrage *complet.* — La folie .... — L'enfant *discret, inquiet, dévot.* — La femme .... — Le *cruel* moment. — La peine .... — La gloire *immortelle.* — Le renom .... — La rente *annuelle.* — Le revenu.... — L'attachement *mutuel, naturel, maternel, paternel, réel.* — La tendresse .... — Une *frêle* espérance. — Un .... esquif... — Une voix *grêle.* — Les intestins .... — La rue *parallèle.* — Le mur .... — Le *fidelle* compagnon. — La .... compagne. — Le peuple *rebelle, infidelle.* — La nation .... — Voilà un *gentil* personnage! — La .... invention. — Le naturel *bénin, malin.* — L'humeur .... — Le teint *blanc* et *frais.* — La peau .... — Le fruit *sec.* — La branche .... — L'âge *caduc.* — La voix .... — Le *beau* monument, le .... enfant, la .... pièce. — Le *nouveau* bâtiment, le .... ami, la .... maison. — Le fromage *mou,* le .... abandon, la cire .... — Voilà le *fou.* — Le .... amusement. — La .... passion. — Les frères *jumeaux.* — Sa sœur ....

10. *Bissextil, civil, incivil, puéril, subtil,
vil, viril, volatil,* (qui s'évapore), forment leur

féminin en ajoutant un *e* muet. — Les autres
adjectifs de cette terminaison ont le *masculin*
et le *féminin* en *ile.* — Écrivez au masculin
comme au féminin *tranquille, imbécille,* et
volatile, (qui vole), — Une *volatille* est un oiseau bon à manger.

L'année *bissext...*, l'an .... — Le code *civ...,* la guerre
.... — La question *inciv...,* l'accueil .... — La vanité
puér..., l'orgueil .... — Le *vil.* métier, la .... passion. —
Le courage *vir...,* la force .... — Un sel *volat....* une subs-
tance .... — L'animal .... — La bête .... — Cette .... est
d'un goût exquis. — On élève cette .... pour la manger.—
Ce théâtre changeant et *mob...* * — Le temps, cette image
mob..., de l'*immob...* éternité. — Une terre *stér...., fert....*
— Un canton *stér...., fert...* — La besogne *fac..., diffic...*
fût..., ut..., inut... — Le jeu .... — Esprit *versat...*
— Conduite .... — Onde pure et *tranquille.* — Le cœur
.... — Enfant *imbécille.* — Femme ....

11. Les adjectifs terminés au masculin par *f*
changent au féminin *f* en *ve.*

Un goût *vif.* — L'humeur ... — L'écolier *attentif.* —
L'écolière .... — L'habit *neuf.* — La robe .... — Il est
neuf. — Elle est .... — Le cri *plaintif.* — La voix .... —
Un *bref* délai. — La syllabe .... — Ce peuple était *serf.* —
Toute la nation était .... — Remède *purgatif.* — Potion
....

12. Les masculins en *al* ont le féminin en *ale*
par un seule *l,* et le pluriel en *aux* sans *e.* —

L'eau *baptismale.* — Les fonts.... — La passion *brutale.*
— l'homme.... — les sentiments.... — La faute *capitale.* —

____
* Ajoutez *ile* pour le *masc.* comme pour le *fém.* dans les exemples suivants.

les péchés....—Les vertus *cardin*...—Les quatre points....
—Les terres *australes*.—Le pôle····—les signes....—La
branche *collatér*..—Les héritiers....—Les relations
commerci..—Des effets....—Un *cordi*.. excellent.—
Potion....—Les remèdes....—La magistrature *décenn*..
—*L'anim*.. utile.—Les.... rares.—la substance....—
L'amir.., le *capor*.., le *cryst*.., *l'arsen*.., le *fan*.., le *boc*..,
le *mal*, le *madrig*.., le *mét*.., *l'origin*.., le *maréch*.., le *sé-
néch*.., le *sign*.., le *tot*.., le *vass*.., le *riv*..,—les............
—La fraction *décim*..—les nombres....—Un verbe
anom... *pronomin*..—Des verbes........—Une terre *do-
mani*..—Un bien....—Les villages....—La lutte *inég*..
—Les *chev*....—*Commens*.. de quelqu'un; qui vit à la
même table; nous sommes....—Je suis votre *ég*..; nous
sommes....—L'armée *roy*... *impéri*..—Les domaines
........—Le moyen *lég*.., *illég*....—des moyens........—
Des poursuites........—Une douleur *loc*..—Les usages
....—La ligne *équinoxi*..—Les points....—Le gouver-
nement *féod*..—Les droits ....—C'est un homme *loy*...
Mes .... serviteurs.—La force *vit*...—Les esprits ....
—L'air....—Une promesse *verb* ...—Les procès....—
Les emplois sont *vén* ...—La charge ....—Le peuple
orient...,*occident*.., *méridion*..., *septentrion*...—Les peu-
ples........—Les contrées........—La maison *seigneur*...
—les droits....—L'expression *trivi*...—Les détails ....
—Un ouvrage *mor*...,*immor*...—les ouvrages ....—
Le titre *primordi*... , *origin*...—Les titres ....—La di-
gnité *pontific*..., *sacerdot*....—Les ornements ....—
La maison *abbati*...—Les droits ....—La tendresse *con-
jug*...—Les liens ....—Le palais *élector*...—Les collé-
ges ....—L'habit *nation*..., *nupti*...—Les habits ....—
Les lignes *vertic* ..., *horizont*...—Les cercles ....—
La propriété *rur*...,*patrimoni*..., *matrimoni*...—Les biens
........—La critique *parti*..., *imparti*...—Les juges....
—La voix *sépulc*...—Les vases ....—Le mouvement
machin...—Les mouvements . ..—La traduction *littér*...

— Les commentaires .... — L'air *marti*... — Les jeux ....
— La pompe *triomph*... — Les chants .... — Les paroles
sacrament... — Les mots .... — L'analyse *grammatic*...
— Les rapports .... — le *quintal*, le *piédestal*... — La
commission *spéci*... — Les droits .... — Les *végét*... utiles. — Les substances .... — L'eau *miner*... — Le sol ....
— Les mois.... — *automn*.... — Les remèdes *pecto* ....
— Les fleurs .... — Les vices*radic*.... — Les lettres .... —
Changez le nombre de tous ces exemples.

13. Mots en *al* dont les uns ont le pluriel en
als, et les autres sont sans pluriel masculin. —
Ces derniers sont désignés par un astérique
— mots terminés en *alle* et en *ale* aux deux
genres.

Voilà un conseil *amic*... — J'aime le *bal*, le *carnaval*,
le *régal*. — J'ai un *cal* au pied. — J'élevais ce petit *chacal*, un *orignal*. — un *pal* aiguisé. — Le feu *centr*... — La
force .... — Opération *chirurgic.* ... — Édifice *coloss*...
La statue .... — Le pôle *boré* ... * L'aurore .... — Il a
quelque chose de *besti* ... * dans la physionomie ; une figure .... — Le manteau *duc*...; la couronne .... — Ce moment *fat*..., cette heure .... — Le son *fin*... — La cause
.... — Le respect *fili*... * — La tendresse .... — Le repas
frug... — La table •••• — Un vent *glaci*... * — La zone ....
— Cela est établi de temps *immémori*... * — Possession .... —
— La lettre *initi*... — Le son .... — Musique, *instrument*...
(sans masc.) — Cause . ... — Esprit *jovi*... * — Humeur....
— Le bonnet. *Doctor*... — La robe.... — Il est bien *matin*
... — Aujourd'hui elle est bien .... — La matière *médic*...
— La plante *médicin*... — Une note *margin*... — (Ces 3
adj. sans masc. usité) — L'habit *monac*... — La robe.... —
Le son *nas*... — La syllabe .... — Le combat *nav*... — La
victoire .... — Une tradition *or*... Examen...,(de bouche.) —
Le pouvoir *pap*... * — Les terres .... — Le chant *pastor*...

l'instruction .... — La fête *patron*.. (sans masc.) — Le code *pén*... — La loi .... —L'eau *pluvi*... (sans m.) l'expression *proverbi*... — l'expression *théâtr*... l'effet .... — L'organe *voc*... — La prière .... — L'air *virgin*... — Modestie .... — Le cierge *pasc*... — La communion .... — matière *féc*. (sans masc.) Mettez au pluriel,

Le grand intervalle, la galle, la noix de galle, la malle, le mâle, la halle, le hâle, la salle, le mouchoir sale, la robe sale, le fond de cale, la cigale, le dédale des lois, le scandale, l'amygdale, l'astragale, la bacchanale, danse de satyres ou débauche; les bacchanales, fêtes en l'honneur de Bacchus; la balle, la cavale, la cigale, la cabale, la cymbale, la timbale, la dalle, tablette de pierre dure; le dédale des lois, des cœurs; l'écale de noix, une belle opale, un trou ovale, la pédale, le pétale (feuille de la fleur), la sandale, le scandale, un stalle (un des siéges autour du chœur), la vestale, la figure pâle, le pâle adulateur.

14. *Bail*, *corail*, *émail*, *soupirail*, *travail*, ont le pluriel en *aux*. — *ail*, *aïeul*, *bétail*, *ciel*, *oeil*, font au pluriel *aux* ou *aulx*, *aïeux*, *bestiaux*, *cieux*, *yeux*. — Cependant on dit les *aïeuls*, grand père et grand mère, ou les deux grands pères; les *ciels* de lit, de tableau; les *œils*, trous, ouvertures, gouttes de graisse ou d'huile qui surnagent, et dans les noms de certaines plantes, de certaines pierres; les *travails*, compte rendu par un ministre, machine à ferrer les chevaux vicieux. — *Bercail* est sans pluriel, *vitraux* et *matériaux* sont sans singulier. — Les autres mots en *ail* ont le pluriel en *ails*.

Je n'aime ni *l'ail* ni *l'oignon*. — Le *bail* expiré. — Le *corail* taillé. — Le plus bel *émail*. — Le *soupirail* étroit.

Le pénible *travail*. — Le *ciel* ouvert. — Le noble *aïeul*. — L'*œil* malade, — Le *bétail*. — Les *vitraux* d'une église. — Les *matériaux* précieux. — l'*épouvantail*, le *détail*, l'*éventail*, le *portail*, le *poitrail*, le *gouvernail*, l'*attirail*, la brebis rentrée au *bercail*, balayez avec ce *plumail*. — Le *sérail*, palais du Grand Turc. *Mettez au pluriel.* J'ai perdu mon *aïeul* maternel. — Tu as encore tes deux .... — Cette dame est votre.... — Ce bien lui vient de ses .... paternels. — Il compte des rois parmi ses.... — Il a fait un *ciel* de lit. — Je ferai plusieurs .... de lits. — Cet artiste peint bien les .... — Des .... enflammés abaisse la hauteur. — Lycurgue perdit un .... dans une sédition. — Il n'y a pas d'.... sur ce bouillon. — On a percé trois .... de bœuf. Ces .... de perdrix sont mal faits. — Ce pain a de très grands.... — Des .... de chat, des ....de serpent, espèces de pierres. — Oui, je perds les deux .... ; vous les avez perdus, ô sage du Deffant! et nous ne verrons plus les sots dont la terre est couverte. — L'araignée a huit .... — La géographie et la chronologie sont les .... de l'histoire. — Paie ta vie par le *travail*. — Les .... champêtres. — Mes .... sont interrompus. — Il y a plusieurs .... dans la boutique de ce maréchal. — Le ministre a présenté plusieurs .... dans le courant de ce mois.

15. Écrivez *heure, demeure, beurre, leurre.* — Les autres substantifs en *eur* sont sans *e* muet. — Les adjectifs en *eur* qui marquent une comparaison ont le féminin en *eure*. Ces adjectifs sont: *meilleur* (plus bon), *supérieur* (au-dessus), *inférieur* (au-dessous), *intérieur* (en dedans), *extérieur* (en dehors), *majeur* (important ou qui a atteint l'âge de jouir de ses droits), *mineur* (qui n'a pas atteint cet âge), *antérieur* (de devant,) d'auparavant, *postérieur* (d'après, de derrière), *citérieur* (de ce côté-ci), *ultérieur* (de l'autre côté, en outre).

Les *heures* s'écoulent rapidement. — Vous ne donnez qu'un jour, qu'une ....., qu'un moment. — Nous partirons de bonne .... — A la bonne.... — Rentre dans ta *demeure*. — Habitant des .... célestes. — Ce *beurre* est gluant. — Les anciens Bourguignons graissaient leurs cheveux avec du .... J'ai mesuré la *long..*, la *larg....* et l'*épaiss...* de cette pièce de bois. — Un *malh...* amène quelquefois le *bonh...* — La tempérance est le *meill...* médecin, la .... règle. — Voilà les .... raisons, les .... motifs. — La *haut...* des montagnes. — La *profond...* des rivières. — La *doul...* *intér...* ou *extér...* — Les maux .... — La rive *ultér...* ou *citér...* — Le rivage .... — Mon fils est *maj...*, *min...* — Ma fille est .... — Les événements *antér...*, *postér...* — La circonstance .... — Les parties .... du corps de l'animal. — L'Asie *min...* — La *rig...*, la *vig...*, la *liq...*, la *roug...*, la *pâl...*, la *terr...*, l'*horr...*, l'*honn...*, la *douc...*, la *coul...*

16. Les autres adjectifs en *eur* ont le féminin en *euse*. — *auteur*, *amateur*, *acquéreur*, *peintre*, *poëte*, *locataire*, *propriétaire*, n'ont pas de féminin différent du masculin. — *Ambassadeur*, féminin *ambassadrice*; *chasseur*, féminin *chasseuse* ou *chasseresse*; *pécheur*, *enchanteur*, *vengeur*, *demandeur* (en justice), *défendeur*, *bailleur*, *vendeur* (qui a vendu un immeuble) changent *eur* en *eresse* au féminin. — *Devin*, *devineresse*; *empereur*, *impératrice*; *gouverneur*, *gouvernante*; *serviteur*, *servante*. — *Pécheur* (de poisson), *vendeur* (marchand), *demandeur* (qui demande sans cesse), féminin en *euse*. — *borgne*; *ivrogne*, *pauvre*, pris adjectivement c'est-à-dire joints à un nom ou à un pronom, ont le féminin semblable

au masculin; mais on dit substantivement
une *borgnesse*, *ivrognesse*, *pauvresse*.

Nous cherchons un *dans*..., un *chant*..., un *brod*...;
cherchez une .... — Le bon *fais*..., la bonne ... —
est *ment*..., *vol*..., *tromp*...; elle est !......... — Il est
— Elle est .... — Mon père est *amat*... de tableaux + —
est .... de fleurs. — On annonça M. l'*ambassad*... et
l'.... — Le *péch*... endurci — La .... repentante.
.... à la ligne. — La .... de grenouilles. — Les
chant..., la voix .... — Le bras *veng*..., la foudre ...
Dans ce procès je ne connais ni le *demand*..., ni
fend..., ni le *baill*..., ni le *vend*...; Je ne connais ni
.... — Il est *vend*... d'habits, et sa femme .... d'herb
Chassez tous ces *demand*... et toutes ces .... — Écoutez
ces *devins menteurs*, et toutes ces ....? Je suis
priét..., la *locat*... —

Diane la *chass*... — Le peuple .... — Elles sont
en .... — Le *gouvern*... du prince. — Mme la .... —
premier, *emper*... de Russie. — L'.... Catherine. —
fidèle *servit*... — Elle est votre .... — Il est *pauv*
borgne. — Cette femme est .... — Chassez cette
or...; elle est .... parce qu'elle ne veut rien faire. —
est *borgn*...; c'est une méchante .... — Le mari
ivrogne, et la femme une ...

**17. Adjectifs en *teur* qui ont le féminin
trice.**

Il est *accusat*..., *act*..., *administrat*..., *admirat*...
rat..., *adulat*..., *admonit*..., *approbat*.., *audit*...
fait..., *calomniat*..., *coadjut*..., *compétit*..., *concil*
conduct..., *conservat*..., *consolat*..., *coopérat*...
rupt..., *curat*..., *débit*.., *délat*..., *destruct*..., *dilap*
dictat.., *direct*..., *dispensat*..., *dissipat*..., *dissimu*
distribut..., *donat*..., *élect*..., *émulat*..., *exécut*...
générat..., *instigat*..., *introduct*..., *institut*..., *inv*
lect.., *législat*..., *libérat*..., *modérat*..., *mot*...,

...sécut..., *perturbat*..., *procurat*..., *protect*..., *réconci-*
...t..., *réformat*..., *spectat*..., *séduct*..., *tentat*..., *tut*...,
...colat..., *usurpat*..., *zélat*... — Elle est.........

NOMS ET ADJECTIFS DE NOMBRE.

18. Les adjectifs de nombre sont CARDINAUX ou ORDINAUX. Les nombres cardinaux indiquent le nombre des objets : DEUX *personnes*, VINGT *chevaux*. — Le nombre ordinal exprime le rang d'un objet, résultant du nombre des objets semblables qui précèdent, soit dans l'espace, soit par succession de temps. LE CINQUIÈME *arbre*, LE DOUZIÈME *siècle*.

Les nombres cardinaux sont de vrais articles, puisqu'ils ne déterminent le substantif que sous l'idée de nombre. Ce sont des pluriels successifs de l'article indéfini UN. — Et ce qui prouve que ces mots sont articles indéfinis, c'est que pour représenter les objets comme connus et déterminés, on ajoute l'article défini: LES *trois grâces*: et pour faire remarquer, pour montrer, on ajoute le démonstratif: CES *trois colonnes*.

19. Écrivez en lettres les nombres suivants, et remarquez que les nombres 21, 31, 41, 51, 61, 71, s'énoncent *vingt* ET *un*, etc; mais 81, 91, 101, 1001, ne prennent pas la conjonction ET: *septante* et *nonante** ne sont plus usités; dites *soixante et dix*, *quatre-vingt-dix*. — Cependant on dit: *la version des septante*.

* Il est difficile sans doute d'expliquer pourquoi on a interrompu l'analogie, pour substituer à ces mots si simples *soixante et dix* qui renferme une addition, et *quatre vingt dix* qui présente une multiplication et une addition.

1, 2, 3, 4, 5, 6, 7, 8, 9, 10, 11, 12, 13, 14, 15, 16, 17, 18, 19, 20, 21, 22, 30, 31, 34, 40, 41, 45, 50. 51, 52, 60, 61, 69, 70, 71, 79, 80, 81, 83, 90. 91, 100, 101, 104, 1000, 10,000, 100,000, 1000,000, 1000,000,000, 1000,000,000,000, 73, 75, 79, 83, 97, 92, 96, 95, 93, 94, 72, 77, 74, 99.

20. Pour former, de ces nombres cardinaux, les nombres ordinaux correspondants, ajoutez *ième* aux nombres ordinaux: *vingt, vingt*IEME; changez *e* muet en *ième* dans ceux qui finissent par cette lettre: *quatr*E, *quatr*IEME: enfin changez l'*f* finale de *neuf* en *vième*.

Dans les nombres ordinaux composés, le dernier nombre prend seul la terminaison *ième*: Cet ouvrage contient *cent trente trois volumes*; *voici le cent trente troisième.* —Comme on dit *vingt et un*, dites aussi *vingt et unième*.— *Un* a pour ordinal *premier*; *deux* a *second* et *deuxième.*

Formez les nombres ordinaux correspondants aux nombres cardinaux de l'exercice précédent.

21. *Cent* au pluriel, et *quatre-vingts*, prennent une *s* quand ils ne sont pas suivis d'un nom de nombre. — *Mille* nombre cardinal est invariable. — Écrivez *mil, cent, quatre-vingt* invariablement, pour exprimer LA DATE des années, parcequ'alors ces nombres sont ordinaux. En effet *l'an trois cent, l'an mil sept cent quatre-vingt*, signifient *l'an trois centième, l'an mil sept cent quatre-vingtième* depuis la naissance de J. C. — Mais on écrirait *il y a huit cents*

ans, quatre vingts ans, parce qu'alors il s'agit du nombre des années. — *Mille*, mesure de chemin, est un substantif qui prend une *s* au pluriel. — *Million, milliard, billion, trillion*, etc., prennent *s* au pluriel. — On n'élide jamais l'*e* ou l'*a* final de l'article devant *huit*: cette élision a rarement lieu devant *onze*; et l'*s* finale ne se fait jamais sentir devant l'un ni devant l'autre. — Appliquez la même règle aux dérivés *huitième, onzième* etc. — Ce n'est point, comme le disent plusieurs grammairiens, que l'*h* de *huit* soit aspirée : car elle ne s'y prononce pas plus que dans *huître, honneur*. Cette erreur porte souvent les étrangers à aspirer l'*h* de *huit* comme dans *héros, hache*.

Madagascar à 800 lieu... de tour. — L'Espagne a 220 lieu... de long... sur 200 de larg..., et 500 ou 505 habit... par lieu... carr... — Un homme qui pèse 100 liv... a 4 liv... de cervelle; un bœuf qui pèse 900, n'en a que 3 liv... — Ce général av... 80 ans. — L'ouvrage coûte 84 francs, 94 écus. — 95 mètres. — Guillaume le conquéran... descend... en Angleterre en 1066. — Charlemagne fu... couronn... emper... l'an 800. — Le globe terrestre a 3000 lieu... de diam... et 9000 de circonfér... — Une circonfér... de 22 pie..., en a 7 de diamètre; ou, ce qui est encore plus exac..., un diam... de 113 pie... donne une circonfér... de 355. — Bordeaux a 99000 habitan..., Nantes 75000, Paris en 1820, 713,765. — 2300 ver... à soi... produis... une livre de soie; 27650 araign... n'en donn... pas davantage. — Le système de Copernic fu... publ... à Nuremberg en 1543. — En l'année 1818 la populat... de l'Europe étai... évalu... à 170,000,000 d'habitan..., celle de l'Asie à 333,000,000; celle de l'Afrique à 70,000,000;

et celle de l'Amérique à 35,500,000; ce qui prod... un total de 608,500,000 individ... — Rome a subsist... sous 7 rois pendan.. 244 ans; sous les consuls pendant 446 ans, sous 57 emper... pend... 519 ans; sous les rois Ostrogoths 92 ans, et sous 22 rois Lombards 206 ans; total 1507 ans jusqu'à l'an 800. — Le ven... le plus violen... qu'il y ai..., celui qui renvers... les édific... et déracine les arbr..., parcour... 162,000 mètres dans 1 heur...; le ven... le plus dou... et à peine sensib..., en parcour... 1800. — Le monde subsist... depuis 5828 ans. — L'Amérique fu... découv... en 1492. — Constantinople fu... prise par les Turcs le 29 mai 1453. — L'Europe a environ 1100 lieu... de long..., et 960 de larg... du nord au sud. — L'Amérique a 3125 ieu... de long... — Environ 3 *mill*... d'Angleterre fon... une lieu... de France. — L'île d'Anglesey a 20 .... de long sur 12 ou 14 .... de large; la circonfér... est de 70 .... environ; Beaumaris, qui en est la capitale, est à 184 .... nord-ouest de Londres. — Donn....moi l... huitième vo lume. — Voy... à l... huitième page. — L'affaire fu... remise à l... huitaine. — Nous entrons en possess... l... huit du mois. — C'est aujourd'hui l... onze — Je revien... pour l... onzième fois. — Un sexagénaire est un homme âgé de 60 ans; un septuagénaire, de 70 ans; un octogénaire de 80; un nonagénaire, de 90; un centenaire, de 100. — Le mille angl..., don... le parlement a détermin... l'étend..., est à peu-près la 69e. partie d'un degré de latitude.

22. *Demi* placé devant le substantif est invariable. — *Demi* placé après le substantif, en prend seulement le genre. — On l'écrit *demie*, substantif féminin, quand il n'est accompagné d'aucun substantif. — *Nu, non compris, y compris, excepté*, invariables devant le substantif, prennent l'accord quand ils le suivent. — *Ci-joint, ci-inclus*, invariables devant le nom

sans article, s'accordent avec le nom précédé de l'article, ou lorsqu'ils suivent le nom. — *Midi* et *minuit* sont masculin singulier. — *Mi*, signifiant *demi*, rend féminin le substantif devant lequel il se trouve. — Quoique le nombre qui indique l'heure soit de sa nature ordinal, le mot *heure*, qui l'accompagne, se met au pluriel : *il est onze heures.*

Nous av... trois lieu... et *demie* à faire. — Les .... dieu... don... vous sort... — J'écoutai... ces .... savan... — Je doi.. trois .... journ... — Le vif-argen... et l'arsenic son... des .... métau... — Il traça plusieurs .... circonf... — J'ai sept liv... et .... de sucre. — Trois quintau... et .... de plomb. — La .... est sonn... — Cette horloge sonne les .... — Av...-vous entend... la .... ? — Cette fraction vau... neuf ....—Il se promenai... *nu* tête, ... jamb..., ... pieds. — J'av... les pieds ....., les jamb... ..... la tête .... — Je n'ai que la *nue* propriét... de cet immeub... — *Excepté* ce jeune homme, ... sa mère .... ses sœurs. — Ces dam... ....., ces messieurs .... — Vous recevr... *ci-joint* copie des deux notes. — Je v. envoi... .... la copie de la lettre. — Copie de la lettre se trouvera .... — N. av... ..... quelq... pièces important... — Les détails .... v. instruir... de tou... — La lettre *ci-incluse* est adress... à nn de mes amis. — J'ai reçu les papiers, et je v. les renvoi.. .... — Je vous remets .... réponse à diff... object... — V. recevr... .... la copie des deux mémoir... — Les lettr... .... doiv... être remi.—sur-le-champ. — *Non compris* ses pensions, il a 10,000 fr. de revenu. — Tu aura... 300 fr. de pension, la gratification y .... — N. av... 80 personn... à nourr..., non .... cell... qui survienn. de temps à autre. — N. dépens... 5,000 fr. par an, les aumônes non .... — Non .... les liq..., n. av... pay... 19 fr. par tête. — V. étudierez les vers, la leçon ordinaire non .... — N. sort... de cette maison à la mi-septembre. — Nous étion... déjà à la mi-octobre. — Les euf... son... rentr... à huit heur... et dem... — Il étai... neuf heur... moins un quart.

23. Les noms propres considérés comme désignant des individus, sont invariables; *les deux Crébillon.* — Si l'article pluriel mis devant un nom propre signifie *des hommes tels que,* le nom propre prend alors la valeur d'un nom commun, et se met au pluriel. — *Les Alexandres sont moins rares que les Socrates.* Quelquefois l'article pluriel se met par emphase devant un nom qui désigne un seul individu; alors ce nom reste au singulier.

Néron ordonn... à *Sénèque* de mourir. — Il y a eu deux ..... l'un philosophe, l'autre poëte. — *Racine* mour... le 22 avril 1699. — Les deux .... fur... poët... — On voi... rarem... naître des .... — *Néron* fi... mour... son frère, sa mère et son précept... — O Rome ! que ne doi...-tu pas aux ....! — Ces ... du déser... son... plus cruels que les lions et les tigr... — La vert... et la science pouv...-elles fleur... sous les Caligul..., les Nér..., les Domit...? — *Caton* d'Utique pri... son nom du lieu où il se donn... la mor... — Rome admira les deux .... sans les imit.. — Ne voul... v. pas que ces enf... soi... des ....? — L'empereur *Dèce* persécuta les chrétiens. ... Les deux .... se dévouèr... pour la patrie. — Les homm... les plus brav... né son... pas des ...., des Régulus. — Tarquin l'ancien étai... fils d'un marchan... — Les .... fur... chass... de Rome.

24. Écrivez sans *s* au pluriel les prépositions, les conjonctions, les adverbes, pris substantivement, ainsi que les noms pris de langues étrangères.

Après plusieurs Lazzi, il s'en va. — L'alibi n'est pas prouv... — Cet ex-voto n'est pas proportionn... au bienfai... — Retranch... le zéro. — Prenez cet in-folio, cet in-quarto, cet in-seize. — C'est toujours un si, un mais, un pourquoi; jam... il n'ob... sans murmur... — Dites un pater, un avé, un credo. — J'ai effac... un car, un que et un de. — Il jou... un duo, un trio, un quatuor. — Ce numéro n'est pas sort...

Changez le singulier en pluriel.

25. On appelle SUBSTANTIFS COMPOSÉS, ceux dans la formation desquels il entre plusieurs mots. — Il n'y a, dans ces sortes de substantifs, qu'un mot qui soit LE NOM de la chose dont il s'agit; encore ce nom est-il souvent sous-entendu: les autres mots sont qualificatifs ou déterminatifs.

Lorsque LE NOM OU L'IDÉE PRINCIPALE est exprimée, le mot qui l'exprime prend le pluriel quand on parle de plusieurs objets. — Si le déterminatif est un adjectif ou un nom pris adjectivement, il suit la règle d'accord; si ce déterminatif est un complément indirect exprimé de quelque manière que ce soit, il n'est pas susceptible de varier, mais il garde la forme qui résulte de sa signification.

EXEMPLES.	EXPLICATION.
Un *loup-marin.* Des *loups-marins.*	Un *loup* (idée principale) qui est *marin*; adj. qui doit s'accorder avec son subst.
Un *oiseau-mouche.* Des *oiseaux-mouches.*	Un *oiseau* (idée principale) *mouche*. ou qui est *mouche*; subst. pris adjectivement

L'*arrière-saison.* Les *arrière-saisons.*	La *saison* (idée principale) qui est en *arrière* ; comp. ind. formé par un adverbe; invariable.
Un *arc-en-ciel.* Des *arcs-en-ciel.*	Un *arc* (idée principale) qui est *en ciel*; déterm. comp. ind., invariable.
Un *bain-marie.* Des *bains-marie.*	Un *bain* (idée principale) *à la marie* ; comp. ind. dont la prép. est sous-entendue ; invariable.

Lorsque LE NOM même de la chose, ou L'IDÉE PRINCIPALE est sous-entendue , la partie déterminative seule exprimée, ne subit aucun changement dans les mots qui la composent. — Si l'on exprime un adjectif qui se rapporte au nom principal, cet adjectif s'accorde avec le nom sous-entendu.

Un *passe-partout.* Des *passe-partout.*	Une *clef* qui *passe partout.*
Un *cure-dents.* Des *cure-dents.*	Un *instrument* qui *cure les dents.*
Un *a-tout.* Des *a-tout.*	Une *carte* qui *répond à tout.*
Un *va-nu-pieds.* Des *va-nu-pieds.*	Un *homme* qui *va nu pieds.*
Un *pied-à-terre.* Des *pied-à-terre.*	Un *lieu* où l'on met *pied-à-terre.*

Puisque des PASSE-PARTOUT sont des clefs qui PASSENT par-tout, pourquoi le mot *passe* ne prend-il pas la marque du pluriel? en voici, je crois, la raison. On ne peut écrire PASSES, parce que cette terminaison ne convient point à la

troisième personne plurielle d'un verbe: on n'é-
crit point non plus PASSENT, parce que cette
terminaison aurait quelque chose d'extraordinaire dans un mot considéré comme substantif.

Quelques noms composés sont entièrement
formés de mots étrangers; ceux-là sont entièrement invariables. Un AUTO-DA-FE, des AUTO-DA-FÉ.

Enfin les éléments de quelques noms composés ont été réunis en un seul mot; ceux-là
prennent la terminaison plurielle à la manière
des substantifs simples. Un PARAPLUIE, des PA-
RAPLUIES.

26. *Décomposez, expliquez les noms suivants, et formez-en le pluriel.*

Une belle-de-nuit (*fleur* belle de nuit). — Un abat-vent
(*charpente* qui abat le vent). — Un casse-cou (*lieu* où l'on
se casse le cou). — Un chou-fleur (une *fleur* qui est
chou). — Une chauve souris (une *souris* qui est chauve).
— Un coupe-gorge (un *lieu* où l'on coupe la gorge). —
Un coq-à-l'âne (un *entretien* où l'un parle de coq, et
l'autre d'âne). — Un tête-à-tête (un *entretien* de tête-à-
tête). — Garde-champêtre, garde magazin, garde-man-
teaux, garde-national, garde-côtes, garde-chasses; (*garde*
ou *gardien* champêtre, du magazin, des manteaux, natio-
nal, des côtes, des chasses; ici garde est le *nom principal*)·
Garde-manger, garde-feu, garde-fous; (*lieu* où l'on garde
le manger; *grille* qui garde contre le feu; *barrière* qui
préserve les fous, les étourdis; ici garde est verbe). Un
cent-suisses, un quinze vingts, (*un* des cent suisses, des
quinze vingts). — Un entre-côtes (*morceau* entre les
côtes). — Un entr'actes (*intervalle* entre les actes).

27. *D'après ces explications, écrivez les noms suivants, et formez-en le pluriel.*

Un cass... noisett... — Un brèch... den... — Un vol...-au-ven... — Un couvr...-pie... — Un gob...-mouch... — Un pès...-liq... — Une sage-femm... — Un peti...-fils. — Un remu...-ménag... — Un tir...-boît... — Un ver-luisan... — Un vice-présiden... — Un pot-pourri. — Un serr...-tête. — Le qu'en dira-t on. — Le po...-au-f... — Le réveil...-matin. — Le qui-va-là. — Un raba... joi... — Un port...-mouchett... — Un sot-l'y-laisse (dessus du croupion d'une volaille; *morceau* que le sot y laisse). — Un Hôtel-Dieu. — Grand-maître, grand-père. — Grand'messe, grand'mère, grand'tante (*grand* est *inv.*). — Un écout...-s'il pleu... — Un pince-sans-rire. — Un contre pois... — Une contre-march... — Un avan...-cour... — Un bec-figues. — Un vide-bouteil... —'Un pri...-Dieu. — Un sous-ordr... — Un avan...-toi... — Un bien-aimé. — Un chass...-mouch... — Un ouï-dire. — Un guide-âne.

Si le nom exprime la partie pour le tout, l'inventeur pour la chose, ce nom et l'adj. qui le modifie prennent la marque du pluriel.

Un rouge-gorge. — Un blanc-bec. — Une reine-claude. — Un messire-Jean. — Un pied-plat. — Un gros-bec.

ORTHOGRAPHE DES VERBES.

28. Il n'y a que **3** infinitifs terminés en *oire;* *boire, croire* et *accroire*. — terminez par un *e* muet *rire, sourire, frire, maudire*, et tous les verbes qui ont le participe présent en *isant* ou *ivant: lire, lisant; écrire, écrivant*. —*répandre et épandre* sont les seuls verbes en *andre* par un *a*. — *Contraindre, craindre* et *plaindre* sont les seuls verbes en *aindre* par un *a;*

les autres sont en *eindre*. — Il faut se rappeler que l'infinitif est invariable.

Un poète avait fait ce vers boursouflé: fais-lui boi... la mort dans la coupe sacrée. On le parodia ainsi en parlant d'un cheval: fais-lui mang... la mort dans un boisseau d'avoine. Le financier se plaignai... que les soins de la providence n'euss... pas au marché fait vendr... le dorm..., comme le mang... et le boi... — Siècles futurs, v. ne pourr... le croi...; j'ai vu mon verre plein et je n'ai pu le boi... — Philosophes rêveurs qui pensez tout sav..., ennemis de Bacchus, rentrez dans le dev...; vous vous en faites trop accr...; allez, vieux fous, allez appr... à boi... — Dans l'art dangereux de rim... et d'écri..., il n'est point de degré du médiocre au pire. Autrefois Carpillon fretin eut beau prêch..., il eut beau di...; on le mi... dans la poêle à fri... — Tous deux au Styx allèrent boi...; tous deux à nag... malheureux, allèrent travers..., au séjour ténébreux; bien d'autr... fleuv... q... les nôtr...., — Souffr... plutôt que mour..., c'est la devise des hommes. — v. euss... vu, par un effet contraire, leurs fronts pâl... d'horr..., et roug... de colère. — Bâti... des villes, c'est se rendr... utile aux hommes: les détrui..., c'est se déclar... l'ennemi de la société... — On doit ob... aux lois. — Loin de haï... les méch..., il fau... les pl..., et tâch... de les convert... à la vertu. — V. pouv... ét... le feu des guerr... civil... — Ces vers sont beaux; je vai... les transcr... Il n'y a plus de loups en Angleterre; on est parvenu à les détr... — Aux soins de l'avenir l'esprit ne peu... suff... — On sera ridicule et je n'oserai ri...? — Qui peut att... à la perfection! — J'ai su le contr... à se tai... — Je ne puis feindre d'estim... les méch... — Il sai... p... en miniature. — Je doi... cr... de vous offens... — Je croyai... n'av... plus de larmes à rép... — Quel bras peu... v. susp..., innombrab..., étoiles! —

29. Tous les verbes de la première conjugaison

terminent le présent de l'indicatif par *e* muet:
j'avoue, je jure, je conseille. —Les verbes dont
l'infinitif est en *ger*, prennent *e* après le *g*, et les
verbes en *cer* une cédille sous le *c* devant les lettres *a o.* —*je mangeais, nous logeons, nous an-
nonçons, il força.* — Les verbes de la 1ere. conjugaison, dont la dernière syllabe est précédée
d'un *e* muet, comme *élever, promener*, prennent un accent grave sur ce même *e*, lorsque
la syllabe suivante est muette. Ainsi dites, je
me *promène, il se lève, je pèserai.* — L'*e* qui
précède la dernière syllabe du futur est toujours muet; ne dites donc point je *trouvérai.* —
Les verbes en *eter, eler*, doublent *t* ou *l* devant
un *e* muet. Écrivez donc *nous jetons, il har-
cela*, et *il jette, il harcellera.* Mais si l'*e* qui
précède *t* ou *l* n'est pas muet, on ne double en aucun cas la consonne suivante. Ainsi *méler, tem-
pêter*, font *je méle, il tempéte; inquiéter, j'in-
quiète.* — *Acheter*, ne double pas le *t; celer,
deceler, receler; geler, dégeler, regeler, con-
geler*, et *peler*, ne doublent jamais *l.*

30. Un principe qui s'applique non seulement
aux verbes, mais à tous les mots de notre langue, c'est que l'on emploie *y* au lieu d'*i* entre
deux voyelles: *Essayer, déployons, voyant.*
Mais devant une syllabe muette, mettez *I* et
non *y.* Ainsi vous écrirez: *j'essaie, il déploie-
ra, qu'il voie.* Par la même raison, écrivez
Joyeux, payeur, et la *joie, la paie.*

Cependant si la première voyelle conserve le son qui lui est propre, mettez I entre deux voyelles. Ainsi on écrit *païen, faïence, théïère, Achaïe, aïeul.*—L'usage veut qu'on écrive *pays, paysan, paysage,* quoiqu'on prononce *pé-i.*

31.Les verbes qui ne se terminent pas au présent indicatif par un *e* muet, prennent *s* à la première et à la seconde personne, et *t* à la troisième: *Je dis, tu dis, il dit.* — Les verbes en *dre* se terminent au présent de l'indicatif par *ds, ds, d: je rends, tu rends, il rend.*—Cependant les verbes en *indre,* et *absoudre, dissoudre, résoudre,* prennent *s, s, t,* sans *d; je plains, tu plains, il plaint; je résous, tu résous, il résout.*

32. *Voyez le tableau des verbes à la fin du volume.*

33 Verbes entièrement irréguliers ou très défectifs.

Aller. Je vais ou je vas, tu vas, il va, n. allons, v. allez. ils vont. — J'allais. — J'allai. — Je suis allé. — J'irai.— Va, allons, allez.—Q. j'aille q. tu ailles, qu'il aille, q. n. allions, q. v. alliez, qu'ils aillent. — Q. j'allasse. — allant. — allé.

S'en aller se conj. de même: mais dans les temps composés, on place toujours *en* devant l'auxiliaire. Je m'en suis allé, tu t'en étais allé, qu'il s'en soit allé, etc.

Pouvoir. Je puis, ou je peux, tu peux, il peut, n. pouvons v. pouvez, ils peuvent. — Je pouvais. — Je pus, — J'ai pu. —Je pourrai.—Point d'impér. — Q. je puisse. q. tu puisses, qu'il puisse, q. n. puissions, q. v. puissiez. qu'ils puissent. — Q. je pusse. — pouvant. — pu.

Savoir. Je sais, tu sais, il sait, n. savons, v. savez, ils savent. — Je savais. — Je sus. — J'ai su. — Je saurai. — sache, sachons, sachez. — Q. je sache, q. tu saches, qu'il sache, q. n. sachions, q. v. sachiez, qu'ils sachent. — Q. je susse. — sachant. — su.

Faire. Je fais, tu fais, il fait, n. faisons ou fesons, v. faites, ils font. — Je faisais ou fesais. — Je fis. — J'ai fait Je ferai. — fais, faisons, ou fesons, faites. — Q. je fasse, q. tu fasses, qu'il fasse, q. n. fassions, q. v. fassiez, qu'ils fassent. — Q. je fisse. — faisant. —, fait. Conj. de même *défaire, refaire, satisfaire, surfaire, contrefaire.*

34. *Dans les verbes défectifs suivants, on n'indique que les temps usités: de plus, toute personne non suivie d'un etc., est la seule usitée du temps auquel elle appartient; les infinitifs inusités sont marqués d'un astérisque.*

*Gésir.** (Être couché, situé) il gît, ils gisent, il gisait, ils gisaient, gisant. — *Issir* (tirer son origine) issu, issue. — *Férir* (frapper) sans coup férir, féru, férue, (occupé, épris.) *Ouïr* (entendre) prét. déf. j'ouïs, etc. imp. sub. que j'ouïsse, etc. temps comp. j'ai ouï, etc. avec les inf. dire, raconter. — *Quérir* (chercher) avec les v. aller, venir, envoyer.

Apparoir (être évident, manifeste) il appert. — *Choir* (tomber) part. p. chu. — *Ravoir.* — *Promouvoir* (élever à un grade, à une dignité) les temps comp. j'ai promu, etc. — *Seoir* (tenir séance) séant, sis, sise, (situé). — *Seoir** (être convenable, aller bien) il sied, ils siéent, il séyait, ils séyaient, il siéra, ils siéront, il siérait, ils siéraient, qu'il siée, qu'ils siéent, séyant. — *Messeoir** (ne pas convenir) se conj. comme seoir. —

Accroire. — *Décroire.** Je ne crois ni ne décrois; seule phrase où ce verbe soit usité. — *Braire,* il brait, ils braient, il braira, ils brairont, il brairait, ils brairaient. —

Bruire, il bruyait, ils bruyaient, bruyant. — *Clore*. Je clos
tu clos, il clot. Je clorai, etc. Je clorais etc. impér. clos.—
Qu'il close. — Part. clos, close. — *Enclore*, de même.—
Éclore. Il éclot, ils éclosent; il éclora, ils écloront; il éclo-
rait, ils écloraient; qu'il éclose, qu'ils éclosent; éclos,
éclose. Temps comp. avec être.—*Duire* (plaire) il duit. —
Frire. Je fris, tu fris, il frit. Je frirai, etc. Je frirais, etc.
Impér. fris. part. frit, frite et les temps comp. les autres
temps se forment du v. faire, joint à l'inf. frire. n. faisons
frire, etc.—*Poindre* (piquer, percer, paraître) il point; il
poindra; poignant, poignante, adj. —*Soudre* (resoudre) un
problème—*Sourdre* (se dit de l'eau qui perce la terre)
il sourd, ils sourdent. —*Tistre*, tissu, tissue. —*Forfaire*
(agir contre le devoir); elle a forfait à l'honneur. —*Mé-
aire* (faire une mauvaise action).

35. Exercice sur l'orthographe de tous les temps
et de toutes les personnes des verbes. Les exemples
de ces exercices seront mis successivement au
singulier et au pluriel de chaque temps et de
chaque mode.—Pour employer le présent du
subjonctif, on mettra en tête de chaque exemple un verbe au présent ou au futur exprimant
le doute, le désir, la crainte, etc. et pour obtenir l'imparfait du subjonctif, on emploiera ce
même verbe à un temps passé ou au conditionnel. —Exemple: *tu meurs content*. présent du
subjonctif: JE VEUX *que tu meures content*. imparfait du subjonctif: JE VOULAIS *que tu mou-
russes content*. — Observez que lorsqu'il man-
que un temps primitif, les temps qui en sont
formés manquent aussi: Par exemple: le verbe
traire n'ayant pas de prétérit défini, n'a pas
d'imparfait du subjonctif. Ce n'est pas une rai-

son pour qu'on puisse dire: *je voulais que tu* TRAIES; pour éviter cette faute, employez un au-tre tour ou un autre verbe. Dites: *je voulais que tu* TIRASSES *le lait.* — Au lieu de dire: *Il faudrait que je me* DISTRAIE, dites: *je devrais me* DISTRAIRE.

Première conjugaison. Jurer. Je .... de ne jam... manq... aux lois de l'honn... — Tu .... de me serv... — Elle .... de v. ob... — *Désirer.* Je .... rassemb... mes amis. — Il .... les vains honn... — Tu ne .... point d'acquér... la vraie gloire. — *Suer.* Je .... sang et eau. — Il ne .... jam... — Tu .... facilement. — *Plier.* L'arbre tien... bon, le roseau .... — Tu .... les genoux. — Cette épée .... jusqu'à la garde. — Je ne .... pas encore ma lettre. — L'infanterie .... d'abord. — *Tuer.* La lettre ...., et l'esprit vivif... Je ...., des mouches. — Il se .... à cour... — *Avouer.* Je v..... mes erreurs. — On t'.... la vérité. — Elle n'.... ses torts. — *Créer.* Dieu .... par sa toute-puissance — Tu te .... des chimères. — Je me .... des plaisirs innoc... — *Suppléer.* Je s... la somme. — Tu .... les fonds. — La vertu .... à la naissance. — *agréer.* J'... votre hommage. — Tu .... ma demande. — Il .... vos resp... — *Essayer.* On .... de v. amus. — Tu ...., de le persuad... — J'... de dorm... — Le jeune ois... s'... à vol... — *Déployer.* L'aigle ...., ses ailes. — Je .... toute mon éloquence. — Tu n. .... tout ton savoir. — On .... peu d'énergie. — *Essuyer.* — Je m'.... les mains. — On .... vos larmes. — Tu .... la table. — Le vaiss... .... une rude tempête. — *Mener* il n. .... à la promenade. — Je les .... à l'école. — Tu n. .... ou tu veux. — On ne n. .... pas ainsi. — *Forcer.* Tu me.... à parl... — On les.... à n. suivr... — *Semer.* Tu .... des oignons. — Je .... du bled. — On .... du chanvre. — *Enlever.* Je leur .... cette gloire. — Il n..... cet honn... — Il v. .... la victoire. — On n .... nos biens. — *Songer.* Tu .... à m'offens... — Ell .... à n... divert... — On .... à les chass...

— Je .... à repart... — *Juger.* Tu me .... mal. — Je les ....
incapab... de me tromp... — Il n. .... dign.. d'estime. —
Appeler. Je t'... à mon secours. — Tu n.... à toi. — Elle ne
m'... pas. — On n. .... — *Harceler.* Tu n. .... sans cesse. —
L'ennemi les .... — Je les .... — On v.... .... — *Béque-
ter.* L'ois... .... les raisins. — Petit ois..., tu .... mes fruits.
— *Cacheter.* Je .... ma lettre. — Voilà les lettres, on les
.... — Tu .... ce billet. — * *Mêler.* Tu .... ton fil. — Elle
... son écheveau. — Je .... mes cheveux. — On .... l'agréable à l'utile. — *Fêter.* On v. .... par-tout. — Tu n. ....
beaucoup. — Il me .... toujours. — *Celer, déceler, receler.*
Je ne v. c... rien. — Elle n. .... sa posit... — Cette plante
rec... un poison subt... — Elle .... des effets dérob... —
Tu .... toutes les hardes vol... — Votre conduite *déc...*
une ame vile. — Tu me .... par ce disc... — *Geler, dé-
geler, regeler.* Il g... très fort. — Tu me .... la main. — Je
.... — Il *dég...*, il *reg...* — *Dépecer.* Je... de la viande.
— Tu .... un vieux bateau. — On .... la baleine.
* *Seconde conjugaison. Rougir.* Je .... de v. fréquent...
— Tu .... de te trouv... ici. — On .... de les abandonn... —
Avertir. On les .... de part... — Tu n.... .... de n. prépar...
— Je v. .... de sort... — *Bénir.* Dieu a .... cette famille.
— J'ai .... le moment de votre arriv... — Tu as .... ton
fils. — Cette chandelle est .... — Voilà un cierge ...., de
l'eau ...., du pain .... — *Fleurir.* La vigne .... dans cette
saison. — Belle rose! tu .... pour quelques instants. — Le
commerce ... dans ce pays. — L'empire .... sous ce grand
prince. — Le royaume est .... — La science ne .... point
au milieu des discordes civ... — *Haïr.* Je ne te .... point.
— Tu n. .... — On v. .... par-tout. — On les .... ici. —
Le paress... .... le trav... — *Ouvrir.* Tu m'.... un passage.
— On .... une carrière. — Je t'.... la porte. — *Couvrir et
couver.* un nuage... — Il se .... devant le roi. — Tu .... une
maladie. — Elle .... sa fille des yeux. — Ce sauvage se ....
d'une peau d'ours. — *Recouvrir et recouvrer.* On .... les

sautent s d'étoffe. — Je le .... les pieds. — Tu .... difficilement la vue. — On .... la sant... à force de privat... —
Elle .... le lit d'un tap... rouge. — Il .... sa fortune. — Je
... votre estime. — Tu .... le malade. — *Souffrir* et *soufrer.*
On ne te .... pas ici. — Je .... des allumettes. — Il .... de
la poitrine. — Je ne .... nullement. — Je .... des bas de
soie pour les blanch... — Sa modestie .... quand on le
lou... — Il .... trop son vin. — *Revétir.* Elle .... les pauvres.
— On .... cette terrasse de gazon. — Je le .... de mon autorit... — Je le .... de mes pouvoirs. — *Accourir.* Il ....
au moindre bruit. — J'.... pour v... aid... — Tu .... pour
me soute... — *Servir* et *Serrer.* Ce livre ne me .... à rien.
— Je le .... de mon crédit. — Il me .... la main. — Je ....
mes pap... ici. — Tu me .... les doigts. — Tu me .... un
excellent morc... — Je me .... de ce couteau. — On ....
l'argenterie dans cette armoire. — *Cueillir, accueillir, re-
cueillir.* Je c... des poires et tu... des pommes. — Il acc...
froidement ses amis; je ne les .... pas ainsi. — Elle rec... le
fruit de ses trav...; je les .... avec elle. — *Saillir, assaillir, tressaillir.* Une pointe de rocher s... de quelq... pouces.
— Ce marbre ne... pas assez. — Cette corniche .... trop.
— Le jet d'eau .... à une grande haut... — Le sang ....
avec force. — Une source d'eau vive .... du rocher. —
Il m'*ass...* de sott... quest... — La tempête n..... — Tu m'...
de complim... — Je *tress...* en l'entendant nomm... — On
.... d'y pens... — Tu .... de peur. — *Dormir* et *dorer.*
Je .... tranq... — Tu .... mal sur les lits de plume. — On
ne .... point, quand on a tant d'esprit. — Elle .... sur l'herbe.
— Tu .... sur bois. — Je .... un cadre. — Il .... un chan-
delier. — On .... le cuivre. — *Partir* et *parer.* Je .... pour
l'armée. — On .... tous les vendredis. — Tu ne .... pas
avec mes am... — La voiture .... sans moi. — Tu te ....
d'ornements étrang... — Je te .... des plus belles fl... — Elle
se .... avec goût. — Je .... les pierres avec un bâton. —
Repartir, répartir, réparer. Je .... pour Paris. — Il ....
seul. — Elle n. .... avec bien de la vivacit... — Tu .... avec

insolence. — Je .... la somme entre vous. — On .... également la besogne. — Tu .... cette gratification entre les ouvriers. — On .... les fortifications. — Je .... ma faute, et tu ne .... pas la tienne. — Elle .... le temps perdu. — *Bouillir.* Je .... d'impatience. — Tu .... de colère. — Le pot .... — *Sortir.* Je .... de la ville et tu en .... aussi. — Il .... désespéré. — On .... par cette porte. — *Fuir.* Tu me .... ingrat! — Je ne .... point le dang... — Elle n .... — *Faillir et défaillir.* Je f... tomb... — Il .... m'écras... — Tu .... en mour... — Elle déf... entre mes bras. —

Troisième conjugaison. Asseoir. Tu .... ton jugement sur de fausses opinions. — Je m'.... à l'ombre. — On .... les fondements d'un édifice. — Ma sœur s'.... sur l'herbe. — *Surseoir.* On .... toutes les affaires. — Je ne .... pas la délibération. — Tu .... ton voyage. — *Voir.* On te .... bien rarement. — Je les .... pass... — Tu n .... arriv... — Le maître v. .... trav... — *Pourvoir.* Il .... à tout. — Je me .... de bons livres. — Tu te .... d'outils. — *Prévoir.* Je .... bien des malh... — Tu ne .... rien. — Elle .... toutes les object... — *Revoir.* Je .... mon ouvrage. — Tu me .... tous les jours. — On ne le .... plus. — Elle n. .... avec plaisir. — *Choir, déchoir, échoir.* Il s'est laiss... ch... — Je déch... tous les jours. — Il .... au lieu de se rétab... — Cette maison .... de jour en jour. — Ce billet éch... aujourd'hui. — J'...., tu .... en partage à un bon maître. — *Falloir.* Il .... partir.

Quatrième conjugaison. Attendre. Je t'.... — On ne n. .... pas. — Tu les .... — Mon frère v. .... — *Fondre et fonder.* Le ciel se .... en eau. — Je .... à vue d'œil. — Tu .... du beurre. — On .... du plomb. — Je .... mon espoir sur toi. Tu te .... sur de frivoles espérances. — Ce prince .... une ville. — *Perdre.* Je v. .... pour jamais. — Tu te .... dans le bois. — On .... les meill... moments. — Elle n. .... par son babil. — *Mordre.* Cette lime ne .... plus. — Tu me .... le bras. Ce chien .... les passants. — *Prendre, apprendre, comprendre, surprendre.* — Je v. .... pour des insens... — J'appr... à éer... — On .... à les connaît...

Tu .... à n. respect.... — Cette action me *surpr*... — Un[e]
évènement ne n. .... nullement. — Tu n. .... — Je les .
— *Mettre, admettre, soumettre, commettre, promett*[re]
etc. On le *m*... en peine — Je .... ma confiance, — On l[e]
.... dehors .... — Je l'*adm*... à le justif... — On ne les .
pas. — Tu n. ...., dans ta maison, ... Voilà mes object.
je v. les sou..., ... — On ne me les ...., pas. — Elle se ...
la loi. — On n. *prom*... de ne pas n. abandonn... — Tu d[e-]
mand... ma protect...; je te la .... — Je me .... bien [l]
com... autrement l'affaire. — Tu *com*... une injustice.
Rompre, corrompre, interrompre. Tu me r... la tête.
Il .... tout commerce avec v. — Je me *cor*... avec toi. -
On le .... — Tu m'*inter*... — On v. .... — Je les ....
Elle m'.... — *Battre, combattre, débattre, rebattre.* [Il]
se .... — Tu me .... — Je ne te .... point. — Elle *comb*.
mon dessein. — La raison .... sans cesse les passions. [Le]
poisson se *déb*... sur l'herbe. — Tu te .... en vain. — Je.
reb... ce mot. — Tu .... des matelats. — *Conclure, e*[x-]
clure. Je ne *conc*... pas cette aff...; tu la ...., trop précip[i-]
tament. On .... le mariage. — Le roi m'*ex*... de sa présenc[e]
— On v. .... de notre compagnie. — Je ne les .... pas. -
Détruire. Tu .... ma fortune. — On .... pour rebât... — J[e]
.... pour reconstr... — Cet évènement .... mes objec...—
Suffire. Cette somme me ...., — On ne .... pas aux dem[an-]
des multipl...—Tu te.... à toi-même. — *Confire et confie*[r]
Je .... ces fruits au caramel; tu les .... au vin doux. — O[n]
....cette plante au vinaigre.—Je v. ....—Un secret.— T[u]
n. .... un dépôt précieux. On leur .... tout. — Elle se ...
en ses propr... forces. — *Écrire et s'écrier, décrire, et dé*[-]
crier; inscrire, prescrire. Je v. *écr*... souvent. — Ma
nev.... m'.... quelquefois. — On leur .... de rest...—[J]
m'....en le voyant. — On s'.... d'admiration. — Tu t'...
aussi, toi.— On te *décr*... toute la scène. — Je te ....m
situat...— Tu me .... une bataille— Tu te .... par la con[-]
duite. — Ton ennemi te .... partout. — Je ne .... pas vo[-]
tre marchandise. — On n. *inscr*... sur ce livre.— Je v
....— Elle m'....— On te *prescr*... un régime sévère. —

Je ne te .... rien. — Tu n. .... des bornes. — *Verbes en
eindre, eindre, oindre.* — Je cr... ces anim... — On ne n.
.... pas. — Te .... de nouv... réglements. — Je *pl...* les
méch... Je ne les hai... point. — Tu te .... sans motif. —
Tu ne n. .... pas. — L'armée se ..... — Tu n. *contr...* à te
serv... — Je les .... à paraîtr... satisf... — On v. .... à n.
ten... — Elle *j...* de trav... — Tu .... de a. méconn... —
Je .... d'être sour... — On .... de m. instr... — Tu ét...
les bougies. — Le flamb... s'... — J'.... le feu. — Je t... du
fil. — Le bois .... en rouge. — Tu c... ta tête d'une couronne immort... — Je .... mon parc d'une haie vi... — Tu
... insol... à la faussel... — Je me .... à toi. — La rose se
.... à la force. — Je v. enj... de sort... — On n. .... de leur
el... — *Coudre, découdre, recoudre.* Je c..., je déc..., je
rec... — Elle .... sans cesse. Tu *déc...* ta veste. —
Il .... mon habit. — Je rec... cette pièce. — On .... votre
poche. — *Moudre, émoudre, remoudre, rémoudre.* Je
m... trop de café. — Tu .... du poivre; tu le .... trop fin. —
Celerame petit *éc...* mes rasoirs, et il les .... bien. — Je re-
m... la farine; on la .... — Tu rém... bien mes cout...; je
les .... encore mieux. — On ne .... pas mes outils. *Mouler.*
Je ne me .... pas sur autrui. — Tu .... une statue. — On ...
des médailles. — *Rire et sourire.* Il r... de bon cœur. — Tu
me .... au nez. .... La fortune n. ..... — Cet enfant te ....
— Je lui sour... — On te .... — Elle v. .... — Tu lui ....
— *Taire, plaire, déplaire.* Je me t... — On se .... — Tu
ne .... jamais. — Le logement me *pl...* — Elle te ...., tu
lui .... — On se .... à méd... — Ce temps me *dépl...* — Tu
leur .... — On v. .... — Je leur .... — *Naître et renaître.*
Tu n... dans l'opul...; il .... malheureux. — Je ren... à la
vie. — Tu .... à l'espérance. — *Paraître.* Je te .... sévère.
— L'enfant me .... malade. — Tu n. .... incapable de
réuss... — On ne .... qu'un inst... — *Croire, croître,
croasser, croiser.* Tu me .... capable d'une telle action!
Je .... ces liv... bien écr...; mais je les .... inut... — On te
.... coupable. — Cette plante .... dans mon jardin. — Tu

.... à vue d'œil. — Je ne .... pas aussi rapidement qu'une
plante. — Un corb.... .... ici près. — Tu .... comme un
corb... — Je .... mes bras. — Tu .... les jambes. — On
.... les races. — *Vivre, revivre, survivre.* — Je v... content de peu. — Tu ne .... que pour toi. — Je rev... dans
cet enfant. — Ce héros .... en vous. Elle surv... à ses enfants. — *Vaincre, convaincre.* Tu me v.... en générosité...
— Elle v. .... en errant... — On v. conv... d'av... comm...
cette faute. — Je te .... par l'expérience. — Votre refus
v. .... de la faute. — *Dire, redire, dédire, dédier, contred...,* etc. Tu me d... la vérit..., mais tu me la .... malgré toi. — Je te la .... volontiers. — Tu n. red... la même
nouvelle. — Tu te déd... bien promptement. — Mon frère
ne se .... pas aussi aisément que tu te .... — Cet aut... v.
.... son ouvrage. — Je v. .... ce faible essai. — Tu lui ....
ton poëme. — Tu me contred..., et tu te .... toi-même. — Je
ne .... personne. — Il ne méd... de personne et tu .... de
tout le monde. — Si tu .... ainsi, on ne pourra te souffr... —
Tu ne n. préd... que des calamit..., je ne te .... que des
prospérit... — On ne te .... rien de bon. — Tu l'interd...
les plais... les plus innoc... — Tu m'.... l'entr... et la sort...
— On n. .... l'usage du papier. — Je te maud..., fils ingr...! — Tu .... l'heure de ta naissance. — On .... son
arriv... — *Résoudre, absoudre, dissoudre.* Tu rés... la
quest... mais je la .... plus simplement ; on ne la .... pas
ainsi. — Ce moyen .... la difficult... — Je me .... à repart... — On v. abs... — Tu n. .... — Je ne les .... pas.
— Cette eau diss... les métaux. — Je .... la société... — Le
sel se .... — Tu .... le sucre dans l'eau. — *Traire et ses
composés.* La fille tr... les vaches ; elle les .... tous les
jours. — Je les .... quelquef. — On .... les chèvres. — Tu
me distr... — L'enfant n. .... — Je ne te .... point. — On
v. .... — J'extr... les plus b... morc... — On .... un sel de
cette plante. — Tu .... le suc des fruits. —

   Verbes irréguliers. Mourir. Je .... content. — Il ....
dans les tourm... — Tu .... pour recouvr... une vie immort... — *Venir, tenir et composés.* — Je v... à toi. —

Tu .... n. rempl... de tristesse. — Il *dev...* vieux et goutt...
— On .... méch... avec les méch... — Tu *parv...* à les persuader. — Je ne .... à rien. — Il se *souv...* de tout. — Je
me .... de lui av... parl... — Tu te .... de ces jours affr...
— Je *t...* le lapin par les or... — Tu .... à ton proj... — Je
ne te *ret...* plus. — On n. .... ici. — Tu ne les .... pas. — Ce
vase *cont...* plus... pintes. — Je me .... à peine. — *Acqué-*
rir, conquérir, s'enquérir, requérir. On *acq...* des connaiss... par le trav... — Tu n'.... l'amit... de personne. —
J'.... la facilit... d'écr... — Cette ville .... des habit... —
On *conq...* ainsi l'amit... et l'estime. — Tu .... des villes
et des provinces. — Je m'*enq...* de choses intéress... — Tu
t'.... des moyens de réuss... — On s'.... de votre demeure.
— On *req...* la force arm... — Je .... ton assist... — Tu
.... mon sec... — *Devoir, apercevoir, concevoir, perce-*
voir, recevoir. Tu ne me *d...* rien. — On .... secour... les
malheur... — Je .... retourn... chez moi. — Je m'*ap...* de
ton dess... — J'.... des étoiles ; tu n'en .... pas — On s'....
de ce changem... — Je ne *conç...* pas cela. — On ne te ....
pas. — Tu .... mon intention. — Je *perç...* les deniers pu-
blics. — Il .... la rente. — On .... mes revenus. — Je
reç... l'ordre de part... — Tu .... tes meill... am... — On
ne .... que des affronts ici. — *Mouvoir, émouvoir.* Tu
m... facilement cette pierre. Ce corps se .... en ligne
courbe. — Ta menace ne m'*ém...* point. — Tu n'.... personne. — Je m'.... facilement. — On ne s'.... pas de
tes disc... — *Valoir, équivaloir, prévaloir* Je *v...* mieux
quand j'ai étud... — Tu .... mieux que moi. — Ce livre ne
.... pas 6 francs. — Le jardin *équiv...* à ma maison. —
Votre réponse... à un refus. — Tu te *prév...* d'un frivole
avantage. — Votre avis .... sur le mien. — Je ne me ....
pas de mon crédit. — *Vouloir.* Je ne .... point trav... — Tu
.... n. contred... — Elle .... te contrar... — On .... n.
chass... — *Boire.* Je .... ce vin fort tremp... — Tu .... des
liq... fortes. — On .... ce jus avec délices. — Le malade
.... difficilement.

Verbes entièrement irréguliers. Aller. Je .... trav.... — Tu .... cherch.... ta sœur. — On .... attaq.... l'ennemi. — Elle .... à la messe. — Mon frère .... à la ville. — *S'en aller.* Je .... sans toi. — Tu .... pour ne plus reveni.... — L'armée .... — On ...., la pièce est jou.... — *Asseoir.* Il s'.... devant le roi. — Je m'.... sur un banc. — On s'.... sur cette large pierre. — Elle s'.... sur l'herbe. — Ils .... dans un faut.... — *Avoir.* J'.... peu d'amis. — Tu .... beaucoup de livr.... — On n'.... jamais tout ce qu'on désire. — Elle .... toute ma confiance. — Cette maison .... cent fenêtres. — *Pouvoir.* Je ne .... la quitt.... — On .... v. accus.... Tu ne .... n. convainc.... — Elle .... le retrouv.... — Je .... v. écout.... — *Savoir.* On .... toute l'histoire. — Je .... me cond.... — Tu .... tes leçons, tu les .... bien. — Elle .... plusieurs langues. — Mon fils ne .... pas les mathématiques. — *Être.* Je ne .... pas votre infér.... — Tu .... sa meill.... amie. — Il .... danger.... de pass.... ici. — Elle .... accoutum.... à n. entend.... — On n'.... heur.... que par la vertu. — *Faire.* Cet enf.... .... votre bonh.... — Tu ne n. .... pas peur. — Elle v.... sav.... ses intentions. — Je .... bât.... une maison. — On .... peu de progr.... —

Verbes défectifs. Cette dernière partie de l'exercice ne renferme que des verbes défectifs employés aux temps et aux personnes seulement en usage: ainsi elle n'est pas susceptible de prendre différentes formes.

Gésir. Ci.... par qui les autres .... — Tout .... en cela. — Les restes de nos monarq.... .... autrefois sous ces tomb.... — J'ét.... .... à cette place. — Là .... nos défens.... — *Issir.* Du sang de Jupiter .... de tous côtés. — *Férir.* Ils aur.... remport.... la victoire sans coup.... — Il est .... de cette femme. — *Ouïr.* Je vien.... d'.... la messe. — Il fau.... .... les témoins. — Telle est l'histoire que j'ai .... racont.... — N. av.... .... dire q. v. part.... — *Quérir.* Je l'av.... envoy....

.... — Elle m'a envoye ...., une carpe. — Hier, j'allais
.... des poissons. — *Apparoir.* Il .... de tel acte que
etc. —— *Choir.* Tout va .... en ma main, ou tomber
dans la vôtre. —— Je me suis laiss .... — Il est ....
en pauvreté (aead). — *Ravoir.* J'ai laiss... tomb... mon
cœau dans le puits; je ne sai... si je pour.... le .... *Promou-*
voir. Il a été .... au cardinalat. — Le roi l'a .... à cette
dignit... — *Seoir.* (tenir séance, être situé) le parlement
va .... au châtelet. — Le parlement était alors .... à Tours
— J'ai une maison .... rue St. Honoré. — Il a un héritage
.... à Séaux. — *Scoir.* (être convenable) Cette coul... ne
v..... pas; les coul... fonc... v..... mieux. — Autrefois
le rose v....... bien. — Elle av... des manières qui ne lui
.... pas. — Ce ton v....., quand v. aurez dix ans de plus;
mais de telles express. ne v. .... jamais. — Cela te ...., si
tu ét... plus riche. — Ce ton ne v. .... pas, je v. pr... d'en
chang... — Je doute que cet habit v. ....., que ces cou.
l... v..... — *Messeoir.* Ce ton d'assurance ne lui .... pas. —
On lui disai... pour la flatt..., que cet air étourd... ne lui ..
pas. — Je doute qu'un air de dignit... ..... à qui que ce soit.
— *Accroire.* Il s'en fait .... — *Bruire.* Cet âne .... sans
cesse, il .... encore demain; il ne .... plus, s'il av.... à
mang... — Ces ânes..................... — *Bruire.* Le tonnerre .... au dessus de nous. — Les flots .... d'une manière
épouvantable. — *Clore.* Je .... mon jardin. — Tu .... le
tien; il n. .... pas le sien. — Bientôt v. .... le vôtre; mes
sœurs .... cette vigne, si un sentier public ne la traversait
pas. — Dors, mon enf..., ... ta paupière. — La délibération fut prise à huis * .... — *Bouche* .... là dessus, je v.
prie. — Le jardin est .... d'un mur —. *Enclore.* Il ....
son jardin d'un fossé. — J'.... mon parc. — Tu .. ... le tien.
— L'année prochaine, j'.... ce pré. — *Éclore.* L'œuf du
ver-à-soie n'.... qu'à un cert... degré de chal... — Les bou-
tons .... déjà. — Ils .... bientôt. — Cette fl... ....., s'il faisait plus chaud. — Je désire qu'elle .... — Les œufs sont
.... — Il av... un bouquet de fl... fraîches .... — *Duire.*
Cela ne me .... point. — *Frire.* Je .... des oignons. — Vous

C'est à-dire, portes fermées.

.... une carpe. — Hier, je .... des poiss.. — Je... des grenouilles, si j'en av... — Les œufs sont ..... — *Poindre*. Le jour commence à .... — J'éprouvais une doul... ..., — *Sourdre*. Les fontaines .... de toute part. — Une eau claire .... des fentes du rocher. — *Tistre*. Moi seule j'ai ..... le lien malheureux. — *Forfaire*. V. av... ..... à l'honneur — *Méfaire*. Il ne faut ni .... ni médire.....

36. On rend la proposition interrogative en plaçant le pronom sujet immédiatement après le verbe, sans changer l'ordre des autres mots. Ainsi de ces propositions : *Je te le disais, Tu nous a offensés*, on forme les interrogatives *te le disais-*je*? nous as-tu offensés?* — Si la première personne se termine par un *e* muet, cet *e* prend un accent aigu dans la proposition interrogative. *Je trouve un trésor, j'estime ton frère*. Dites *trouvé-*je *un trésor? estimé-*je *ton frère?* — Si la troisième personne du singulier est terminée par un *e* muet, on joint le verbe au pronom par un *t* placé entre deux tirets. *Il aime, elle crie*, dites, *aime-*t*-il? crie-*t*-elle?* — Lorsque le sujet est un nom, on le laisse devant le verbe, et on exprime l'interrogation au moyen du pronom de même genre et de même nombre, que l'on place après le verbe. — *Les rois sont mortels, La vertu nous rend heureux*, dites : *Les rois sont-*ils *mortels? La vertu nous rend-*elle *heureux?*—Enfin au lieu de dire *rends-je, couds-je*, etc., dites *est-ce que je rends, est-ce que je couds* etc.

Les étrangers observeront que l'adverbe négatif ne se place toujours immédiatement après le sujet, et PAS, POINT, JAMAIS, RIEN, immédiatement après le verbe. *Je connais :* dites je NE connais PAS. — *J'ai :* dites *Je* N'*ai* RIEN. — *J'ai lu :* dites *Je* N'*ai* JAMAIS *lu.*

Plusieurs verbes sont suivis d'un QUE qui a la force d'un complément indirect, comme nous l'avons vu No. 107. Mais après *se rappeler* et *assurer,* le QUE est toujours complément direct, parce qu'il annonce la chose rappelée, assurée. Ce serait donc pécher contre la règle No. 165, que de donner encore pour complément direct à ces verbes le nom de la personne à qui on rappelle, on assure une chose. — *Se rappeler* veut le nom de chose en complément direct, et le nom de la personne en complément indirect avec A. — *Assurer* ayant pour complément direct le nom de la chose, veut le nom de la personne en complément indirect evec A. Mais si *assurer* a le nom de la chose en complément indirect avec DE, le nom de la personne devient complément direct.

EXEMPLES.	DÉVELOPPEMENT.
Je *me* suis rappelé *que* vous lui en avez parlé.	J'ai rappelé à *moi* ceci : vous, etc.
Elle ne *s'*est pas rappelé *que* vous lui ayez dit un mot.	Elle n'a pas rappelé à *elle* ceci : vous, etc.
Nous *nous* serions rappelé *de* t'avoir vu.	Nous aurions rappelé à *nous* ceci : de t'avoir vu. Appliquez à ce *de* l'observation faite N° 30.
Voici les circonstances *que* nous *nous* sommes rappelées.	Nous avons rappelé à *nous* les circonstances.

Elle *nous* a assuré *qu'*elle viendrait.

Je *leur* ai assuré *que* je ne négligerais rien.

J'ai vu cette dame; je *lui* ai assuré *que* tout était fini.

Je *les* ai assurés *de* ma reconnaissance.

Nous *nous* étions assurés *en* vous, *sur* vous.

Le fait est vrai : nous *nous le* sommes rappelé.

Elle a assuré *à nous* ceci : elle etc.

J'ai assuré *à eux* ceci : je, etc.

J'ai assuré *à elle* ceci : tout, etc.

J'ai assuré *eux* (c. d.) de ma, etc.

N. avions assuré *nous* (c. d.) *en*, etc.

Nous avons rappelé *à nous* le fait.

Ainsi ne dites pas: elle s'est rappelée *de* cela, elle s'en est rappelée, les choses *dont* elle s'est rappelée; ni, MM. je vous ai assurés que etc., je *les* ai assurés que etc.

38. *Exercice.*

Que de circonst... n. n. somm... *rapp...* — J'av... oubl... ces vers; je me les sui... .... peu-à-peu. — Après av... longtemps étud... cette leçon, je ne me .... suis plus r... — Elle l'a récit... le peu de vers .... elle s'est r... — N. ne n. serions pas r... ce fait. — Elle s'étai... r... de n. av... entend... — Ce fai..., dont v. v. êtes r...les moindr... circonst..., vous intéresse plus que je ne croyai... — J'ai lu cette lettre; je m'en serai... r... même les term..., si j'av... pu me recueill... un instant. — On nous a assur... la chose. — Mes amis, on vous a assur..., mais sans fondement, que les eaux son... déjà baiss... — Ceux qui se son... assur... de votre conseulement vous on... tromp... — J'ai vu madame votre tante, je l... ai assur... que v. v. port... bien. — En la quitt..., je l... ai assur... de mon parfai... dévouement. — N. n. étion... assur... sur votre appui. — Madame, le domestique v. aur... assur... une place, s'il av... pu pay... les arrhes. — Ma fille, je t'aur... assur... de la réussite, si tu av... suiv... mes conseils. — N. n. somm... assur... de la vérit... du fait. — Ils se son... assur... une puissante protection.

FIN.

VERBES RÉGULIERS.

Les observations que nous avons faites sur les verbes de la première conjugaison nous dispensent d'en présenter ici un Tableau particulier; ainsi nous commençons par ceux de la seconde.

PRÉS. IND.	PRÉT. DÉFINI.	PRÉS. INFINIT.	PART. PRÉS.	PART. PASSÉ.
Je finis	Je finis	Finir	Finissant	Fini (1)
J'ouvre	J'ouvris	Ouvrir	Ouvrant	Ouvert (2)
Je mens	Je mentis	Mentir	Mentant	Menti
Je sers	Je servis	Servir	Servant	Servi
Je dors	Je dormis	Dormir	Dormant	Dormi
Je bous	Je bouillis	Bouillir	Bouillant	Bouilli
Je vêts	Je vêtis	Vêtir	Vêtant	Vêtu
Je cours	Je courus	Courir	Courant	Couru (3)
Je cueille	Je cueillis	Cueillir	Cueillant	Cueilli (4)
Je pars	Je partis	Partir	Partant	Parti (5)
Je sors	Je sortis	Sortir	Sortant	Sorti (6)
	Je faillis	Faillir		Failli (7)
J'assois	J'assis	Asseoir	Assoyant	Assis
J'assieds	J'assis	Asseoir	Asseyant	Assis (8)
Je déchois	Je déchus	Déchoir	Déchoyant	Déchu (9)
Il échet	J'échus	Échoir	Écheant	Échu
Je vois	Je vis	Voir	Voyant	Vu (10)
Il faut	Il fallut	Falloir	Fallant	Fallu (11)
Il pleut	Il plut	Pleuvoir	Pleuvant	Plu (12)
Je fends	Je fendis	Fendre	Fendant	Fendu (13)
Je prends	Je pris	Prendre	Prenant	Pris (14)
Je bats	Je battis	Battre	Battant	Battu
Je mets	Je mis	Mettre	Mettant	Mis
Je romps	Je rompis	Rompre	Rompant	Rompu
Je conclus	Je conclus	Conclure	Concluant	Conclu (15)

OBSERVATIONS.

(1) Ainsi se conjuguent tous les verbes qui ont le participe présent en *issant*. — *Haïr* fait je hais, tu hais, il hait, seulement à ces trois personnes. — *Bénir* signifiant consacrer un objet matériel, fait au participe passé *béni*, *bénite; buis, cierge bénit.* — Signifiant louer, chérir, il fait *béni. Soyez béni, mon Dieu.* — *Fleurir* signifiant prospérer, fait *florissait*, *florissaient*, *florissant. Les sciences florissaient.* — Signifiant être en fleurs, il est régulier. *La vigne fleurissait.*

(2) *Courrir, recourir, souffrir* et composés. — *Recouvrer, récupérer,* première conjugaison.

(3) Futur *Je courrai.*

(4) Futur *Je cueillerai. Saillir,* s'avancer en dehors, troisièmes personnes seules usitées; et *assaillir, tressaillir, saillir,* s'élancer en parlant des liquides, sur *finir. Le sang saillissait, les eaux saillissent.*

(5) *Repartir, départir.* — Mais *répartir,* distribuer, sur *finir.*

(6) *Ressortir,* mais *sortir* obtenir, et *ressortir* être du ressort, sur *finir.*

(7) *Défaillir.*

(8) Futur *J'assiérai* et *j'asseoirai.*

(9) Futur *Je décherrai, j'écherrai.*

(10) Futur *Je reverrai,* mais *pourvoir, prévoir,* font *je pourvoirai, je prévoirai.*

(11) *Il faudra, qu'il faille.*

(12) *Il pleuvra, qu'il pleuve.*

(13) Et tous les verbes en *andre, endre, ondre.*

(14) Et ses composés, doublez *n* devant *e* muet.

(15) *Exclure,* qui fait au participe passé *exclu* ou *exclus.*

Je suis	Je suivis	Suivre	Suivant	Suivi	
Je suffis	Je suffis	Suffire	Suffisant	Suffi	
Je ris	Je ris	Rire	Riant	Ri	
Je dis	Je dis	Dire	Disant	Dit (16)	(16) *Vous dites* et *vous redites*, mais les autres composés écrivent : *vous contredisez, dédisez, interdisez, médisez, prédisez. Maudire* fait *maudissant*.
Je cuis	Je cuisis	Cuire	Cuisant	Cuit (17)	(17) Et tous les verbes en *uir, uire* n'a pas de prétérit défini.
J'écris	J'écrivis	Écrire	Écrivant	Écrit	
Je crains	Je craignis	Craindre	Craignant	Craint (18)	(18) Et tous les verbes en *indre*.
Je couds	Je cousis	Coudre	Cousant	Cousu	
Je mouds	Je moulus	Moudre	Moulant	Moulu	
Je tais	Je tus	Taire	Taisant	Tu (19)	(19) *Plaire* et ses composés.
Je nais	Je naquis	Naître	Naissant	Né (20)	(20) *Renaître*, sans participe passé.
Je crois	Je crus	Croire	Croyant	Cru	
Je crois	Je crûs	Croître	Croissant	Crû (21)	(21) *Connaître, paraître.*
Je vis	Je vécus	Vivre	Vivant	Vécu (22)	(22) *Revivre*, sans participe passé.
Je vaincs	Je vainquis	Vaincre	Vainquant	Vaincu (23)	(23) Tu *vaincs*, il *vainc.* Ces personnes sont peu usitées, ainsi que l'imp. de l'ind. et le prés. du subj.
Je résous	Je résolus	Résoudre	Résolvant	Résolu (24)	(24 *Résous*, sans féminin, en parlant d'une vapeur qui se change en liquide, ou d'une substance qui se réduit en vapeur.

VERBES IRRÉGULIERS.

Je bois	Je bus	Boire	Buvant	Bu (25)	(25) *Que je boire.* *
J'absous		Absoudre	Absolvant	Absous (26)	(26) Et *dissoudre* : les participes *absous, dissous,* font au féminin *absoute, dissoute.*
Je trais		Traire	Trayant	Trait (27)	(27) *Extraire, soustraire, abstraire, rentraire, distraire.*
Je meurs	Je mourus	Mourir	Mourant	Mort (28)	(28) *Je mourrai, que je meure.*
Je viens	Je vins	Venir	Venant	Venu (29)	(29) *Je viendrai, que je vienne; tenir* et composés.
J'acquiers	J'acquis	Acquérir	Acquérant	Acquis (30)	(30) Tu *acquiers,* il *acquiert,* ils *acquièrent; que j'acquière, que tu acquières, qu'il acquière; qu'ils acquièrent, j'acquerrai.* De même *conquérir, s'enquérir, requérir.*
Je dois	Je dus	Devoir	Devant	Dû (31)	(31) *Je devrai, que je doive.* de même tous les verbes en *cevoir.*
Je meus	Je mus	Mouvoir	Mouvant	Mû (32)	(32) *Je mouvrai, que je meuve.*
Je vaux	Je valus	Valoir	Valant	Valu (33)	(33) Ils *valent,* ils *veulent; que je vaille, que je veuille. Je vaudrai, je voudrai. Veuillez,* impératif, et les composés : cependant *prévaloir* fait *que je prévale,* par *vaux* /.
Je veux	Je voulus	Vouloir	Voulant	Voulu (33)	

* Les deux premières personnes du pluriel du présent de l'indicatif et du subjonctif se forment toujours régulièrement du participe présent; et les troisièmes personnes plurielles suivent l'irrégularité du singulier. Ainsi on dit irrégulièrement : *Je viens, tu viens, il vient, ils viennent; et que je vienne, que tu viennes, qu'il vienne, qu'ils viennent :* mais régulièrement du participe présent *venant,* on forme *nous venons, vous venez, et que nous venions, que vous veniez.* Appliquez cette règle à tous les verbes de ce tableau.

9 782014 436488